現代フランス議会制の研究

福岡英明

信山社

はしがき

本書は、現代フランス憲法の統治構造を議会制度を中心に据えつつ、国民投票のような直接民主主義的制度や経済社会評議会という社会的職能的利益代表型の諮問機関も視野に入れて検討した研究書である。その意味で、『現代フランス議会制の研究』という書名はいささか簡潔に過ぎるかもしれない。

私の問題関心は、現代国家において民主的統治がどのような技術によって可能となるのかという点にあり、これは大学院で研究を始めてから今も変わっていない。このような問題関心からすると、憲法規範上も憲法運用上も典型的な行政国家と言えるフランス憲法は格好の素材である。ただし、私の研究の出発点は議会制ではなく、修士論文では第五共和制の大統領を主題とした。ミッテランの大統領就任、続く国民議会の解散総選挙での社会党の歴史的圧勝という事件からほどなくして研究を開始したために、自然と大統領制に関心が向かったのかもしれない。ド・ゴールの反議会主義的な憲法運用には疑問を感じつつも、国民投票に進退を賭け、敗北するや辞職するという政治責任のとり方やゴーリストの理論家であったルネ・カピタンが主唱した「人民制」論（大統領の対国民直接責任論）には共感する点が少なくなかった。

本書では、大統領制には触れていないので、補足する意味で、若干付言しておこう。そもそも第五共和制憲法は、第四共和制を悩ませた内閣の不安定を解消すべく制定され、大統領制と議院内閣制を混合した半大統領制とも呼ばれうる二元型議院内閣制を採用した。当初は間接選挙で、一九六二年の憲法改正後は直接普通選挙で選出される大統領、大統領が任命した首相が率いる政府、政府に対する不信任決議権をもつ国民議会と地方公共団体の代表を確保する元老院からなる議会がその構成要素である。第四共和制におけるように小党が分立し、それらの連合が離合集散を繰り返すと予想された議会から相対的に独立して存立しうる行政府を創出することにより、また、議会の権限をできるだけ限定した「合理化された議会制」を確立することにより、第五共和制憲法は強い行政府の実現を企図した。憲法制定当初、ド・ゴール大統領がその個人的威信を背景にして、また、ときには議会を跳び越して国民投票により国民と直接結びついて支持を調達して、強い行政府を機能させた。その後、独任機関である大統領の選挙、小選挙区二回投票制による国民議会選挙、強化された政党の規律などの影響により国民議会内の政党状況が二極化するにつれ、政治的決定はほとんど代表制の枠内で行われるようになっていった。かくして、強い行政府の内実は、大まかに言えば、政治的諸力との関係で二つのパターンを示してきた。すなわち、一つは、大統領と国民議会多数派が一致し、行政府内では首相が大統領に従属することにより、大統領がイニシアティブを握る強い行政府であり、もう一つは、コアビタシオンの場合であり、大統領と国民議会多数派が一致せず、後者に依拠する首相がイニシアティブを握る強い行政府である。いずれにせよ、制憲者の予想からずれたかたちで強い行政府が機能してきたわけである。本書では、このような政治的枠組みの中での議会制が考察されている。

話をもとに戻すと、私は、その後、大統領制についてさらに研究することはなく、むしろオーソドックスに議会制を研究することとした。というのは、大統領の対人民責任といってもその契機は国民の側にはなく、より日常的な行政府の監督、責任追及は議会によらなければならないのは自明のことだからであり、また、ド・ゴール後の強い行政府が議会をパートナーとした代表制の枠内で機能するようになっていると考えたからでもある。もちろん、大統領制に関心がなくなったわけではなく、時機を見て大統領を中心にした行政府の研究を行いたいと考えているし、本書でも大統領がイニシアティブをとる国民投票制度が考察されている。

ともあれ、本書は、私が小さな方向転換をした後に書きためた論文を集めたものである。本書収録に際し若干の技術的な訂正を加えただけで、ほぼ原型のままそれらを収録している。ただし、大学院時代の論文も含め、一〇年ほど前に執筆した論文も収録しているため、必要に応じて章末に追記を付した。各章の初出は以下の通りである。

第一章「第五共和制における議会改革」…………「フランスにおける議会改革管見」比較憲法史研究会編『憲法の歴史と比較』日本評論社、一九九八年
第二章「議員による法案修正権の機能」…………「フランス第五共和制憲法における議員による法案修正権の機能」比較法雑誌二〇巻三号、一九八六年
第三章「議会による行政統制」…………「フランスにおける議会による行政統制」植野妙実子編『憲法構造の歴史と位相』南雲堂、一九九一年
第四章「政府審議会に対する議会の統制」…………「フランスにおける政府審議会に対する議会の統制」法学新報九八巻九・一〇号、一九九二年
第五章「法律の施行統制・立法評価・政策評価」…………「フランスにおける法律の施行統制・立法評価・政策評価―議会立法評価局・議会政策評価局をめぐって―」高岡法学一一巻一号、一九九九年
第六章「実験的法律」…………「フランスにおける実験的法律」清水睦先生古稀記念論文集『現代国家の憲法的考察』信山社、二〇〇〇年
第七章「元老院―二院制における上院の位相―」…………「フランス第五共和制の元老院」高岡法学一一巻二号、二〇〇〇年
第八章「経済社会評議会」…………「フランス第五共和制の経済社会評議会」高岡法学一〇巻一・二号合併号、一九九九年
第九章「国民投票」…………「フランス第五共和制の国民投票」高岡法学一二巻一号、二〇〇〇年
第十章「住民投票」…………「フランスの住民投票制度」高岡法学九巻二号、一九九八年

ところで、本書をまとめることで、私としては、フランス議会制の研究にひとくぎり付けたつもりであるが、それでも抜け落ちているテーマは数多い。たとえば、立法過程・立法手続の全体的な研究、議会と大統領・内閣の関係、議会と憲法院の関係、政党助成を含む政党法制、政治資金規制、メディアトゥールなどなど数え上げたらきりがなさそうである。フランス憲法の統治構造の全体的総合的な研究を志した私にとって、その意味で、本書はささやかな中間報告にすぎないものである。残されたテーマは、また何年かかけて研究していきたい。

しかし、このような拙い中間報告をまとめるのにも随分と時間がかかったものである。思えば、中央大学法学部での三年次演習で清水睦先生のご指導を受け、大学院進学後も引き続き指導教授として研究を導いていただいてきたが、かれこれ二〇年の歳月が過ぎている。本年三月の先生のご退職になんとか本書の出版が間に合い、これまでの学恩にいささかでもお応えできたとすれば幸いである。また、出版に際しては、信山社の渡辺左近さんにたいへんお世話になった。

二〇〇一年三月

福岡英明

目次

目　次

第一章　第五共和制における議会改革

はじめに

フランス第五共和制の議会は行政府の優位を規定する憲法の下、従属的な地位に置かれたが、一九七〇年代から復権への志向を見せ始め、着実に議会改革を進めてきた。本章では、一九九六年までの国民議会における改革の歩みを辿ることにより、日本の議会改革論議に一つの資料を提供したい。

一　第五共和制憲法による議会改革

第四共和制は議会における小党分立とこれに起因する内閣の不安定が常態化し、アルジェリア問題を契機に崩壊した。この政治的混乱を収拾するために登場したド・ゴールは、新憲法の制定に着手し、憲法案は一九五八年九月二八日に国民投票に付託され可決された(1)。こうして成立した第五共和制憲法における議会制は、行政府の優位と議会の弱体化を内実とする「合理化された議会制」と評されるが、このアイディアは突如として出現したわけではなく、すでに第四共和制期の議会改革論、特にドブレやゴゲルの提案の中に見いだされる(2)。彼らの提案は、第五共和制憲法においてほぼ実現されている。そのような条項として、たとえば、①法律事項の限定（三四条）、②会期の制限（二八条）、③政府の優先的議事日程（四八条）、④常任委員会の数の限定と特別委員会による法案審査の原則（四三条）、⑤本会議の審議対象の委員会案から政府原案への変更（四二条）、⑥政府による法案審議の促進手段としての一括投票（四四条）・政府の信任問題提出（四九条）・両院協議会（四五条）、⑦議院規則の憲法院による憲法適合性の審査（六一条）などをあげることができる。ともあれ、立法手続における政府の主導と統制機能の脆弱化を特質とする議会制が創出されたのである。(3)

(1)　第五共和制憲法の制定過程については、村田尚紀『委任立法の研究』（日本評論社、一九九〇年）四四一頁以下参照。

(2)　大石眞『議院自律権の構造』（成文堂、一九八八年）一一九頁以下参照。また、ドブレについては、時本義昭「フランス第五共和制憲法の源流（二）・完」法学論叢一二九巻五号（一九九一年）も参照。

(3)　第五共和制憲法の「合理化された議会制」における立法手続については、福岡英明「フランス第五共和制憲法における議員による法案修正権の機能」比較法雑誌二〇巻三号（一九八六年）［本書第二章］、行政統制手続については、福岡英明「フランスにおける議会による行政統制」植野妙実子編『憲法構造の歴史と位相』（南雲堂、一九九一年）［本書第三章］、政府と議会の信任関係については、横尾日出雄「フランス議会制の信任関係について」比較法雑誌一九巻四号（一九八六年）を参照。

二　一九六九年の国民議会規則改正

当初、議員たちは第五共和制憲法による議会制の合理化にショックを受け、本格的に議会改革を志向する動きはみられなかったが、一九六七年選挙以後の左右二極化への政党勢力の再編を背景にして、議会改革問題が浮上してきた。国民議会議長のシャバン・デルマスは、六七年六月に議院規則の改正を指示し、各党に対してアンケートを実施した。このアンケートがたたき台となって改正案が作成され、憲法改正を主張する共産党を除く主要政党が共同でこれを提案し、六九年一〇月に採択された。この規則改正は五六条に及ぶものであり、その主要な改正点は、①委員会の審議非公開原則を緩和し、審議の概要を公表すること、②特別委員会の設置を促進すること、③本会議の審議を促進するための省略手続を再編すること、④本会議の審議時間を確保するために委員会の審議時間を制限すること、⑤時事質問という新しい質問手続により議会の統制機能を改善することにかかわる。しかしながら、この規則改正は憲法上の制約があったにせよ、かなり控え目なものであり、実際にもさしたる成果をあげることができなかった。(4)

（4）　Association française des constitutionnalistes,La réforme du travail parlementaire à l'Assemblée nationale,Economica,1992,pp.22 et s.,C.Émeri et J.-Louis Seurin, "Chronique constitutionnelle et parlementaire française" R.D.P.,1970,pp.655 et s.

三　ジスカール・デスタン政権下の議会改革

(1)　政府質問

一九七四年に大統領に就任したジスカール・デスタンは、議会多数派の中の少数派のリーダーであったため、議会に対して宥和的な態度を示した。彼は同年五月三〇日の議会に対する教書の中で、会期中の毎週水曜日（午前に閣議が開かれる）の午後に一時間の質問時間を設け、首相以下すべての大臣が会派ごとの質問に直接応じるという方式に時事質問手続を再編するよう議院規則の改正を提案した。実際には、以下の理由から政府質問と呼ばれる慣行として行われることになった。すなわち、一九六九年一一月二〇日の憲法院判決が質問は議員の個人的権利だとしているので会派ごとの質問が違憲となるおそれがあり、また、一九六四年一月二一日の憲法院判決が質問にあてられる会議の単一性を要求しているので、従来の口頭質問が行われている金曜日とともに水曜日も質問日とすることは違憲となるおそれがあったからである。政府質問は、開始の一時間前に付託すればよく、議事日程への記載は不要とされたので、質問内容の時事性や自主性が確保され、議会による行政統制・情報収集手段として定着していった。(5)

(2)　強制調査権の復活

一九五八年一一月一七日のオルドナンス六条により、国政調査につき議院は調査委員会の設置が認められていたが、ド・ゴール政権下ではほとんど設置されず、ド・ゴール退陣後、徐々に設置されるようになった。特に、ジスカール・デスタンが大統領に就任した七四年には国民議会で四件の設置がみられた。しかし、当時の調査委員会には証人喚問や資料の提出についての強制的な調査権が認められていなかった。この時期、ようやく強制調査権を復活する気運が高まり、一九七七年七月一九日の法律により先のオルドナンス六条が改正され、証人喚問に関する強制調査権が復活した。あわせて、調査委員会の設置期間も四ヵ月から六ヵ月に延長された。(6)

(3)　議会代表の拡大

政府の審議会等へ議員を派遣することを議会代表という。派遣された議員は行政情報を収集し、派遣先の機関と議会とのパイプ役を果たす。議会代表は一九六九年の議院規則改正の頃から増えはじめ、とりわけ、ジスカール・デスタンが大統領に就任した七四年以降急増した。ここにも議会と政府の宥和の傾向がみられた。(7)

(5)　福岡英明「現代フランス議会における質問手続」中央大学大学院研究年報一五号Ⅰ―一（一九八六年）参照。

(6)　福岡英明「フランス第五共和制における議院の調査・監督委員会」中央大学大学院研究年報一六号Ⅰ―一（一九八七年）参照。

(7)　福岡英明「フランスにおける政府審議会に対する議会の統制」法学新報九八巻九・一〇号（一九九二年）［本書第四章］参照。

四　ミッテラン政権下の議会改革

㈠　ミッテラン政権第一期の議会改革

一九八一年にミッテランが大統領に就任し、直後の国民議会選挙で社会党が単独で過半数を制した。国民議会議長に就任したメルマは、①修正案の取扱い、②省略手続の利用、③予算審議、④調査委員会の設置の促進、⑤口頭質問の再編などにつき議事手続の改善を指示した。これにより、作業グループが設置され、検討を重ねたが議院規則の改正には至らなかった。ただし、①委員会の聴聞の公開、②修正案の付託期限や議員特権の見直し、③政府の様々な政策を取り上げる定期的なミニ審議の確保については作業グループ内で合意が得られていたといわれる。[8] 八一年から八六年は与野党が対立するなか政権交代に伴う立法が集中し、八六年から八八年はコアビタシオンが出現し、議会改革は議員の意識にはあまり上らなかったようである。この時期の唯一の成果は、計画化に関する議会代表団（八二年）と議会科学技術選択評価局と称される議会代表団（八三年）が設置されたことである。[9]

㈡　ミッテラン政権第二期におけるファビウス議長下の議会改革

一九八八年六月に国民議会議長に就任したファビウスは（九二年一月まで在職）、議会改革の意欲を示し、イニシアティブをとった。

⑴　調査委員会

一九八八年八月、各会派に、年に一回、調査委員会の設置を要求する決議案を本会議の補充的議事日程に記載する権利を与えるという決定が長会議によりなされた。[10] 原則として調査委員会が設置されるには、権限ある常任委員会による設置決議案の審査、長会議による本会議の議事日程への設置決議案の記載および本会議での審議と表決という三つの段階を経なければならないが、従来、調査委員会の設置のプロセスには多数決の論理が貫徹し、野党提出の設置決議案は本会議の議事日程に記載されることさえ困難な面があった。したがって、この長会議の決定は国政調査における少数派権の拡大という観点から見て重要な意味を持っている。また、一九九一年七月二〇日の法律により一九五八年のオルドナンス六条が改正された。改正点は、①従来、調査委員会と監督委員会の区別があったが、これを調査委員会に一本化したこと、②調査委員会のメンバーが各会派の比例代表で任命されるという従来の慣行を明文化したこと、③調査委員会の報告者による文書提出の要求に対する拒否に、宣誓・証言拒否と同じ刑罰が科されることになったこと（六カ月以上二年以下の禁錮および三千フラン以上五万フラン以下の罰金）、④調査委員会が選択した方式により、証人喚問が公開されることである。特に注目されるのは、証人喚問の公開である。従来、証人の権利保障と証言の信憑性確保を理由に非公開が原則とされ、証人には匿名の入構証を交付するという配慮がなされていたことからすると、一八〇度の転換といえる。

(2)　常任委員会における聴聞の公開

常任委員会は、一定の問題について情報を得るために聴聞を大臣や官僚などに対して行うことができる。これについて、一九八八年一〇月一一日に議院規則改正により、常任委員会理事部は委員会に諮問した後、聴聞を受ける者の同意を条件に、それが選択する方式により、聴聞の全部あるいは一部を公開することができるとされた（実際には、報道機関に対して公開されている）。聴聞が公開された回数は、九〇年が一二三回の聴聞のうち一九回、九一年が一五八回の聴聞のうち六回、九二年が一三四回の聴聞のうち九回、九三年が一二四回の聴聞のうち四回、九四年が一六〇回の聴聞のうち五回である。(11)

(3)　大臣質問の導入

一九八九年四月、大臣質問が実験的試みとして開始された。議院規則上の手続とはせず、慣行として導入したのは、先の政府質問と同じ理由からである。これは、春の会期中だけ毎週木曜日に一時間行われる。政府質問とは異なり、事前に質問は政府に通告されず、各会派はその員数に応じて質問時間を配分される。質問件数は、八九年が一五八件、九〇年が一四六件、九一年が二一一件、九二年が八五件であった。これは一九九三年に廃止された。(12)

(4)　法律の適用の監視強化

法律を適用する行政立法が制定されているか、また、その行政立法が法律の趣旨に合致しているかということは、質問や法律・予算審議の際に断片的に取り上げられていたにすぎなかった。そこで、議会がこれについてどのように体系的にチェックするかということが七〇年代のはじめから問題となっていた。一九七九年に各常任委員会が所管の法律の適用に関する問題について少なくとも年に二回長会議に報告書を提出することとされた。しかし、常任委員会は新たな立法に時間を割かれてしまい法律の適用の監視まで手が回らないのが実状であった。その後、一九八一年にメルマ議長の指示で設置された作業グループでもこの問題が取り上げられたが結論は出なかった。一九八九年、ファビウス議長の指示により、各常任委員会に法律の適用を監視するための報告者が置かれるようになった。また、翌九〇年五月に議院規則一四五条が改正され、各委員会に法律の適用状況を調査する派遣調査団を設置することが可能となった。この派遣調査団は複数の委員会が共同して設置してもよい。(13)

(5)　ヨーロッパ共同体に関する議会代表団の改革

ECの規則は加盟国において直接適用され、命令は加盟国にその趣旨に添った立法を義務づけるので、加盟国の議会はECの立法政策に無関心ではいられない。フランスでは国民議会と元老院がそれぞれECの立法政策の動向について情報収集するために一九七九年に議会代表団を設置した。しかし、この議会代表団に強い権限を与えることに当時の政府や外務委員会が反対したため、期待されたほどの成果があがらなかった。そこで、一九九〇年五月一〇日の法律により本議会代表団の根拠規定である一九五八年一一月一七日のオルドナンス六条の二が改正され、その権限が強化された。主な改正点は、①大臣やＥＣの諸機関の代表者の聴聞が認められたこと、②ＥＣに関係する事項につき議院の委員会により諮問されること、③ＥＣ理事会により採択される前に命令、規則その他の共同体法の原案を審査することである。

(6)　一九九一年五月七日の議院規則改正

ファビウスの指示により、副議長と各会派の代表からなる作業グループが設置され、その報告を基に議院規則が改正された。主な改正点は、①閉会中の委員会開催につき、政府が開催を要求した場合を除き、定足数は要求されないこと、②法案の付託と配布は閉会中でも官報により行われること、③常任委員会は他の委員会の議事につき、議院の判断を得ずとも意見を述べるうること、④議事妨害に利用される手続動議の審議を制限すること、⑤あまり重要でない法案の審議を促進するために、従来の討論省略表決と制限討論表決の手続を「簡易採択手続」（修正案の付託がない場合、法案全体の表決が行われる）に再編することである。常任委員会の権限強化と法案の審議と表決の促進が本改正の目的である。

㈢　一九九二年六月の憲法改正と九二年一一月の議院規則改正

一九九二年六月二五日の憲法改正により八八条の四が新設された。本条は、「①政府はＥＣ理事会に通知した後、国民議会および元老院に法律の性格を持つ規定を含む共同体法案を提出する。②会期中もしくは会期外において、各議院の規則が定める方式により、本条の枠内で決議を採択することができる」と定める。本条の「各議院の規則が定める方式により」を受けて、同年一一月に議院規則が改正され、一五一条の一が新設された。本条の手続は共同体法案に関する議会の政府に対する勧告権を認めたいわば立法と統制の中間に位置するものである。(14)

(四)　ミッテラン大統領の憲法改正提案

一九九二年一一月三〇日、ミッテラン大統領は、大統領、レファレンダム、政府と議会の関係、市民による憲法院への付託、司法官職高等評議会、高等法院、経済社会評議会、諸制度の現代化、非常大権の九項目にわたる「憲法改正の提案」を発表した。[15] この提案の冒頭で、その目的が次のように述べられていた。すなわち、「第四共和制の議会統治制の下で、フランスは、政府の不安定さにひどく苦しめられた。その反動で、第五共和制は、執行権の権威と安定性を確保するための保障を強化した。しかし、第五共和制がそれをなしえたのは議会の役割を過度に縮減することによってであった。それゆえ、現行制度の改革は諸権力間の新たな不均衡を是正しなければならない」。ここでは、議会改革に関する「政府と議会の関係」の項だけを示しておく。

ミッテランは、議会がその権限を十分に行使するには、次の七項目の改正が必要であるという。すなわち、①議院の議事日程決定権の制約（憲法四八条一項）を緩和する方策として、会期ごとに諸会派の同意に基づいて作成したリストに従って、一定の議事日程を議員提出法案に割り当てること。②憲法三四条が規定する法律の領域を拡大して、議会に、財政に関する発議権、社会保障に係る国民負担金および給付金の総額の決定権を認めること。③憲法四九条三項（法律案の採択に政府の責任をかける手続）の適用を予算法案および各会期で一定数までの法案に制限すること。④政府または議院の委員会の一定数に委員（たとえば、五分の一）から法案を本会議に付託する要求が提出されない限り、議院の委員会に法案を最終的に表決する権限を与え、立法手続を促進すること。⑤憲法三八条が規定するオルドナンスは、両議院に付託されてから一年以内に議会で承認されなかった場合には無効となること。⑥政府に対する議会の統制をより厳格にするために、各議院の常任委員会に二年前からの各省庁の活動全般に関する報告書の作成を義務づけること、国民議会の常任委員会の数を現在の六から七とし、一つの委員会がヨーロッパ問題を専門に担当するようにすること、および議院の調査委員会を憲法の中に明文化すること。⑦補欠議員制度（憲法二五条二項）については、首相および大臣に対して、その任期終了後、自動的に国民議会議員もしくは元老院議員に復任するか否かの決定権を認めることが適切かどうか検討することである。

(五)　ヴデル委員会報告における議会改革案

ミッテランの提案を受けて、一九九二年一二月二日に憲法改正諮問委員会（委員長の名をとりヴデル委員会という）を設置するデクレが採択され、翌九三年二月一五日にヴデル委員会は、「憲法改正のための諸提案」を提出した。ここではヴデル委員会報告のうち、第二章「より活発な議会」の「A．行政統制権の拡大と立法手続の改善による強化された議会」で示された提案だけを挙げておく[16]。

①議会の職務（法律の表決、法律の成果の評価、政府の活動の統制）の明文化（二四条改正）。②社会保障の基礎的強制制度の財政に関する審議権（四七条の一新設）。③戒厳および緊急事態の一二日間を超える延長に関する議会の承認権（三六条改正）。④国際取り決めが留保や宣言を伴いうる場合の承認権（五三条追加）。⑤一〇月の第一火曜日から六月の最終金曜日までの一五〇会議日を超えない期間の通常会期と政府の要求による補充会議（二八条改正）。⑥各議院の発議による、政府法案ならびに議員法案の審議および議員の質問、討論ならびに政府の答弁に優先的に留保される週に一度の会議（四八条二項改正）。⑦両院協議会の両議院議長による開催権の追加（四五条二項改正）。⑧政府法案の採択と議員法案の否決を念頭に置いての法案に政府の責任をかける場合の明確化（四九条三項改正）⑨両院協議会の提案が公の財源の減少または公の負担の創設もしくは増加を結果としてもたらす場合を除いての修正案の不受理（四五条三項改正）。⑩政府による修正案のコンセイユ・デタへの諮問後の付託（四四条二項改正）。⑪常任委員会の増設（八個）とヨーロッパ連合担当常任委員会の必要的設置（四三条二項改正）。⑫調査委員会の並行調査禁止の緩和と少数派調査権の保障（四三条の一新設）。

ここで特に注目されるのは、常任委員会について、その数が八に増やされていること、および調査委員会について、少数派調査権が認められ、並行調査禁止が緩和されていることである。

㈥　一九九四年一月二六日の議院規則改正

一九九三年四月二日に国民議会議長に就任したセガンは、就任演説で議会改革の意向を示し、各会派の代表からなる作業グループを設置した。その改正案を基に一九九四年一月に議院規則が改正された。この改正は六六カ条の修正、七カ条の追加、四カ条の削除からなる大規模なものであった。[17]主な改正点は次の通りである。

①委員会の聴聞の公開について、「聴聞される者の同意」が外され、また、委員会活動の報告に関する放送が行われること、②火、水、木および金の午後に行われていた本会議が、火、水の午後および木の午前と午後に行われ、また、本会議の討論に関する放送が行われること、③議員はすべての委員会に出席でき、政府構成員と法案・修正案を提出した議員は委員会審議にも参加できること、④付託された修正案の審査のため委員会は本会議の前日にも開催されること、また、逐条審議の前に付託された修正案の審査について委員会は諮問されること、⑤議員の修正案が議事妨害の手段とならないように、また、委員会の質の高い修正案の審査を確保するために修正案の提出手続を再編したこと、⑥口頭質問に関する規定が削除され、政府質問とともに憲法院の審査を受けない国民議会理事部規程の中で再編されたこと、⑦共同体法案に対する決議に関する手続におけるヨーロッパ共同体に関する議会代表団の権限が強化されたことである。

(8)　Association française des constitutionnalistes, op.cit., pp.32-33.

(9)　ibid., p.34. 議会代表団とは、憲法により常任委員会が六つに制限されているために編み出された議会の機関であり、いわば行政統制・情報収集に特化した委員会のようなものである。本文で挙げたもの以外に、視聴覚コミュニケーションに関する議会代表団（前身は一九七二年設置、八六年に廃止）、ヨーロッパ共同体に関する議会代表団（一九七九年設置）、人口問題に関する議会代表団（一九七九年に設置）がある。議会代表団については、福岡英明「現代フランス議会における新しい行政統制機関」中央大学大学院研究年報一七号Ⅰ―一（一九八八年）および本書第三章参照。

(10) Joël Boudant, "La crise identitaire du parlement français", R.D.P., 1992, pp.1369-1370.

(11) B.A.N.Statistiques 1990,1991,1992,1993 et 1994 による。

(12) J.-Pierre Camby et P.Servent,Le travail parlementaire sous la cinquième République, Montchrestien, 1994, p.118. なお、数字は、B.A.N.Statistiques 1993 による。

(13) Association française des constitutionnalistes, op.cit., pp.35-37., J.-Pierre Camby et P.Servent, op.cit., pp.132-133. なお、この議院規則改正を審査した憲法院は、この派遣調査団は恒常的であってはならず、また、その職務は情報収集に限定されなければならないと判示した（Déc., n° 90-275 DC du 6 juin 1990.）。

(14) J.-Pierre Camby et P.Servent, op.cit., p.135.

(15) 原文は、Didier Maus,La pratique institutionnelle françise,Revue françise de droit constitutionnel, n° 13, 1993, pp.127-130. による。ヴデル委員会報告も含めて、辻村みよ子「ミッテラン時代の憲法構想」日仏法学一九号（一九九五年）参照。

(16) ヴデル委員会報告の原文は、J.O.,16 Février 1993,pp.2537-2555. による。その議会改革については、Michel Ameller " Le Comité consultatif pour la révision de la constitution et le parlment", Revue française de droit constitutionnel, n° 14, 1993, pp.259-270.

(17) Muriel de l'Écotais, "Les innovation de PHILIPPE SÉGUIN,président de l'Assemblée nationale", Pouvoir, n° 74, 1995, pp.169-181., Pascal Jan, "La rénovation du travail parlementaire à l'Assemblée nationale", R.D.P., 1995, pp.987-1028., Laurent Sermet, "La réforme du règlement de l'Assemblée nationale adoptée le 26 janvier 1994", Revue française de droit constitutionnel, n° 20, 1994, pp.713-747.

五　シラク政権下の議会改革

㈠　一九九五年八月四日と一九九六年二月二二日の憲法改正

シラク大統領は、一九九五年の大統領選挙を前に国民投票の対象の拡大や議会の会期を単一にすることを内容とした憲法改正を公約に掲げていた。同年五月一九日に、シラク大統領は議会に教書を送り、新政権の方針を示し、その中で先の公約を繰り返した。ここで憲法改正が日程に上り、同年八月四日に憲法が改正された[18]。その内容は次の通りである。①国民投票の対象を拡大し、経済社会政策やそれにかかわる公役務の改革を含めたこと（一一条）、②通常会期を一〇月から六月の一二〇日間としたこと（二八条）、③少なくとも週に一回の会議が政府に対する質問に留保され、月に一回の会議が各議院により定められた議事日程に留保されること（四八条）、④同一の会期中、問責動議の署名者となるのは三回までに制限されること（四九条二項）、⑤議員の不逮捕特権を制限すること（二六条）である。議会改革の観点からみると、四八条の改正が特に注目される。なお、この憲法改正に合わせるために、一九九五年一〇月一〇日に議院規則の改正が行われた。また、一九九六年二月二二日に「社会保障に関する財務法律」という新しいカテゴリーの法律を創設する憲法改正が行われ、議会の権限が拡大された（憲法三四条・三九条改正、四七条の一新設）[19]。

㈡　二つの一九九六年六月一四日の法律

一九九六年六月一四日の法律（九六―五一六号）は、議会立法評価局を設置した。これは国民議会と元老院のそれぞれの議会代表団から構成される。もう一つの一九九六年六月一四日の法律（九六―五一七号）は、まず、特別委員会と常任委員会は、あらゆる者を喚問することができ、これに応じない者は五万フランの罰金に処すとし、調査委員会と同等の権限を持ちうるとした。また、国民議会と元老院のそれぞれの議会代表団から構成される議会公共政策評価局を設置した。これら二つの評価局は、立法でも統制でもない立法と政策の評価を行う議会の機関であり、今後の活動が注目される。[20]

(18) François Luchaire, "La loi constitutionnell du 4 août 1995,une avancée pour la démocratie?", R.D.P., 1995, pp.1411-1443.et "Les conséquences de la réforme constitutionnelle du 4 août 1995", R.D.P., 1996, pp.329-353.

(19) Loic Philip, "La révision constitutionnelle du 22 février 1996", Revue française de droit constitutionnel, n°27, 1996, pp.451-460.

(20) Caroline Braud, "L'évaluation des lois et des politiques publiques", Les petites affiches, n°95, 1996, pp.7-12.

むすびにかえて

最後に、議会を取り巻く最近の状況と議会改革の狙いを簡単に整理しておく。対外的には欧州連合がいわば法的共同体として発展し、対内的には地方分権化が進展したことにより、議会は立法権を浸食されている。これが議員たちに危機感をもたらしているようである。同時に、立法の過剰が語られているように、議員は技術的な法律の審議に忙殺され、重要な法案の審議を十分に行えないことに不満を持っているようである。したがって、議会改革の狙いは議会の立法能力、とりわけ重要法案に関するそれの向上、そのための情報収集能力と政策評価能力の強化にある。具体的には、本会議の軽量化と委員会審議の充実、国政調査や質問手続の改革、議会代表団の活用などに見てとることができよう。

第二章　議員による法案修正権の機能

はじめに

議会における小党分立に起因する内閣の構造的不安定に悩まされたフランス第四共和制はアルジェリア紛争を契機にして崩壊した。それゆえ、一九五八年に制定された第五共和制憲法は、いわゆる「合理化された議会制」(parlementarisme rationalisé)の名の下に、議会の権限を大幅に制約し、大統領を中核にした強い行政府の樹立を断行した[(1)]。かくして、この執行権優位の憲法体制の下で議会に与えられた地位は「強い政府に対する弱い議会」であった[(2)]。しかしながら、議会はそのような地位に甘んじていたわけではなく、第五共和制の政治的安定とともに、議会の地位の相対的上昇が見られるようになってきている[(3)]。そこで本章では、フランス議会政の現状分析の手始めとして、議員の修正権を取り上げ、それが合理化された議会制という枠組みの中で、どのように機能しているかを考察する。

(1)　M.Duverger, Les institutions de la Cinquième République, R.D.P., 1959, pp.115 et s.

(2)　高野真澄「戦後フランスの議会制と議会運営」公法研究三八号（一九七六年）二〇一頁。なお、当時の議会制に関する文献として、P.Lamotte, Parlement nouveau style, R.P.P., février 1959, pp.122 et s., E.Blamont, Le parlement dans la constitution de 1958, Juris-classeur administratif, Fascicule n° 102, 1959, pp.1 et s.

(3) G.Carcassonne,La résistance de l'Assemblée Nationale à l'abaissement de son rôle, R.F.S.P., 1984, p.910., B.Chantebout, Droit constitutionnel et Science politique, Armand Colin, 1982, pp.562 et s.

一　法律発議権としての修正権の機能

(一)　総説

従来、フランスの伝統的な学説において、議員の修正権は、「発議権のコロラリー」(corollaire de la faculté d'initiative)[4]であり、その「付属物」(accessoire)[5]であるとか、あるいは「付随的で部分的な発議権」(initiative incidente et partielle)[6]であると解されてきた[7]。要するに、修正権は一般的に法律発議権に結びつけられて理解されていたのであり、「修正権は立法機能の行使に不可欠である[8]」と評価されてはいたが、それ独自の意義はあまり強調されてはいなかった。むしろ、「一般的に、修正権は提出されている法案の調和や一貫性を破壊している[9]」とその濫用が厳しく批判されていたのである。いずれにせよ、修正権の固有の意味がそれほど意識されていなかったのは、議会優位の立法手続（たとえば、議会による修正権の独占、ほとんど無制約な議員の法律発議権、委員会案の本会議上程など）と小党分立による政府の立法指導力の弱さが相まって強い議会が機能していたからであろう。

ところが、「強い行政府」あるいは「合理化された議会制」の実定化を企図した第五共和制憲法の下では、議員の修正権に対する評価が変わりつつある。たとえば、修正権は「法律の作成における議員の本質的な活動手段である[10]」とか、さらには、「もはやたんに法律発議権のコロラリーではなく、真に発議権の十分かつ完全な表現、つまりその真の代替物になった[11]」と積極的に評価されており、その重要性が再認識されつつある[12]。すなわち、法律発議権のコロラリーという修正権の古典的な意味よりもその代替物という現代的な意味が強調されているのである。

〔表一〕第五共和制における議員法案と政府法案の提出数および成立数

	政府法案成立数	議員法案成立数	国民議会議員によるもの	元老院議員によるもの	議員法案提出数	国民議会議員によるもの	元老院議員によるもの
1959	51	1	1	0	237	206	31
1960	82	7	5	2	195	165	30
1961	97	6	5	1	201	160	41
1962	46	6	2	4	104	85	19
1963	82	15	9	6	314	286	28
1964	106	11	9	2	138	119	19
1965	64	11	9	2	100	80	20
1966	125	17	15	2	152	134	18
1967	63	17	12	5	365	323	42
1968	59	11	11	0	451	421	30
1969	68	10	10	0	181	168	13
1970	87	10	9	1	259	206	53
1971	92	23	19	4	198	155	43
1972	107	24	21	3	265	217	48
1973	58	14	13	1	637	580	57
1974	64	7	4	3	310	227	83
1975	130	19	15	4	197	145	52
1976	92	17	8	9	222	158	64
1977	144	19	11	8	274	210	64
計	1617	245	188	57	4800	4045	755

P. Locquet, Les commissions parlementaires permanentes de la V^eRépublique, p. 215より作成

それでは、このような学説の動向は何に起因するのであろうか。それはもちろん議会立法に占める政府法案の増加現象に象徴される立法過程における政府の優位と無縁ではなく、むしろそれを直接的契機としている。このような政府の優位の要因としてはまず現実社会的要因が考えられる。すなわち、行政国家的諸要請に対応して巨大化した国家行政機構を実質的に掌握する政府は、絶えず生起する経済的社会的諸問題を検討し、有効かつ適切な解決策を提示するために、その能力を最大限活用しうるので、これが議会の劣位の本質的な原因であることは否めない[13]。しかし、政府の優位をもっぱらこのような現実社会的要因にのみ帰することはできない。というのも、とりわけフランスにおいては、制度的要因が議員の発議権を実際かなり制約していると考えられるからであり、このことは議員法案の現状分析からある程度推測されうる。まず、〔表一〕は第五共和制における議員法案および

〔表二〕第四共和制における議員法案と政府法案の成立数

	政府法案	議員法案	国民議会議員によるもの	共和国評議会議員によるもの	計
1947	181	63	60	3	244
1948	245	86	73	13	331
1949	185	91	84	7	276
1950	168	89	86	3	257
1951	202	70	70	0	272
1952	128	56	55	1	184
1953	175	64	60	4	239
1954	183	54	54	0	237
1955	145	52	47	5	197
1956	85	55	50	5	140
1957	127	71	59	12	198
1958	49	31	29	2	80
計	1873	782	727	55	2655

J. Grangé, La fixation de l'ordre du jour des assemblées parlementaires, p. 243より作成

政府法案の提出数および成立数を示したものであるが、ここからわかるように議員法案は一九五九年から一九七七年までで四八〇〇件、年平均二五二・六件提出されていた。この数字はわが国の議員法案提出数と比較してみるとかなり高いレベルにあるといえる。すなわち、わが国のそれが一九四七年から一九七八年の三二年間で二六九一件、年平均八四・一件であることからすれば[14]、フランスの議員法案提出数はわが国のおよそ三倍であり、法案提出に関する限りフランス議会の活力がなお衰えてはいないことを示している。しかし、フランスの議員法案の成立率は五・一%であり、年平均一二・九件にすぎず、わが国のそれの成立率三〇・九%、年平均二六件をかなり下回っている[15]。次に、〔表二〕は第四共和制における議員法案と政府法案の成立数を示したものであるが、一九四七年から一九五八年までで議員法案は七八二件、成立法律中の占有率二九・四五%、政府法案は一八七三件、占有率七〇・五五%となっている。これに対して、第五共和制では(〔表一〕)、両者の成立数は議員法案二四五件、占有率一三・二%、政府法案一六一七件、占有率八六・八%であり第四共和制下よりさらに政府法案の優位が進行している。つまり、第四共和制から第五共和制における政府法案と議員法案の成立数の比は、より単純化すれば、七対三から九対一になっている[16]。したがって、以

上のことから議会の独自の立法活動がかなり低迷していると判断せざるをえないが、他方、フランスの議員の旺盛な法案作成力とその成立数の乖離および政府法案の優位の進行は、前述した現実社会的要因からだけでは説明しえないように思われる。[17]それゆえ、以下の制度的要因が大きな影響を及ぼしていると思料せざるをえない。

㈡　憲法四〇条の不受理

このような制度的要因としては、憲法四〇条および四一条の不受理という議員の法律発議権に対する重大な制約があり、両者は合理化された議会制の重要な要素となっている。[18]

まず、憲法四〇条は、「国会議員提出の法律案および修正案は、その採択の結果として国の財源(ressources publiques)の減少または国の負担(charge publique)の創設もしくは増加を生ずべき場合、受理されない」と定めている。この規定の趣旨は、選挙めあてのいわゆる「お土産法案」を排除すること、および財政に関する政府の優位を確保することにあるので、学説もその必要性を認める点ではほぼ一致している。たとえば、「憲法四〇条の規定は完全に正当化されるものであり、不可欠のものである。もしそれがなければ、分別のないあるいは扇動的な議員たちが、新たな財政的負担を含む措置を可決し、それを補うための租税を提案することによって不人気な措置をとる配慮を政府にゆだねることが危惧されよう」[19]とか、「財政事項に関する議員の発議権の制限の原則は、議院制の基本原則と両立しえないものと決して思われない」[20]「憲法四〇条は第五共和制の議院制を健全化しようとする憲法規定の総体の中に位置づけられうる」といわれている。ただし、このようにその必要性や正当性が認められているとはいえ、それが厳格に適用されるならば、財政的措置をともなわない法律はまれであるので、ほとんどすべての議員法案が不受理とされてしまうと危惧することにおいても学説はほぼ一致している。[21]というのも、[22]純粋に法政策的な死刑廃止法案でさえ、厳密にいえば、財政的負担をもたらすので不受理とされうるからである。

しかし、実際には、そこまで厳格に適用されてはおらず、より柔軟な運用がなされてきた。たとえば、国民議会では慣行として国の財源の総額を変えない限り、議員の発議権行使は認められている。すなわち、憲法四〇条が〈ressources〉と複数形で定めているので、ある〈ressource〉の減少を提案する法案が、他の〈ressource〉の創設や増加によりそれを補填しているならば受理されると解されてきたのであり、これは政府によっても認められている。[23] なお、この点につき、元老院は一九七六年に議院規則を改正し、「議員法案は、その採択の結果として他の財源により補填されないある国の財源の減少、または国の負担の創設もしくは増加を生ずべき場合、受理されえない」（元老院規則二四条二項―以下、元規と略）と定め、従来の慣行を明文化した。[24]

次に、不受理の判断手続であるが、憲法四〇条はこれについて何ら言及していないので、それは議院規則によって定められている。たとえば、国民議会では法案提出の際に、議院の理事部あるいは委任されたそのメンバーにより判断され、不受理が「明白」である場合、その付託は拒否される（国民議会規則八一条三項―以下、国規と略）。[25] その後、政府およびすべての議員はつねにその不受理を提起することができ、それは予算委員会の理事部により判断される（同九二条一項、二項）さらに、不受理の異議が認められず、法案が可決された場合には、憲法六一条二項により提訴される憲法院がこれを判断する。[26] つまり、憲法院は法案が審議されている間は介入しえないのであり、憲法院の介入は政府あるいは議員よる不受理の異議に対する議院の機関の審査を前提としているのである。[27] かくして、憲法院は控訴審（degré d'appel）、さらには破棄審（instance de cassation）であり、[28] 争われている法案の不受理の判断者ではなく、議院の審査機関による憲法四〇条の適用の判断者であるといわれている。[29] ただし、この判断手続に問題がないわけではない。たとえば、議院の理事部により認められた国の負担の増加に対する財源の補填が後に予算委員会の理事部により拒否されることがある。[30]

ともあれ、一九五九年から一九八二年までの間に憲法四〇条により不受理とされた法案が国民議会で四一七件にも達していることからみても、[31] 議員の法律発議権がこれによりかなり制約されているといえる。また、政府は不受理の抗弁を任意になしうるので、与党提出法案に有利になるようにそれを利用しているといわれる。[32]つまり、本来、議員提出法案の受理要件である憲法四〇条は政治的に利用されることが免れがたいものなのである。

㈢　憲法四一条の不受理

次に、憲法四一条は、「一項　国会議員提出の法律案または修正案が法律の所管事項に属さず、または第三八条により認められた委任に反することが立法手続中に明らかとなった場合、政府は不受理を以て対抗しうる。二項　審議中の議院の議長と政府の意見が一致しない場合、憲法院は両者いずれかの要求に基づき、八日の期間内に裁定する」と定め、憲法三四条と三七条による法律事項と命令事項の区別およびオルドナンスによる委任立法を認める三八条の規定を補強している。このため、政府が不受理の抗弁をなす限り、議員の法律発議権は三四条に限定列挙された事項に封じ込まれ、さらに、オルドナンスが有効である間は当該オルドナンスにより規律されている法律事項についても発議権が制約されることとなる。とはいえ、政府は命令事項を規律する議員法案に対してつねに四一条の不受理の抗弁をなすことを義務づけられてはいないので、議会との関係等を考慮して不都合のない限り、それを差し控える傾向があり、[33]また、政府法案にはじめから命令事項が含まれていることもしばしばある。[34]かくして、法律事項と命令事項の区別はかなり流動化しつつあり、一九八〇年以後、四一条はまったく利用されていない。[35]というのは、本来、三四条、三七条および四一条は安定した議会多数派が存在せず、政府と議会が対立する場合を考慮した規定であるが、ほぼ一九六二年以後、安定した多数派が徐々に形成されてきたので、これらの規定の意義が薄れてきたからであり、[36]また、実際に法律事項と命令事項の厳格な区別は法律の規定を曖昧なものにしてしまうからでもある。[37]

ところで、四一条の不受理と四〇条の不受理は手続上、以下の点で異なっている。[38]まず、四一条の趣旨は政府と議会の権限分配、とりわけ政府の権限を保障することにあるので、命令事項を侵害する議員法案に対して不受理を以て対抗しうるのはもっぱら政府であるとされている点である。次に、四一条では、議会における立法手続中、政府と議長の意見が一致しない場合に憲法院が介入しうるとされている点である。ここで留意せねばならないのは、この場合、憲法院は「当該法案あるいは修正案が、法律事項に属するのか、あるいは命令的性格を有するのか」についてのみ判断するのであって、合憲性の審査をなすのではないということである(39)。

これと関連して問題となるのは、憲法六一条二項に基づいて同条に定められた出訴権者が憲法院に提訴して命令事項を定める法律の合憲性を争うことができるかどうかということである。これについて、野党議員により提訴された憲法院は一九八二年七月三〇日に、立法者が命令事項に介入しているからといって当該法律がただちに違憲とはならないと判示し(40)、法律が命令事項を含むことを理由にして野党が国会審議の延長戦として六一条を利用することを否定した。なぜならば、憲法は法律が命令事項に属する規定を有することを禁じたのではなく、命令制定権者である政府に固有の領域を認め、憲法四一条と三七条二項による立法者の侵害に対する保障を政府に与えただけだからである(41)。つまり、法律が命令事項を含んでいても、それは当該法律の合憲性の問題を生ぜしめるのではなく、四一条の受理可能性の問題を生ぜしめるにすぎないのである。かくして、議会の立法権が多少とも拡大されたわけであるが、他方、政府の権限は何ら制限されてはいない点に留意すべきである(42)。すなわち、立法手続中に不受理の抗弁をするかしないかは政府の自由であり、また、政府は事後的に憲法三七条二項により命令事項を定める法律をデクレによって改正しうるのである。

以上要するに、憲法四〇条および四一条の不受理は柔軟に運用されており、議員の法律発議権への制約も若干緩和されているといえるが、その運用において政府が決定的な役割を果たしており、これらの不受理が議員法案の減少傾向の要因となっていることはやはり否定できないと思われる。

(四)　委員会による議員法案の選別

また、このような制度的要因のひとつとして、委員会による議員法案の「濾過作用」(filtrage)[43]が挙げられる。というのも、一般にいかなる法案も権限ある委員会により審査され、その報告の対象となっていなければ、本会議で審議され表決されえないからである（国規九〇条）[44]。つまり、委員会報告の対象とならない議員法案の本会議での審議は永久に棚上げされてしまうのである。もちろん、すべての法案が同じ重要性や必要性を有するものではないし、議会の活動期間が限られている以上、法案の重要性や必要性に応じた委員会による選別はやむをえないものといえる。また、委員会は議員法案とは別に政府法案も審査しなければならないので、大量の法案をすべて審査することも実際不可能であろう。かくして、国民議会の第五立法期（一九七三年から一九七七年）において、一三二〇件の議員法案が提出されたが、委員会により審査されたのは二七四件（二〇・八％）にとどまっている[45]。

ところで、このような委員会による議員法案の選別において、重要な役割を果たしているのは、当該委員会の委員長と報告者である。とりわけ、報告者は議員法案の場合には、委員会が強く要請しない限り、その委員会審査のための報告書を提出するか否かをまったく自由に判断しうるのである[46]。したがって、委員長および報告者の所属会派が重要である。たとえば、国民議会の第五立法期における委員長ポストは当時の与党（U.D.R.,R.I.）がすべて独占しており[47]、報告者ポストも若干野党議員が含まれているとはいえ、圧倒的に与党議員により占められている。要するに、報告者を中心にしてなされる議員法案の濾過作用は、とりわけ野党提出法案を排除するように機能するおそれがあるといえる[48]。

(五) 政府の優先的議事日程

さらに、いわゆる政府の「優先的議事日程」(ordre du jour prioritaire) も制度的諸要因のひとつと考えられる。憲法四八条一項は、「両議院の議事日程は、政府の定めた順序においてかつ他の案件に優先して政府提出の法律案および政府により受け入れられた議員発議の法律案の審議を認める」と規定し、議事日程の作成に関して政府に大幅な権限を認めている。つまり、政府は議員法案であれ、政府法案であれある法案を議事日程に記載したいときには、その要求を議長に知らせるだけで十分である(国規八九条二項)。また、議会の側からそれを変更することはできず、優先的議事日程の変更は政府によってのみ可能であり、政府は優先的法案の追加、撤回あるいは順序の変更を自由になしうるのである(同条三項)。これに対して、議会はいわゆる「補充的議事日程」(ordre du jour complémentaire) を自主的に作成し、議員法案の審議をなしうる。しかし、これはまさに優先的議事日程を補足するものにすぎず、「純粋に理論的価値しか有していない」とさえいわれている。というのも、政府は優先的法案で議事日程を埋めつくすことにより、その意にそわぬ議員法案を排除しうるからである[49]。

ところで、このような意味では政府の優先的議事日程に濫用の危険がないわけではないが、議事日程の作成について政府に主導権を与えることにはそれ相応の理由があったといえる。通常、議院は多くの案件を抱えているので、それらの審議時間を合理的に配分し、効率的な立法活動を行う必要があるが、提出されている法案の重要性には相違があるので、それを考慮せずに付託順に法案を審議することはかえって合理的な議会運営を妨げることになる。つまり、効率的な立法活動の手段として議事日程は不可欠のものであり、このような意味でその役割は純粋に技術的なものである。しかし、従来、フランスにおいて、それは政府に対する議会の政治的活動手段としても機能していた。すなわち、フランスでは「議院が議事日程を自由に定める」という原則により、議会は法案として提出された政府の政策を拒否するために議事日程を利用していたので、政府はそのような法案を議事日程に載せるために「信任問題」(question de confiance) を提出しなければならず、それが政府の安定性を害する原因のひとつとなっていたのである。[50] しかしながら、議会立法における政府法案の比重が高まるのに応じて、議事日程の作成に政府の意向が反映されること、あるいはむしろ、政府が主導権を握ることが当然要請されてくる。かくして、このような要請を明文化したものが憲法四八条一項であり、この限りで政府の優先的議事日程は必要かつ正当なものといえる。

しかし、実際には、政府の「優先」が「独占」となり、議会が立法権の一要素にすぎなくなっている。[51] つまり、議事日程に記載される議員法案の大部分は、政府の同意によって優先的法案として議事日程に入れられたものであり、議会が自主的に作成する補充的議事日程はほとんど利用されていないのである。たとえば、一九五九年以後の一九年間に補充的議事日程に入れられた議員法案は、国民議会では年平均およそ四・七件、元老院で五件程度である。[52] したがって、議員法案、とりわけ野党提出法案がかなり不利な立場にあることは否めず、本会議で審議される可能性がほとんどないといえる。先に指摘したように、大部分の議員法案は委員会段階で葬り去られ、たとえそれを通過したとしても必ずしも議事日程に記載されるわけでもなく、さらには本会議で可決されるわけでもないのである。[53]

㈥　修正権による対案の提出

以上の考察から確認されうるのは、フランスにおいて政府法案の優位が以前にもましてさらに進行しているが、それはもっぱら行政国家現象の進展にのみ起因するものではなく、人為的な制度的諸要因に負うところが少なくないということである。すなわち、議員の法律発議権には制度上種々の制約が課されており、その結果、議員法案が本会議で審議される可能性さえほとんどなくなっているのが実情である。このような状況において、従来、法律発議権のコロラリーとしてのみ把握されていた修正権が法律発議権の代替物として機能していることが認識されつつある。

それでは、修正権はどのようにして法律発議権の代用品として利用されているのであろうか。すでに何度か指摘したように、議員は多くの法案を提出しているが、それが審議されることはほとんどない。しかし、だからといって、このような議員による法案の提出がまったく無意味であるとはいえない。というのは、ある議員法案が問題の存在を政府に提起し、それに関する政府法案を引き出すことがしばしばあるからである[54]。この場合、議会での審議の台案となるのはもちろん政府原案であるが、先に法案を提出しておいた議員はその法案を修正案に組み直し、政府原案に対する「対案」(contre-projets) として改めて提出することによって、議事日程に記載されえなかった先の法案を本会議に上程しうるのである[55]。かくして、このような意味で、「修正権は優先的議事日程の包囲網を破ることを可能とし、法律発議権の代替物の役割を果たしている」とされるのである[56]。

要するに、委員会による法案の選別や政府の優先的議事日程による制約のため、議員の法律発議権は本質的に修正権により行使されており、その結果、この法律発議権は議員の発議権の「副次的形式」(forme secondaire) あるいは対案としての修正権の付託により事後的に展開される発議の「原初的形式」(forme primaire) となっているのである[57]。

（４）　M.Prélot, Précis de droit constitutionnel, Dalloz, 1949, p.450., A.Bonde,Précis de droit constitutionnel, 4e éd., Dalloz, 1930, p.281.

（５）　G.Vedel,Droit constitutionnel, Sirey,1949 (2e tirage 1984), p.483.

（６）　J.Laferrière, Manuel de droit constitutionnel, 2e éd.,Domat Montchrestien, 1947, p.1003.

（７）　この種の定義は他の論者にもみられる。J.Barthélemy et P.Duez, Traité de droit constitutionnel, Dalloz, 1933, p.733., F.Moreau, Précis élémentaire de droit constitutionnel, 9e éd., Sirey, 1921, p.292., L.Michon,"L'initiative parlementaire en France dupuis 1789", R.D.P., 1896, p.75.

（８）　G.Vedel, op.cit., p.484.

(9) ibid., p.484.

(10) M.Duverger, Le système politique français, P.U.F., 1985, p.361.

(11) A.Brouillet, Le droit d'amendement dans la constitution de la Ve République, P.U.F., 1973, p.108.

(12) 同様に、プレロらも、修正権はそれ自体縮減された発議権の付属物ではなく、その代替物となったと指摘する(M.Prélot et J.Boulouis, Institutions politiques et droit constitutionnel, 9e éd., Dalloz, 1984, p.811.)。また、ジクケルらも、付属物が本体にとって代わりつつあるという(J.Giquel et A.Hauriou, Droit constitutionnel et institutions politiques, 8e éd., Montchrestien, 1985, p.903.)。

(13) D-G.Lavroff, Le système politique français, 3e éd., Dalloz, 1982, p.620.

(14) 村松岐夫「立法過程と政党・圧力団体・官僚の関係」北大法学論集三四巻一号（一九八三年）一五二頁（表七）参照。

(15) 同・一五二頁（表七）参照。

(16) P.Avril, "Le parlement législateur", R.F.S.P., 1981, p.30.

(17) グランジェは制度的要因として憲法三四条と四八条を挙げているが、後者の影響をより重視している(J.Grngé, "La fixation de l'ordre du jour des assemblées parlementaires", dans E.Guichard-Ayoub, C.Roig et J.Grangé, Études sur le parlement de la Ve République, P.U.F., 1965, pp.243-245.)。

(18) J-L.Pezant, "Le contrôle de la recevabilité des initiatives parlementaires", R.F.S.P., 1981, p.142.

(19) D-G.Lavroff, op.cit., p.620.

(20) C.Emeri et P.Lalumière, "Article 40", dans F.Luchaire et G.Conac(sous la direction de), La constitution de la république française, Economica, 1979, p.535 et p.540.

(21) P.Birnbaum, F.Hamon et M.Troper, Réinventer le parlement, Flammarion, 1977, p.113.

(22) C.Emeri et P.Lalumière, op.cit., p.545.

(23) ibid., p.537. ただし、予算法案の審議においては、このように解釈されてはいない。というのは、予算法案の審議に適用される一九五九年一月二日のオルドナンス(ordonnance n° 59-2 du 2 janvier 1959)の四二条がune recetteと単数形をもって規定しているからである(ibid., p537.)。

(24) ただし、ある国の財源の減少を補填する他の財源は現実的であり、その補填は即時的(immédiate)でなければならない(Décision n° 76-64 DC du 2 juin 1976, Recueil des décisions du Conseil Constitutionnel, 1976, p.21.)。

(25) 元老院は一九七八年に法案提出の際の憲法四〇条の不受理の判断を廃止したが、この改正は違憲とされた(Décision n° 78-94 DC du 14 juin 1978, Rec, p.15.)。

(26) 憲法四〇条は不受理の判断手続を何ら定めてはいないが、憲法院は自ら介入しうるとした(Décision n° 75-57 DC du 23 juillet 1975, Rec, p.24.)。ただし、憲法院は一九六一年に四〇条の不受理につき判決を下している(Décision n° 60-11 DC du 20 janvier 1961, Rec, p. 29.)。

(27) Décision n° 77-82 DC du 20 juillet 1977, Rec, p.38.

(28) M.Prélot et J.Boulouis, op.cit., p.814.

(29) C.Emeri et P.Lalumière, op.cit., p.544.

(30) J-L.Pezant, op.cit., p.160.

(31) M.Prélot et J.Boulouis, op.cit., p.815.

(32) C.Emeri et P.Lalumière, op.cit., p.550.

(33) P.Avril, op.cit., p.19.

(34) L.Fougère,“L'application des articles 34 et 37 par le Conseil d'Etat”, dans Le domaine de la loi et du règlement,Aix-en-Provence, Presses Universitaires d'Aix-Marseille, 1978, p.144.

(35) J-L.Pezant,“Loi / Règlement,la construction d'un nouvel équilibre”, R.F.S.P., 1984, p.939.

(36) 今関源成「フランスの違憲審査制」法律時報五七巻六号（一九八五年）六三頁。

(37) L.Fougère, op.cit., p.144., J-L.Pezant,“Loi / Règlement,la construction d'un nouvel équilibre”, op.cit., p.985.

(38) M.Prélot et J.Boulouis, op.cit., p.813.

(39) Décision n° 79-10 FNR du 26 avril 1979, Rec, p.56.
(40) L.Favoreu,"Le droit constitutionnel jurisprudentiel en 1981-1982", R.D.P., 1983, pp.350 et s.
(41) P.Terneyre,"La procédure législative ordinaire dans la jurisprudence du Conseil Constitutionnel", R.D.P., 1985, pp.711-712. つまり、法律事項と命令事項は区別されているというよりも相互浸透しており(P.Avril et J.Gicquel, Chroniques constitutionnelles françaises, P.U.F., 1983, p.276.)、この判決により法律の実質的定義は放棄された(L.Favoreu, op.cit., p.355.)
(42) J-L.Pezant,"Loi / Règlement,la construction d'un nouvel équilibre", op.cit., pp.952-953.
(43) D-G.Lavroff,"Les commissions de l'assemblée nationale sous la Ve République", R.D.P., 1971, p.1458.
(44) 憲法四八条が議院規則に優位するので、政府法案は委員会報告の対象とならなくても本会議の議事日程に記載されうる(ibid., p.1458.)。結局、委員会による選別の対象となるのはもっぱら議員法案である。
(45) P.Loquet,Les commissions parlementaires permanentes de la Ve République, P.U.F., 1980, p.129.
(46) H.George, "Les pouvoirs des rapporteurs des commissions parlementaires", dans Le pouvoir, Mélanges offerts à Georges Burdeau, L.G.D.J., 1977, p.444.
(47) P.Loquet, op.cit., p.74 et p.81.
(48) D-G.Lavroff,"Les commissions de l'assemblée nationale sous la Ve République", op.cit., p.1458. なお、国民議会の第五立法期に委員会により審査された議員法案のうち野党提出法案は二六%にとどまる(P.Loquet,op.cit., p.130.)。
(49) C.Roig,"L'évolution du parlement en 1959", dans Études sur le parlement de la Ve République, op.cit., p.83.
(50) 以上の諸点につき、J-M.Cotteret,"L'ordre du jour des assemblées parlementaires", R.D.P., 1961, p.813 et s.
(51) P.Birnbaum, F.Hamon et M.Troper, op.cit., p.116.
(52) P.Avril, op.cit., p.20. なお、元老院では、補充的議事日程に記載される議員法案が年平均八から九件と若干増加している(J.Grangé,"Attitudes et vicissitudes du Sénat(1958-1980)", R.F.S.P, 1981, p.51.)。
(53) P.Loquet, op.cit., p.130.

(54) A.Bouillet,"Article 39", dans F.Luchaire et G.Conac, op.cit., p.525.
(55) A.Bouillet,"Article 44", dans F.Luchaire et G.Conac, op.cit., p.577.
(56) ibid., p.577., A.Bouillet, Le droit d'amendement dans la constitution de la Vᵉ République, op.cit., p.80.
(57) A.Bouillet,"Article 39" p.525.

二　統制手段としての修正権の機能

これまで、第五共和制憲法による立法手続の構造転換が修正権の現代的意味を生み出したことについて考察してきたが、ここでは統制手段としての修正権の機能について検討する。

ところで、修正権はもっぱら議会立法にのみ関するものであるから、修正権の統制機能を問題とすることは一見、奇異に思われるかもしれないが、「法律による行政」に代表されるような議会の「決定権的統制」(58)という観点から見るならば、立法することは行政を統制することに他ならず、そうであるならば議会の立法権の不可欠の構成要素としてそれに組み込まれている修正権が本来このような決定権的統制機能を有していることは半ば自明のことでもある(59)。しかし、第五共和制において、修正権の決定権的統制機能は、法律を作成することによって行政を統制するという本来の統制機能にとどまることなく、その範囲をさらに拡大することとなった。というのは、憲法三四条、三七条により法律事項と命令事項が区別され、また、議院規則によって行政統制的決議案が禁止されたので、議員は修正権の形式を利用して命令事項に介入したり、決議案を提出したりしたからである。すなわち、修正権は「憲法により禁止された統制形式の代替物」(60)として利用されることによって、脱法的な決定権的統制機能を営んでいるのである。さらに、修正権は実際的な理由から質問手続の代替物として「運営統制」(61)機能をも営んでいるといわれる。それでは、以下、これらの諸点につき考察する。

㈠　決議案としての修正案

第三および第四共和制において、議院は一定の政策を政府に指示するためにしばしば決議案を利用していた。このような決議案はたんなる要請にすぎず、法的な拘束力を持つものではなかったが、政府の政治責任を追及する糸口となりうるものであったので、このような決議案の実効性は長年の慣行により承認されていたのである。(62)しかし、第五共和制において、当初の国民議会規則八二条はたんに政府の政治責任を問題とする決議案は正規の問責動議と結合していない限り受理されないとのみ規定していたので、(63)以前のように議院が政府に対して一定の行為義務に従うことを要請する決議案の取扱いが問題となった。当時の首相であったM・ドブレはこのような決議案には違憲の疑いがあると考えていたが、憲法は何らこれを規律していなかったので、議会の特権は憲法により明確に規定されていなければ制限されないという伝統的原則に従って、このような決議案の存在が承認されることとなった。(64)しかしなお、憲法四〇条とこの種の決議案の関係をめぐって二つの解釈が対立していた。すなわち、政府側の解釈は憲法四〇条の〈propositions〉には議員法案(propositions de loi)だけでなく、決議案(propositions de résolution)も含まれるので、憲法四〇条に反する決議案は受理されないというものであり、他方、議会側の解釈は憲法四〇条の〈propositions〉に決議案は含まれず、また、決議案の内容は政治的要請にすぎないので、憲法四〇条所定の諸結果を実際にもたらすものでもないというものであった。(65)ともあれ、両議院の議院規則はその施行前に憲法院の合憲性審査を受けねばならないとする憲法六一条一項により、この解釈上の争いは実質的に憲法院によって解決されることとなった。しかし、憲法院の判断は政府と議会の解釈のどちらもとるものではなく、「議院の排他的権限、つまり議院の運営および規律を対象とする内部秩序に関する措置および決定を明文化すること」を目的としないすべての決議案を一律に禁止した。(66)すなわち、それは議会が政府にある種の法案を提出することを要請する決議案の存在自体を認めないという厳格なものであった。(67)かくして、国民議会はこの憲法院判決に従って、国民議会規則八二条一項を「憲法および組織法により明確に定められている場合を除いて、決議案は議院の運営および規律を対象とする、すなわち、その排他的権限に属する内部秩序に関する措置および決定を明文化するものでない限り受理されない」と改正した。

しかし、この議院規則の改正は履行すべき政策を政府に指示する決議案を排除することができなかった。というのも、議員が修正権を利用して、政府にある政策を実現する法案を一定期間内に提出することを義務づける規定を法律に挿入したからであり、この種の修正案の例は非常に多いといわれる(68)。しかしながら、憲法院は、「このような規定は憲法三四条や他のいかなる憲法条項にもその法的根拠を見出していない」し、また、「それは憲法三九条により首相に与えられた一般的な発議権と矛盾する」との理由からこの種の規定を繰り返し違憲と判示してきた(69)。したがって、法律に盛り込まれたこの種の修正規定が実際に法的効力を有するか否かは、政府が憲法六一条二項に基づいて憲法院に提訴するか否かによるのである。

ところで、このような決議案の性質を持つ修正案はどのような役割を果たしているのであろうか。まず、このような修正案は政府に法案の準備を開始させる手段である。というのも、議員法案はほとんど議事日程に載せられることがないので、議員は彼らの法律発議権の帰結に幻想を抱いてはおらず、さしあたり所与の問題に関する法案を提出する責務を政府に課すことを選択しているのである。また、この種の修正案は政府に一定の法案を提出することを要請することにより、政府の政策の不備や不在を明らかにし、その修正案の審議を通じて当該政策に関する政府の答弁を引き出すことを可能にするのである(70)。

(二)　執行命令としての修正案

議会の立法権は憲法三四条に列挙された事項に応じて通則(règles)を定め、あるいは基本原則(principes fondamentaux)を決めることに限定されており、この通則や基本原則を明確にし執行することは行政部の命令制定権に留保されている。しかし、議員はしばしば行政部に留保された事項を侵害する修正案を提出している。このような修正案の目的はもちろん法律によって統制しえない行政部の命令制定権を統制することである。すなわち、法律を執行するデクレの内容を議会審議の段階で予め決定し、行政部の法律解釈に一定の枠をはめることによって、その活動を方向づけることである。このように議員は法律の内容となる通則や基本原則よりもむしろその適用様式に関心を持っているが、反対に行政部は法律の解釈適用についてできるだけ拘束されないように、予め政府原案中に不確定的な表現を盛り込む傾向がある。つまり、執行命令を内容とする修正案は、このような二つの相反する傾向の産物なのである。(71)

ところで、政府は憲法四一条により、このような命令事項に介入する修正案に対して不受理の抗弁をなし、その審議を拒否しうるが、たいてい政府はその審議に応じ、不受理の抗弁を差し控えている。というのも、当該修正案の不受理につき政府と議長の意見が一致しない場合、これは憲法院により判断されるが、それには長ければ八日かかり、その間、当該法案は表決されえないので、残りの会期との関係で、政府が憲法院への提訴を断念するからである。また、そのような修正案が可決されたとしても、政府は憲法三七条二項に基づいて事後的にそれをデクレにより改廃しうるからでもある。(72)

しかしながら、この種の修正案の審議が許容されるとしても、それが採択されることは非常にまれである。とはいえ、採択されなくとも、その効用は発揮されうるのであり、むしろ、その提案者が自発的にそれを撤回することのほうが多い。つまり、提案者の目的は、その修正案に盛り込まれた法律の適用様式の要点が法律を執行するデクレの内容に反映されることなので、政府が公開の会議でそれを尊重する旨確約するならば目的は達せられたこととなり、その修正案は採択をまたずに撤回されるのである。(73)ただし、この政府の確約は法的には何ら効力のあるものではない。とはいえ、それは官報で公表され、また、執行命令の作成に際して意見を求められるコンセイユ・デタは政府にその確約を尊重するように要請するので、政府はそれを無視しえないのである。(74)いずれにせよ、修正権は執行命令の内容を事前に決定することにより、行政部の命令制定権を統制する手段となっており、事後的な統制の不備を補っているといえる。[75]

㈢　口頭質問としての修正案

しばしば、議員は政府から情報を得るために修正権を利用しているといわれる。もちろん、このためには質問手続が用意されているので（憲法四八条二項）、本来、これを利用することがたてまえではあるが、実際にはその運用にともなう種々の理由から、質問手続は期待された効果を十分に発揮しえないでいた。[76]

このような質問手続の機能不全の要因としては、いくつかのものが指摘されうる。

まず、口頭質問が大臣の答弁を得るためには、議事日程に記載されねばならないが、すでに多数の質問が提出され目録に記載されており、また、週一回の質問時間は限られているので、物理的にすべての質問を議事日程に記載することは不可能である。さらに、議事日程への記載に際しては多数派に支配される長会議によりかなり恣意的な質問の選別がなされていた。つまり、口頭質問は答弁を得るまで時間がかかり、答弁を得る可能性もきわめて少なかったのである。

次に、議員や大臣に都合のよい会議日は法案審議にあてられ、残りの会議日が質問に割り振られていたので、質問日の議員や大臣の欠席がかなり多かった。とりわけ質問される大臣の出席は質問手続の前提条件であるため、質問日と閣議の開催日を一致させる提案もなされたが実現せず、所管の大臣が欠席した場合には、質問内容と無関係な大臣や大臣補佐が答弁にあたっていたのである。

さらに、質問日以前に予め質問趣意書を提出しておかなければならないため、政府は答弁の準備に必要な時間を十分に有するので、大臣は下僚が作成した文書を読むだけの場合が多かったのである。[77]

それでは、口頭質問を使わずに、修正権を利用することにはどのような利益があるのであろうか。

まず、政府は修正案の審議に応じなければならないので、議員が修正案の形式をとって提出した質問は即座に答弁されうる。つまり、この種の修正案は、このような意味で、質問のための「緊急手続」である。次に、修正案の審議には必ず所管の大臣が出席し、政府原案の規定を維持するためにみずから答弁にあたるので、政府と議会の間に真の対話が形成されうるのである。

さらに、口頭質問は表決によりサンクションされえないが、反対に修正案は撤回されない限り、必ず表決されるので、これが口頭質問として修正権を利用することの最大のメリットであるといわれる。すなわち、口頭質問としての修正案の目的は政府から情報を得ることであるから、修正案に配合された口頭質問に対する政府の答弁が満足すべきものであるならば、その修正案は表決をまたずに撤回されることとなるが、政府の答弁が不十分なものであれば、その修正案は撤回されず表決に付され、議院の意思が表明されることになるのである[78]。

ただし、このような修正案の利用にはその性質上、当然の制約がある。つまり、修正案が審議されている法案に関するものでなければならない以上、当然、修正案の形式をとった質問の対象も当該法案に関連したものでなければならない。したがって、法案の内容が限定されたものであるならば、質問の対象は狭くなり、逆に、法案の内容が広ければ、質問の対象も多岐にわたりうるのである[79]。

(58)　小嶋和司「行政の議会による統制」(『現代法四　現代の行政』岩波書店、一九六六年)一八四頁以下。同様に、アブリルは、立法はひとつの統制手段であるという(Avril, op.cit., p.16.)。

(59)　ブルイェは、立法過程自体、議会にとっては政府の活動に対してある種の統制をなす機会であり、修正権は発議権の要素であるとともに議会的統制の手段でもあるという(A.Brouillet, Le droit d'amendement dans la constitution de la Ve République, op.cit., p.85.)。

(60)　P.Avril, op.cit., p.17.

(61)　小嶋・前掲論文二〇八頁。

(62)　F.Boudet,"La force juridique des resolutions parlementaires", R.D.P., 1958, p.281.

(63) 当初の国規八二条の原文は、D.Ruzié,“Le nouveau règlement de l'Assemblée national”, R.D.P., 1959, p.939, note(7)を参照。

(64) ibid., pp.900-901.

(65) N.Denis,“L'application des nouvelles règles de procédure parlementaire etablies par la Constitution de 1958”, R.F.S.P., 1960, p.900., D.Ruzié, op.cit., p.901. なお、当初の元規二四条四項は、憲法四〇条が決議案には適用されない旨明記していた(J.Roche,“Le sénat de la République dans la constitution de 1958”, R.D.P., 1959, p.1204.)。いずれにせよ、この解釈の対立は、従来の議会制の伝統との連続と断絶とをめぐる二つの解釈準則の対立に他ならない(G.Berlia,“La constitution et les débats sur les règlements des assemblées parlementaires”, R.D.P., 1959, pp.567 et s.)。

(66) Décision n° 59-2 DC des 17,18 et 24 juin 1959, Rec, p.58. 元老院規則に対する判決も同旨であった(Décision n° 59-3 DC des 24 et 25 juin 1959, Rec, p.61.)。これらについては、L.Hamon,“Décisions sur la conformité à la Constitution des règlements de l'Assemblée nationale et du Sénat”, Recueil Dalloz, 1959, jurisprudence, pp.501 et s.

(67) N.Denis,op.cit.,pp.900-901. L・アモンによれば、本判決から「禁止されていないことは許されているという私法の原則とは異なり、憲法上とくに議会の活動手段が問題であるときには、憲法により定められていないことは許されていない」という原則が帰結されうる(L.Hamon,“Conseil constitutionnel 17 janvier 1979”, Recueil Dalloz Sirey, 1980, jurisprudence, p.234.)。

(68) ibid., p.234.

(69) Décision n° 66-7 FNR du 21 décembre 1966, Rec, p.37., Décision n° 76-73 DC du 28 décembre 1976, Rec, p.41., Décision n° 78-102 DC du 17 janvier 1979, Rec, p.26. ただし、法案を提出すべき期日とその内容を具体的に定めなければ違憲とはならない(P.Terneyre, op.cit., p.702.)。

(70) A.Brouillet,Le droit d'amendement dans la constitution de la Ve République, op.cit., pp. 90 -92.

(71) ibid., pp.93-95.

(72) ibid., p.99.
(73) ibid., pp.96-98., P.Loquet, op.cit., p.193.
(74) A.Brouillet,Le droit d'amendement dans la constitution de la Ve République, op.cit., p.100.
(75) ibid., p.99.
(76) 質問手続については、さしあたり福岡英明「現代フランス議会における質問手続」中央大学大学院研究年報一五号I—一（一九八六年）五一頁以下参照。さらに、M.Ameller,"L'heure des questions au Palais-Bourbon", dans Mélanges G.Burdeau, op.cit., pp.355 et s., P.N.Huu,"L'évolution des questions parlementaires depuis 1958", R.F.S.P., 1981, pp.172 et s.
(77) 福岡・前掲論文五六—五七頁。
(78) A.Brouillet, Le droit d'amendement dans la constitution de la Ve République, op.cit., pp.101-103.
(79) ibid., p.103.

むすびにかえて

これまでフランス議会の実践を素材にして修正権の諸機能について考察してきた。ここではそれを簡単に整理してむすびにかえたい。

第一に、修正権が大別して立法機能と統制機能を有する複合的な装置であることが確認されねばならない。

第二に、修正権の立法機能には古典的な機能と現代的な機能がある。前者は法案を部分的に訂正し補足するという伝統的な観念に基づいており、この場合、修正権は法律発議権のコロラリーあるいは付随的な発議権として把握される。これに対して、後者は政府の優先的議事日程等の制約に対抗しうる修正権の対案提出機能に着目したものであり、修正権は法律発議権の真の代替物として把握される。

第三に、修正権は政府に履行すべき政策を指示する決議案としての修正案、予め法律の適用様式を決定する執行命令としての修正案および政府から情報を獲得する口頭質問としての修正案の形態をとることによって本来の統制手段の代用品として統制機能を営んでいることが確認されうる。

第四に、修正案は可決されなくとも無意味なわけではなく、このことはとりわけ統制手段としての修正案にあてはまるが、立法手段としてみても、修正案の審議が原案の問題点を明示し、原案に賛成か反対かに終始する審議の硬直化を防ぎ、審議の実質化をもたらしうる点は看過しえない。

ともあれ、フランス議会が複合的な機能を持つ修正権を利用して合理化された議会制の桎梏を打ち破る努力をなしていることは正当に評価されねばなるまい。

［追記］

「一　法律発議権としての修正権の機能」中の「(五)　政府の優先的議事日程」および「二　統制手段としての修正権の機能」中の「(三)　口頭質問としての修正案」で言及されている憲法四八条は、一九九五年八月の憲法改正により修正された。すなわち、四八条一項では従来通り政府の優先的議事日程が規定されているが、第三項が新設され、そこでは「月に一回の会議が、各議院により定められた議事日程に優先的に留保される」と規定された。これによりいわゆる議院の補充的議事日程が憲法上保障されたわけであり、議員提出法案の審議が一定程度確保されるようになった。また、旧第二項は、「国会の構成員の質問および政府の答弁のために、週に一回の会議が優先的に留保される」と規定していたが、新第二項は、「少なくとも」という文言が挿入され、「国会の構成員の質問および政府の答弁のために、少なくとも週に一回の会議が優先的に留保される」となった。かくして、週に複数回の会議が質問に割り当てられうることとなったのである。

第三章　議会による行政統制

はじめに

議会が立法権の主体であることから、かえって「議会はそもそも行政統制のための機関であった」(1)ということが看過されがちであることは否めない。しかしながら、行政権が立法過程における主導権を握り、政策形成において中心的な役割を果たしている現代行政国家においては、議会による行政統制が果たすべき役割は以前にも増して重要になっているはずである。

ところで、本章で考察されるフランスの憲法書では、議会の機能が立法機能と行政統制機能に分けられて説明されるのが一般的である。(2)このことからも理解されるように、フランス議会にはかなり完成された行政統制制度が整備されており、「それは、さながら議会による行政統制の態様を模範的に示すもので、比較議会法的にみても、類例は殆ど存しない。その意味で、『議会による行政統制』論の体系的な成文法化の試みとして、大いに注目すべきであろう」(3)と評されている。したがって、フランス議会の模範的な行政統制制度を網羅的に考察することは大いに意義のあることではあるが、ここでは論述の対象を絞り、政府の政治責任を追求する制度は除いて、情報収集のための制度を考察する。(4)それは、多数派を有する議院制では、政府の責任を直接追求しない統制制度が実際には重要であると考えるからである。

(1) 小嶋和司『憲法と政治機構』（木鐸社、一九八八年）二九三頁。
(2) 一例を挙げれば、M.Prélot et J.Boulouis, Institutions politiques et droit constitutionnel, 9e éd., 1984, pp, 807 et s.
(3) 大石眞「フランスの議会による行政統制」フランス行政法研究会編『現代行政の統制』（成文堂、一九九〇年）二四九頁。
(4) 広義の統制は、狭義の統制と情報収集に分けられる。たとえば、M.Prélot et J.Boulouis, op.cit., pp.830 et s.

一　質　問

質問手続には、大別すると書面による質問と口頭でなされる質問とがあり、後者には現在、利用されているものとして四種のものがある[5]。

(一)　書面質問（question écrite）

書面質問手続は、議員の書面による質問とそれに対する大臣の書面による答弁からなるものである。それゆえ、公開の議場でなされる通常の手続とはまったく異なる例外的な手続であるといわれる[6]。この手続は一九〇九年六月三〇日の決議により代議院（Chambre des Députés）で採用され、ついで一九一一年一二月七日には元老院（Sénat）にも導入された[7]。現行の書面質問手続も議院規則により定められており、憲法あるいは法律上の根拠を直接有するものではない（国民議会規則一三九条以下、元老院規則七四条以下。以後、それぞれ国規、元規と略す）。

まず、質問の提出手続についてみると、「質問を提出しようとするすべての議員は、それを政府に通告する議長に質問書を付託する」こととされている。質問の付託には二つの受理要件が課されている。形式に関しては、「質問は簡潔に作成され、問題の理解に不可欠な要素に限定されなければならない」とされ、内容に関しては、

「質問は氏名を示された第三者に対する個人的ないかなる非難も含んではならない」とされている。書面質問は付託されると、会期中であれ会期外であれ官報で公表され、その公表から一ヵ月以内に答弁されなければならない。ただし、例外的に、大臣は答弁の資料を集めるために一ヵ月を超えない補充期間を要求しうる。これに対して議員は、その書面質問を口頭質問に切り換えることができる。また、大臣は公益を理由として書面により答弁を拒否しうるが、それはたいてい軍事問題やその他の職務上の秘密に限られており、あまり濫用されてはいないといわれる。(8)

ともあれ、答弁の拒否や放置はそれほど多くはなく、たいてい答弁されている。しかし、答弁の遅延が問題となっている。たとえば、国民議会での答弁率は、一九六九年で九〇%、一九七九年で九五%であるが、①議員規則に定められた期間内に答弁がなされた質問は一九六九年で六二%（②一ヵ月以内が一三%、③二ヵ月以内が四九%）、④三ヵ月以内が二〇%、⑤三ヵ月を超えるものが一八%であり、一九七九年ではそれぞれ①三四%、②六%、③二八%、④二五%、⑤四一%となっている。このように答弁の遅延はかなり悪化しており、この制度の欠点は答弁の遅延と欠如にあるといわれる。(9) このような答弁の遅延の理由としては、以下のものが挙げられる。①質問数が大幅に増加しており、(10) 国民議会で一九五九年に三五〇五件であったものが、一九八七年で一万九一二〇件にも達していること、②特定の大臣、たとえば、蔵相、労相、厚相、文相、農相、内相に質問が集中していること、③特に調査研究が必要な場合、期間が不十分であること等である。(11) とはいえ、このような答弁の遅延という欠陥を伴いながらも書面質問は活況を呈している。それは書面質問が、すべての議員が、いつでも、どのような問題についても利用できる議員の職務に適した簡便な手続だからである。(12)

次に、質問の内容についてみると、先に触れたように市民生活に密接にかかわる社会的経済的な質問が多い。(13) これは議員の個人的な関心からではなく、有権者からの要求による。また、法規の解釈や行政の実際的取扱いに関する質問、特に税制に関する質問が多いので、書面質問は無料の法律相談とさえいわれている。(14) 反面、首相に提出される質問の多くは、政府の重要政策を問題としているので、真の議会統制の手段になりつつあるともいわれている。[15] ともあれ、大臣の答弁が官報で公表されるので、書面質問は議員や市民にとっては重要な情報手段であるといえよう。

㈡　口頭質問（question orale）

口頭質問は、予め提出される議員の書面による質問と質問日になされる大臣の答弁からなる手続である。これには「討論を伴う口頭質問」（question orale avec débat）と「討論を伴わない口頭質問」（question orale sans débat）の二種がある。これら二つの形式を認めたのは、主題の重要性に質問形式を合わせることにより制度の柔軟な運用を可能とするためである。[16] 従来、この制度は議院規則上のものであったが、第五共和制では憲法四八条二項により「毎週一回の会議は国会議員の質問および政府の答弁のために優先して留保される」と規定されている。この規定は、政府の優先的議事日程を認める四八条一項の次に位置することから推察されるように、立法手続における政府の優位に対する代償措置であると考えられているが、[17] 憲法制定の中心人物であったミシェル・ドブレが、口頭質問は反対派の権能であると考えていたことは多いに注目される。[18] また、「合理化された議院制」の観点から、政府の安定を確保するために、議会による統制は政府の政治責任を問題とするよりも、情報の獲得に向けられるべきだと考えられたので、[19] 口頭質問が再評価されたともいえる。それゆえ、当初の討論を伴う口頭質問が憲法院により違憲とされたのも当然であった。すなわち、当初のそれは、討論の結果として決議案を表決するもので、倒閣の手段に転用される恐れがあったからである。[20]

次に、その手続を国民議会について簡単にみておく（国規一三三条以下、元規七六条以下も参照）。質問を提出しようとする議員は、それを政府に通告する議長に質問書を付託する。それは会期中であれ会期外であれ官報で公表される。通例、質問に留保される会議は、両議院とも金曜日の本会議があてられている。そのため、大臣の出席に不都合が生じている。[21] 討論を伴う口頭質問の提出者は一〇分から二〇分間発言しうる。大臣の答弁の後、リストに記載された発言者が発言しうるが、質問の提出者は一〇分間の優先的な発言権を持つ。討論を伴わない口頭質問の場合は、質問二分間、再質問五分間である。質問の提出者以外は発言できない。

ところで、口頭質問は期待された程の効果を発揮していないといわれる。その理由としては、以下のものが挙げられる。①多くの質問が付託されるので質問は長会議（Conférence des Présidents）により選別され議事日程に記載されるが、長会議は多数派に支配されているので、かなり恣意的な質問の選別がなされ、[22] また、政府も長会議を通じて不都合な質問の議事日程への記載に介入しえたこと。[23] ②通例、質問がなされる金曜日は選挙区に戻る議員や大臣にとって都合の悪い日であり、彼らの欠席が多いこと。③質問の内容が前述の書面質問と同様、地方的個別的な利益に関するものが多く、議員や世論の関心を引く質問が稀であること。それゆえ、この意味で口頭質問の特質は書面質問のそれとほとんど異ならないといわれる。[24] ただし、近年、討論を伴わない口頭質問は活況を呈しつつある。たとえば、国民議会で一九五九年には二七八件の質問が提出され一二四件が答弁されていただけであったが（答弁率四五％）、一九七六年には二九七件中一六四件（五五％）、一九八七年には一七二件中一五〇件（八七％）が答弁されている。[25] これは長会議が質問の選別をやめ、各会派に質問数を、一九七九年以後は質問時間を割り振るという慣行が生み出されたからである。[26]

㈢　新しい質問手続の導入

口頭質問の不振を打開するため、一九六九年に従来の質問とは別個に「時事質問」（question d'actualité）という手続が国民議会に導入された。[27] しかし、議事日程に優先的に記載される点を除いて、従来の口頭質問と何ら変わりはなかったので、それほど効果はなく、現在、実質的に廃止されている（国規一三八条）。ついで、一九七四年に議院規則の改正によらず、慣行上の手続として「政府質問」（question au gouvernement）が国民議会に導入された。これは大きな成功を収めており、一九八二年には元老院でも採用された（毎月一回木曜日になされる）。その成功の理由としては以下のものが挙げられる。①政府質問は水曜日の午後に二時間なされるが、水曜日の午前は閣議が開かれるので、午後の会議にすべての大臣が出席しうること。②政府質問は本会議の一時間前に議長に付託されればよく、長会議による質問の選別がないため、質問の時事性と自主性が確保されたこと。たとえば、午前の閣議での決定が、午後には政府質問の主題となることもある。[28] ③反対派と多数派に平等な質問時間が配分されたこと、である。[29] このように活況を呈している政府質問ではあるが（一九八七年に国民議会では三二〇件、元老院では一二一件）[30]、無所属議員の質問の取扱いや、議員が会派のたんなる代弁者になっているといった問題がないわけではない。[31] また、一九八九年四月に国民議会で政府質問とは別個の新しい手続が慣行として生み出された。これは「大臣質問」（question à un ministre,question-cribleともいわれる）という手続であり、春の会期中だけ毎週木曜日に一時間行われる。[32] 政府質問とは異なり、事前に質問は政府に通告されず、各会派はその員数に応じて質問時間を配分される。

(5) さしあたり、拙稿「現代フランス議会における質問手続」中央大学大学院研究年報一五号I―一（一九八六年）五一頁以下を参照。
(6) M.Ameller, Les questions instrument du contrôle parlementaire,1964,p.23.
(7) J.Bourdon, Les assemblées parlementaires sous la Ve République,1981,p.150.
(8) M.Ameller, Les questions instrument du contrôle parlementaire,op.cit.,pp.74 et s.
(9) D.-G.Lavroff, Le système politique français,3e éd.,1982,p.703.
(10) 数字は、D.Maus, Les grands textes de la pratique institutionnelle de la Ve République,4e éd.,1988,p.172.による。
(11) J.Bourdon, op.cit., p.151.
(12) P.N.Hu, "L' évolution des questions parlementaires depuis 1958", R.F.S.P., 1981, pp.173-175.
(13) M.Ameller, Les questions instrument du contrôle parlementaire, op.cit., p.100.

(14) J.Cadart, Institutions politiques et droit constitutionnel, t.2, 17e éd., 1982, pp.1189-1190.

(15) M.Duverger, Institutions politiques et droit constitutionnel, t.2, 17e éd., 1982, p.319.

(16) M.Ameller, "L'heure des questions au Palais-Bourbon", dans Mélanges offerts à Georges Burdeau,1977, p.357.

(17) C.Roig, "L' évolution du parlement en 1959", dans É.G.-Ayoub, C.Roig et J.Grang, Études sur le parlement de la Ve République, 1965, p.200.

(18) M.Debré, " La nouvelle constitution", R.F.S.P., 1959, p.27.

(19) E.Blamont, "Le parlement dans la constitution de 1958", Juris-classeur administratif, Fascicule n° 102, p.31.

(20) L.Hamon, "Décisions sur la conformité à la constitution des règlements de l'Assemblée nationale et du Sénat", Recueil Dalloz , 1959, 37e cahier, jurisprudence, pp.501 et s.

(21) P.N.Huu, op.cit., p.176.

(22) M.Duverger, op.cit., pp.319-320.

(23) J.M.Cotteret, "L'ordre du jour des assemblées parlementaires" , R.D.P., 1961, pp.825-826.

(24) J.C.Masclet, Le rôle du député, 1979, p.216.

(25) D.Maus, Les grands textes de la pratique institutionnelle de la Ve République, op.cit., p.173.

(26) P.N.Huu, op.cit., p.181.

(27) C.Bidegaray et C.Emeri, "Le contrôle parlementaire" , R.D.P., 1973, p.1727.

(28) G.Carassonne, "La résistance de l'Assemblée nationale à l'abaissement de son rôle", R.F.S.P., 1984, p.913.

(29) M.Ameller, L'heure des questions au Palais-Bourbon, op.cit., pp.367 et s.

(30) D.Maus, Les grands textes de la pratique institutionnelle de la Ve République, op.cit., p.175.

(31) M.Ameller, L'heure des questions au Palais-Bourbon, op.cit., pp.371 et s.

(32) C.Leclercq, Droit constitutionnel et institutions politiques, 7e éd., 1990, p.675., J.Gicquel, Droit constitutionnel et institutions politiques, 10e éd., 1989, p.778.

二　調査・監督委員会

調査・監督委員会（commission d'enquête ou de contrôle）は、憲法上の制度ではなく、議院の運営に関する一九五八年一一月一七日のオルドナンス（ordonnance n°58-1100）六条に根拠を持ち、各議院規則が詳細を規定している（国規一四〇条以下、元規一一条参照）。ここで、調査委員会とは「確定した事件について情報を収集し、その結論をその委員会を設置した議院に提出するために組織される」ものであり、監督委員会とは「それを設置した議院にその調査の結果を報告することを目的として、公役務あるいは国有企業の運営・財務上のあるいは技術上の管理を調査するために組織される」ものをいう。(33)

調査・監督委員会の設置は決議案の表決によりなされる。この発議には二つの要件が課されている。第一の要件は、調査委員会にのみ関するもので、「調査委員会は、事件が司法的追求を生ぜしめた時および司法的追求が係属している間は設置されえない」ということである。これをうけて国規一四一条は「調査委員会の設置を目的とする決議案の付託は、議長により司法大臣に通告される」「司法大臣がその決議案の付託の理由となった事件について司法的追求が係属していることを通告するならば、その決議案は審議されえない。その審議がすでに開始されているならば、それは直ちに中止される」としている（元規にはこの規定はない）。第二の要件は、以前の調査・監督委員会が任務を終了してから一二ヵ月を経た後でなければ、同一の目的をもった委員会は再び設置されえないということである。ともあれ、調査・監督委員会が設置されるには、常任委員会による審査、長会議による議事日程への記載、本会議での審議と表決という三つの段階を経なければならず、そこには多数決の論理が貫徹している。すなわち、議会少数派は調査・監督委員会を設置するための特別な手段を有してはいないのである。(34)

次に、調査・監督委員会の構成、活動および権限についてみておく。これらの委員会の定員は、国民議会では三〇名以下であり、元老院では二一名以下である。最小定員数が規定されていない点が問題である。委員の選出には各会派の員数に応じた比例代表が採られている。委員の中から委員長、副委員長、書記および報告者が選出される。これらの選出は多数投票でなされるので、議会少数派の委員がこれらの役職に就けるか否かは多数派の善意による。実際、副委員長か書記のポストは少数派の委員に割り振られているが、委員長や報告者のような重要なポストは多数派の委員が占めている。(35)

調査・監督委員会の活動は通常、報告書の提出をもって終了するが、たとえ報告書が提出されていなくても六ヵ月を超えて活動しえない。この六ヵ月の期間は、これらの委員会を設置する決議案が採択された日から計算される。調査委員会を設置する原因となった事件について予審が開始された時や、国民議会が解散された時は、任期の途中であってもこれらの委員会は任務を終了しなければならない。また、調査・監督委員会の活動には非公開原則が課されている。(36)たとえば、議事録は非公開であり、また、これらの委員会のすべての委員およびその調査活動を補助し、あるいはそれに参加した者は調査活動の秘密を守らなければならず、この守秘義務に反した者は刑法三七八条により処罰される。ともあれ、このような非公開原則は、調査・監督委員会が議院の意思決定のための準備活動を行うにすぎないという理由から正当化されうるといわれている。(37)

ところで、調査・監督委員会が実効的な調査を行うためには、法的な強制権に裏付けられた調査権が不可欠である。しかし、従来、フランスでは議院の調査権は不十分なものであった（第三共和制における一九一四年三月二三日法、いわゆるロシェット法および第四共和制における一九五〇年一月六日法）。ところが、政府の安定のために議院制の合理化を追求した第五共和制では、そのような不十分な強制権さえ廃止されてしまった。かくして、このような事態について、統制者に情報を与えるのは被統制者であったとさえいわれている。(38)ようやく一九七〇年頃から改革の気運が高まり、一九七七年七月一九日法により、議院運営オルドナンス六条が大幅に改正されたのである。まず、出頭および証言の義務が明記され、喚問に強制権の裏付けが与えられた。ただし、これは基本的にはロシェット法の焼直しにすぎず、それほど目新しいものではない。注目されるべきものは、調査・監督委員会の報告者に、すべての公役務に関する資料の提供を受ける権限が認められたことである。ただし、これらの資料から、「秘密の性質を有する文書および国防、外交問題、国家の国内あるいは国外の安全に関する文書」が除かれており、また、「司法権と他の権力との分離の原則を尊重すること」という制約が課されている。さらに、調査・監督委員会は会計検査院に調査を要請しうるとされた。

調査・監督委員会はこれらの調査権を行使し、調査活動を行い、最終的に報告書を作成し、これを議院に提出する。報告書は、報告者が中心となって起草し、多数決をもって委員会で採択されることになっているので、議会少数派の意見が報告書に反映されにくくなっている。(39) そこでこのような不都合を多少とも改善するために、少数派の委員の意見を報告書の中にではなく、報告書の付録として公表する手法がとられることがある。(40) 議院に提出された報告書は、原則として公表される。

最後に、最近の動向に触れておこう。まず、委員会の設置目的に変化がみられるといわれる。最近の調査・監督委員会が、一定の領域での国政の効率を高める技術的手段を追求したり、ある行政分野の運営を改善するために設置されているといわれるように、(41) 立法調査を目的とする委員会が増えてきている。(42) また、一九七〇年頃からこれらの委員会の設置が増えてきているが、さらにそれを促進するために、一九八八年九月二八日に国民議会の長会議は、実験的な試みとして、各会派にそれぞれが選んだ主題について、少なくともひとつの調査・監督委員会の設置提案を補充的議事日程に記載することを認めた。(43) これは三段階の設置手続のうちはじめの二段階を省略し、少数派による設置を容易にする試みである。

(33)　さしあたり、拙稿「フランス第五共和制における議院の調査・監督委員会」中央大学大学院研究年報一六号I―一（一九八七年）二七頁以下参照。

(34)　S.Giulj, Le statut de l'opposition en Europe, 1980, p.289.

(35) ibid., p.290.
(36) J.Desandre, "Les commissions d'enquête ou de contrôle:secret ou publicité des travaux ?", Pouvoirs 34, 1985, pp.51 et s.
(37) D.-G.Lavroff, Le système politique français, op.cit., p.714.
(38) P.Birnbaum, F.Hamon et M.Troper, Réinventer le parlement, Flammarion, 1977, p.196.
(39) J.Desandre, Les commissions parlementaires d'enquête ou de contrôle en droit français, 1976, pp.67 et s.
(40) S.Giulj, op.cit., pp.291-292.
(41) B.Chantebout, Droit constitutionnel et science politique, 1982, pp.662-663.
(42) これらの委員会の設置数を挙げておく。国民議会〈調査委員会〉一九七一年一件、一九七四年五件、一九七六年一件、一九七七年一件、一九七八年一件、一九七九年三件、一九八〇年二件、一九八一年二件、一九八三年一件、一九八六年一件。〈監督委員会〉一九六一年一件、一九七一年一件、一九七三年二件、一九七八年一件。元老院〈調査委員会〉一九七〇年一件、一九七八年二件、一九八〇年一件、一九八三年一件、一九八五年一件、一九八六年一件。〈監督委員会〉一九六〇年一件、一九六六年一件、一九六七年一件、一九六九年一件、一九七三年一件、一九八二年二件、一九八三年二件、一九八四年三件、一九八五年一件。数字は、D.Maus, Les grands textes de la pratique institutionnelle de la Ve République, op.cit., p.157. による。
(43) G.Carcassonne, "Réhabiliter le parlement", Pouvoirs 49, 1989, p.40.

三　常任委員会

第三・第四共和制下の常任委員会は、ほぼ各行政省庁に対応するように設置されていた（第三共和制下、代議院で一九〇二年には一六個、一九一五年には一九個であり、第四共和制末期、国民議会で一九個）。常任委員会は立法についてと同様に、行政統制についても大きな役割を果たしていたが、それは政府の活動を妨げ、内閣の不安定の原因となっていると非難されるほどであり、まさに常任委員会は政府の政策を統制し、場合によっては大臣を辞職に追い込む小議会（petites assembées）として振舞ったのである。(44)

かくして、第五共和制憲法は、委員会制度を根本的に改革した。まず、以前は政府提出法案の場合でも本会議での審議の対象は委員会案であったが、これを政府原案に限るとした（憲法四二条）。次に、政府提出法案も議員提出法案も、原則として、そのために特別に指名される委員会、すなわち特別委員会（commission spéciale）に付託され、例外的に常任委員会（commission permanente）に付託されるとした。(45)そして、常任委員会の数を、各議院について六個に限定した（憲法四三条）。現在、国民議会には、①文化・家族・社会委員会、②外交委員会、③国防・軍事委員会、④財務・経済・計画委員会、⑤憲法・立法・行政委員会、⑥生産・通商委員会が、元老院には、①文化委員会、②外交・国防・軍事委員会、③経済・計画委員会、④社会委員会、⑤財務・予算統制・会計報告委員会、⑥憲法・立法・普通選挙・命令・行政委員会が設置されている。これらの委員会の名称から理解されるように、各委員会は、以前のそれとは異なり、各行政省庁に対応するものではなくなっている。(46)また、常任委員会の数が限定されたことにより、当然のことながら委員会を構成する委員数も過剰になっている。したがって、その活動にも支障が生じうるわけであるが、ここにこそ憲法起草者の意図があったのである。すなわち、政府は小人数で専門化された委員会よりも広く雑多な権限を有する委員会に対するほうが備えを固めやすいからである。(47)

ところで、憲法起草者は委員会により行使される政府に対する政治的統制を廃止しようとしたといわれるが、実際には、常任委員会に一定の行政統制機能が認められている。すなわち、国規一四五条は、「常任委員会は、議院が政府の政策に対して統制を行使しうるように、議院の情報を確保する」と規定している（元規二二条も同旨）。ただし、憲法六一条一項によりこの規定の合憲性を審査した憲法院は、常任委員会の行政統制が旧に復することを恐れて、「通常会および臨時会の会期中に、憲法により規定された条件において、国民議会が政府の政策について統制を行えるようにするための情報収集の役割しか常任委員会に付与しない限りにおいて」合憲であるとして、いわゆる留保付き合憲判決を下した[48]。かくして、常任委員会は、このような条件の下で、その行政統制機能を果たしているのである。そこで、以下、これを簡単にみておこう。

第一に、常任委員会は、法案の審査に際してだけでなく、一定の問題について情報を得るためにも聴問（audition）を行うことができる[49]。まず、委員会は政府構成員の聴問を要求することができるが、大臣に出席義務はない（国規四五条、憲法三一条一項、なお、元規一八条も参照）。とはいえ、政府の構成員は好意的に応えているといわれる。たとえば、国民議会で一九七二年から一九七六年の間に、四〇六回の聴問が行われており、年平均でおよそ八〇回ほどになる（各委員会の平均をみると、文化委員会二四回、外交委員会およそ一一回、国防委員会およそ七回、財務委員会およそ一五回、立法委員会およそ一一回、生産委員会一五回である）[50]。特に、外交委員会や国防委員会のように立法活動が限定されている委員会では、純然たる情報収集の目的を持つ聴問が多いといわれる[51]。また、委員会は高級官僚（haut fonctionnaire）に対しても聴問を要求しうるが、これには所管の大臣の許可が必要である。そのため官僚の聴問はそれほど多くない。たとえば、国民議会で一九六七年から一九七三年までは年平均四回、一九七四年以降は毎年およそ一〇回ほどである[52]。なお、従来、聴問は非公開でなされてきたが、国民議会は一九八八年一〇月一一日に規則を改正して、委員会理事部は委員会に諮問した後、聴問を受ける者の同意を留保して、それが選択する方法により、聴問の全部あるいは一部を公開することができるとした[53]（国規四六条三項）。

第二に、常任委員会は、その所管事項につき情報を収集するために、派遣調査団（mission d'information）を設置しうる（国民議会理事部一般規程五条二項、元規二一条）。これは国内でも国外でも活動しうる。その定員は、国民議会で国外に派遣される場合六名から七名、国内に派遣される場合一〇名である。派遣調査団は、調査・監督委員会に課せられた法的制約をくぐりぬけるために、その代替物として用いられている。つまり、これは調査に必要なだけ活動し続けることができ、作業の非公開は課せられておらず、また、予審が開始されても活動を中止しなくてもよいのである。ただし、逆に、調査・監督委員会のような権限を有するものではない[54]。設置状況をみてみると、国民議会では一九七三年から一九七七年の間に、文化委員会で国内一回、国外三回、外交委員会で国外のみ一〇回、国防委員会で国内三〇回、国外八回、財務委員会で国外のみ二回、立法委員会で国内一回、国外二回、生産委員会で国内四回、国外一〇回となっている[55]。聴問の場合と同様に、外交委員会と国防委員会での設置がめだっている。

(44) D.-G.Lavroff, "Les commissions de l'Assemblée nationale sous la Ve République", R.D.P., 1971, p.1461.
(45) しかし、実際には、特別委員会の設置は少ない。M.Bonnard, "Les commissions spéciales à l'Assemblée nationale", R.F.S.P., 1981, p.191.
(46) D.-G.Lavroff, Les commissions de l'Assemblée nationale sous la Ve République op.cit., p.1148.
(47) ibid.1442. このような事態に対して、委員会は小委員会に似た研究グループ、作業グループを設置している(ibid.p.1449.)。
(48) Décision n°59-2 DC des 17,18 et 24 juin 1959. なお、「憲法に従って」という文言を入れた元老院の規則は、憲法院による留保の対象とはならなかった（Décision n°71-42 DC du 18 mai 1971）。また、国規一四五条は一九九〇年五月一八日に改正され、特に法律の適用状況を対象とし、各常任委員会が共同しうる派遣調査団の設置を認める第二項が付け加えられた（J.O.,Débats, A.N., 18 mai 1990, p.1533.）。
(49) J.Bourdon. op.cit., p.156.
(50) P.Loquet, Les commissions parlementaires permanentes de la Ve République, P.U.F., 1980, p.98.
(51) P.Avril et J.Gicquel, Droit parlementaire, Montchrestien, 1988, p.229.
(52) P.Loquet, op.cit., p.100.
(53) P.Avril et J.Gicquel, "Chronique constitutionelle française", Pouvoirs 49, 1989, p.195.
(54) J.Laporte et M.-J.Tulard, Le droit parlementaire, 1986, p.113., D.Maus, Le parlement sous la Ve République, 1985, p.113.

(55) P.Loquet, op.cit., p.117.

四　議会代表団

議会代表団（délégation parlementaire）とは、本来、情報収集や統制のために議会外の機関に派遣される議員団である。[56] これらはすべて個別の法律により設置されており、議院規則上の機関ではない。ただし、二種類の形態があり、各議院ごとに別個の議会代表団が設置される場合と、両議院合同の議会代表団が設置される場合とがある。また、権限も一様ではない。以下、これまで設置された議会代表団について簡単にみておこう。

① 視聴覚コミュニケーションに関する議会代表団（一九八二年七月二九日法八二―六五二号）　これは数次の改革を経て一九八二年に設置されたものである。すなわち、一九六四年設置の「フランス放送協会に関する議会代表」、一九七二年設置の「フランス放送協会に関する諮問的議会代表団」、および「フランス・ラジオ・テレビ放送に関する議会代表団」をその前身とする。その権限は、放送機関の職務に関する規程につき義務的に諮問されることと、視聴覚コミュニケーション全般につき任意に諮問され、また、自発的に意見を述べることである。この議会代表団は、一九八六年九月三〇日法により廃止された。

② ヨーロッパ共同体に関する議会代表団（一九七九年七月六日法七九―五六四号）　この議会代表団は、各議院に設置され、その定員はそれぞれ一八名である。その目的は、ECの諸機関によりなされる活動に関する情報を各議院に提供することである。そのために、これは政府を通じてEC法の原案やECの諸機関により作成された文書等につき情報を得て、各議院に報告書を半年毎に提出する。なお、政府がしばしば情報提供を怠るため、これは直接、ECの諸機関から文書を入手することがあった。また、聴問権を持たないので、関係大臣に会見を申し入れる方法が取られている。[57]

③　人口問題に関する議会代表団（一九七九年一二月三一日法七九―一二〇四号）　これは両議院合同の議会代表団であり、一五名の国民議会議員と一〇名の元老院議員からなる。その目的は、出産率に関する政策の結果、産児制限と避妊に関する法律の適用、妊娠中絶に関する法律の適用とその結果について議院に情報を提供することである。毎年、報告書が提出される。この議会代表団は、議院の社会委員会の委員がその構成員の大部分を占めていたので、社会委員会の作業グループが、議院の枠を越えて連携したようなものといわれ、その活動はあまり評価されてはいない。(58)

④　計画化に関する議会代表団（一九八二年七月二九日法八二―六五三号）　これは各議院に別個に設置される議会代表団であり、定員はそれぞれ一五名である。その目的は、計画の作成および執行につき議院に情報を提供することであり、そのために政府を通じて必要な文書を入手する。

⑤　議会科学技術選択評価局（一九八三年七月八日法八三―六〇九号）　これは八名ずつの国民議会議員と元老院議員から構成され、科学技術に関する一五名の専門家からなる科学審議会（conseil scientifique）により補佐される。その目的は、科学技術にかかわる選択の結果につき議会に情報を提供することであり、そのために情報を収集し、研究プログラムを施し、評価を行う。(59) この議会代表団は、議院の調査委員会と同等の調査権を付与されうるが、反面、それと同じ法的制約が課される。

ともあれ、議会代表団は、常任委員会や調査委員会に対する法的制約を乗り越え、専門的な調査などを行うために議会が発案した機関であり、この点は大いに評価されてよい。

(56) さしあたり、福岡英明「現代フランス議会における新しい行政統制機関」中央大学大学院研究年報一七号I―一（一九八八年）二七頁以下参照。

(57) J.Desandre, "Les délégations parlementaires", R.D.P., 1984, p.87.

(58) J.Laporte, "Un nouveau mode de contrôle Les délégations parlementaires", R.F.S.P., 1981, p.137.

(59) 詳細は、本書第五章参照。

［追記］

本文中の記述は引用条文も含めて初出時のままである。その後、以下のような改正が見られた。

「一　質問」

大臣質問は一九九三年に廃止された。また、国民議会では、一九九四年一月の議院規則改正により、口頭質問に関する規定が大部分削除され、政府質問とともに国民議会理事部規程の中で再編された。

「二　調査・監督委員会」

一九九一年七月に議院運営オルドナンス六条が改正され、調査委員会と監督委員会の区別が廃止され、調査委員会に一本化された。あわせて、調査委員会の報告者による文書提出の要求に対する拒否に宣誓・証言の拒否と同じ刑罰が科されることとなり、また、調査委員会の選択した方式による証人喚問の公開も認められた。

「三　常任委員会」

国民議会では、一九九四年一月の規則改正により、常任委員会による聴聞の公開につき「聴問を受ける者の同意」が外された（国規四六条三項）。また、一九九六年六月一四日法律により、常任委員会と特別委員会は、あらゆる者の喚問をすることができ、これに応じない者に五万フランの罰金を科し、調査委員会と同じ調査権を持つとされた。

「四　議会代表団」

(一)「ヨーロッパ共同体に関する議会代表団」　一九九〇年五月一〇日の法律は、本議会代表団の権限を強化し、大臣やECの諸機関の代表者に聴聞を行うこと、ECに関する事項につき議院の委員会により諮問されること、およびEC理事会により採択される前に命令、規則その他の共同体法の原案を審査することを認めた。一九九二年六月には、憲法が改正され、八八条の四が新設された。本条は、「①政府は、欧州共同体理事会に通知した後、国民議会および元老院に、法律の性格を持つ規定を含む共同体法案を提出する。②会期中もしくは会期外において、各議院の規則が定める方式により、本条の枠内で、決議を採択することができる」と規定しているが、この決議は立法でも統制でもない一種の勧告権と言える。本条の「各議院の規則が定める方式により」を受けて、たとえば、国民議会では同年一一月に規則が改正され、本議会代表団は、決議案につきその意見を述べ、修正案を提出することができるとされた（国規一五一条の一）。しかし、この方式では、常任委員会が主導権を握り、本議会代表団が共同体法案の系統的な審査を行えないといった欠陥が指摘されていた。そこで、一九九四年一月に規則が改正され、本議会代表団がいわば予審の役割を果たすとされた。すなわち、本議会代表団が共同体法案について系統的に審査し、報告書を提出し、決議案を関係委員会に送付することとなった。一九九四年六月一〇日の法律は、本議会代表団の名称を「欧州連合に関する議会代表団」に改称した。その結果、マーストリヒト条約の第五部「共通外交および安全保障政策」と第六部「司法および内政分野における協力」に関する事項も扱うようになった。しかし、これらの事項は政府間のものであるから、これに関する共同体法案は憲法八八条の四の決議の対象とはならない。なお、憲法八八条の四は、一九九九年一月二五日に改正され、「①政府は、欧州連合理事会に通知した後、国民議会および元老院に、法律の性格を持つ規定を含む欧州共同体および欧州連合の法案を提出する。同様に、政府は、国民議会および元老院に、その他の法案ならびに欧州連合の機関から発せられるあらゆる文書を提出することができる。②各議院の規則が定める方式により、場合によっては会期外においても、前段で言及された法案または文書について、決議を採択することができる」とされた。

(二)「議会立法評価局」（一九九六年六月一四日法九六―五一六号）　これは立法評価を行うものであり、国民議会と元老院のそれぞれの議会代表団から構成される。これについては、本書第五章参照。

(三)「議会政策評価局」（一九九六年六月一四日法九六―五一七号）　これは政策評価を行うものであり、国民議会と元老院のそれぞれの議会代表団から構成される。これについては、本書第五章参照。

㈣「国土の整備・持続的発展に関する議会代表団」（一九九九年六月二五日法九九—五三三号）　これは各議院に別個に設置される議会代表団であり、定員はそれぞれ一五名である。その職務は、国土の整備・発展政策を評価し、国土の整備および発展に関する一九九五年二月四日の指針法律一〇条に規定された共同役務プログラムの策定と執行ならびに計画契約の履行につき各議院に情報を提供することである。また、政府の要求により、各議会代表団は共同役務プログラムを実施するデクレ案につき意見を述べる。さらに、それらは、国土整備に関するあらゆる問題を自ら取り上げることができ、また、会派の長、六〇名の国民議会議員もしくは四〇名の元老院議員の要求に基づいて、または自らの発議で議院理事部により、および特別委員会または常任委員会により付託されうる。

㈤「女性の権利・男女の機会均等に関する議会代表団」（一九九九年七月一二日法九九—五八五号）　これは各議院に別個に設置される議会代表団であり、定員はそれぞれ三六名である。構成員の任命には会派の比例代表と各常任委員会のバランスを確保するだけでなく、男女のバランスも確保するとされている。その職務は、女性の権利と男女の機会均等に関する政策の結果について各議院に情報を提供し、この領域での法律の適用を調査することである。本議会代表団は、会派の長の要求に基づいて、もしくは自らの発議で議院理事部により、または本議会代表団の要求に基づいて、もしくは自らの発議で常任委員会もしくは特別委員会により法律案が付託されうる。また、それらは憲法八四条の四により議会に提出された法文に関して欧州連合に関する議会代表団により付託されうる。それらは付託された問題に関して、勧告を含む報告書を提出する。それは公表される。さらに、毎年公表される活動報告書を作成する。これには所管の法律および命令の改善の提案が含まれうる。

第四章　政府審議会に対する議会の統制

はじめに

現代国家においては、消極国家から積極国家への転換に伴う行政需要の爆発的増加が生じ、いわゆる行政国家現象が進行している。そのひとつの帰結として、国政の実質的決定権が立法権から行政権へと移転していること、すなわち、行政権の優位が指摘されているように、議会の立法権は大幅に侵食されている(1)。したがって、議会の立法機能の回復が大きな課題となるわけであるが、それと同時に、立法から統制への議会の機能の転換が語られさえするように、議会による行政統制の実効化も緊要な課題である(2)。ただし、行政統制のうちの情報収集活動は、立法活動にも直接あるいは間接にその成果が反映されることは看過されてはならないだろう。両者は密接に関係しているのである。

ところで、行政国家の進展に伴い数多くの審議会が出現していることも周知の事実である。たとえば、この点、「二十世紀初頭において、アメリカ・イギリス・フランスなどの欧米民主主義諸国において審議会制度が設けられはじめたが、以後今日に至るまで漸次その数を増し、政治・行政過程におけるその役割、機能を増大せしめてきたといえる(3)」と指摘されている。そして、わが国もその例外ではなく、同様の傾向が顕著に見られ、膨大な数の審議会が設置されている(4)。一般に、これらの審議会の存在理由は、①行政の民主化、②専門知識の導入、

③公正の確保、④利害の調整、⑤各種行政の総合調整等とされ、これらのうち行政の民主化が最も重要であり、根底的な存在理由とされる。(5)

しかしながら、これらの審議会の設置目的は、あくまでも建前であり、現実の審議会は設置目的以外の負の機能を果たしている。その現実的機能としては、①行政当局の原案を追認するための「御用機関」となっていること、②世論の批判（反対）をかわし行政当局の責任を転化するための「カクレミノ」となっていること、③審議会が国会の代役を果たし国会を形骸化していること等があげられている。(6) ここで、とりわけ問題なのは③の機能であろう。(7) というのは、そもそも審議会を通じての行政の民主化という建前自体、国会による行政の民主的統制を前提とした上で、その限界を補完するものであり、また、唯一の立法機関たる国会を中心とした民主的な政策形成のプロセスに審議会を中心とした政策形成のプロセスをもって代替せしめることには、憲法上の疑義が存するからである。さらに、審議会、とりわけ諮問機関における答申内容の決定が、いわば密室でなされることも留意されるべきである。(8)

このように審議会の存在そのものは否定されてはいないものの、その利用については多くの問題点が指摘されており、それらをめぐる議論もかなり蓄積されてきている。(9) しかしながら、比較法的な観点からの研究の余地がなお残されていると思われる。そこで本章では、審議会行政の先進国であるフランスに素材を求め、(10)「議院外の機関への議会代表」(la représentation du Parlement dans les organismes extra-parlementaires)、すなわち審議会への議員の派遣という制度を分析、紹介することとする。(11)

(1) 行政権の優位については、手島孝『現代行政国家論』（勁草書房、一九六九年）、同『行政国家の法理』（学陽書房、一九七六年）を参照。

(2) 議会による行政統制については、小嶋和司「行政の議会による統制」『憲法と政治機構』（木鐸社、一九八八年）二九三頁以下参照。

(3) 金子正史「審議会行政論」『現代行政法大系第七巻行政組織』（有斐閣、一九八八年）一一三頁。

(4) 法律に基づく審議会の数は、昭和五八年一〇月現在で二一三である。また、審議会は、行政官庁の諮問に応じ、または自ら進んで重要政策、基本的施策等に関する調査審議を行う諮問機関と政策を離れ、国民のために法の適用を公正にするため、法令の施行上、行政官庁の意思決定に参加する参与機関に分類される（以上、金子・前掲論文一二一―一二四頁）。

(5) 同・一一八頁。

(6) 同・一二〇頁。

(7) 森英樹「内閣政治と審議会・諮問機関」法律時報五九巻六号（一九八七年）六七頁参照。

(8) 江橋崇「諮問機関たる審議会における活動の公開原則」自治研究六一巻一一号（一九八五年）三頁以下参照。

(9) たとえば、諮問行政を特集した法律時報五八巻一号（一九八六年）を参照。

(10) フランスの諮問手続については、兼子仁『現代フランス行政法』（有斐閣、一九七〇年）一一五頁以下参照。

(11) 実際のところ、議院外の機関への議会代表、すなわち審議会等の院外機関への議員の派遣という制度については、フランスにおいてもあまり研究されていないようであり、まとまったものとしては、O.Chabord, “La représentation du Parlement dans les organismes extra-parlementaires”, Pouvoirs 17,1981. が唯一のものと思われる。したがって、本章の記述もその大部分をこれによっている。なお、以下の憲法書等においても簡潔な記述が見られる。D.Maus,Le Parlement sous la Ve République, 2e éd., P.U.F., 1988, pp.60-61., J.Laporte et M.J. Tulard, Le droit parlementaire, P.U.F., 1986, p.104., P.Avril et J.Gicquel, Droit parlementaire, Montchrestien, 1988, p.238., J-F.Le Men, L'information du Parlement français, Documentation française, 1984, p.32., C.Debbasch, J-M.Pontier, J.Bourdon et J-C.Ricci, Droit constitutionnel et institutions politiques, 3e éd., Economica, 1990, p.911., P.Loquet, Les commissions parlementaires permanentes de la Ve République, P.U.F., pp.114-115. また、本章では、“la représentation parlementaire”を「議会代表」と、“les organismes extra-parlementaires”を「議院外の機関」あるいは「院外機関」と訳出することとする。

一　議会代表の法的基礎

㈠　伝統的定義の限界

議院外の機関への議会代表という制度は、議院制のフランスへの導入とともに一九世紀初頭に現われたが、これまで決して実定法上、一般的な規定の対象とはされてこなかった。すなわち、いかなる法文も「議院外の機関」とは何であるかを定義していないし、「議会代表」につけられた諸条件や参加の様式についての通則的な規定も存在していないのである[12]。しかしながら、この制度は、実際には第三共和制期に形成された議会伝統にもとづいているといわれている。たとえば、当時の議会法の権威であったウージェーヌ・ピエールは、議院外の機関への議会代表について以下のような叙述をしている[13]。

「各大臣は、両議院に対して彼が負っている責任を留保して、その所管における行動は自由でなければならない。議院のメンバーから構成された委員会によって、ひとりの大臣を補佐せしめようとする法案は違憲であり、議長によって受理されえないだろう。しかし、一定の権限を有する諮問的委員会をある大臣の下に設置することが問題である場合には、もはや異論はみられまい。そして、法律は、その同僚により選ばれた両議院のひとりのあるいは数名のメンバーが当然、これらの委員会に加わることを決定することができる」。

この記述から院外機関への議会代表が法定されていることを前提にして、それについての三つのメルクマールが引き出されうる[14]。

①議院外の機関の性質・職務　大臣の下に直接設置される諮問機関であること。

②議院外の機関の構成　その機関がもっぱら議員によってのみ構成されていないこと。

③議会のメンバーの任命様式　議会代表は議院による選挙で任命されること。

しかしながら、これらのメルクマールは今ではもはや無価値であるとはいえないとしても、その妥当性はかなり限定されたものとなっていることは否めず、現在の議会代表を十分に説明できないと思われる。というのは、院外機関への議会代表の制度自体が、その原理においても、また、その活動範囲や任命様式においても、第三共和制期のそれと比べるとかなり変容しているからである。

㈡　近年の動向

院外機関への議会代表の活動範囲や任命様式については後に触れることとし、ここではまず、議会代表の設置件数の動向を確認し、次いで、その法的根拠の変容を見ておこう。

『審議会の繁殖』(la multiplication des organismes consultatifs) が二十世紀フランスの行政組織における支配的事実の一つ」であるといわれるように、一九六〇年代はじめ頃の数字であるが、現在存在する総数は約四七〇〇に達し、「うち九五%が中央官庁の付属」であるといわれている。[15] これに対して、議員が派遣されている院外機関の数は、一九八〇年現在で七三である。全体的に見れば、その割合はごく小さなものといえようが、国会議員の総数を考えれば、物理的な限界がある以上、相当な数といえよう。ここで、現在存在する議員が派遣されている院外機関の設置時期を見てみると、①一九五八年以前が一八、②一九五八～六八年が一七、③一九六九～七四年が一八、④一九七五～八〇年が二〇となっている。[16] これらの数字から、第五共和制（一九五八年成立）のもとで、議会代表の設置が飛躍的に増大していることが明らかであるが、とりわけ、一九六九年の国民議会議事規則の改正や一九七四年の議会と宥和的なジスカール・デスタン大統領の登場を契機として、②および③の時期に議会代表の設置が急激に促進されたことが窺われる。[17] すなわち、議員が派遣される院外機関の増化は、政府の優位を特徴とする第五共和制の合理化された議会制における議会の再生あるいは復権の歩調とほぼ一致しているといえる。[18]

次に、院外機関への議会代表の設置の法的根拠に変容が見られることが指摘されうる。すなわち、第三共和制では、右のウージェーヌ・ピエールの叙述にも含意されていたように、「立法権は憲法典あるいはその固有の意思によってしか発動されえない」という原則により、院外機関への議会代表は大部分が法律によっていた。第四共和制でも、一九四七年の国民議会規則一九条は、院外機関への議会代表が「法律の規定により」設置されると定め、従来の原則を確認していた。しかしながら、実際には、議会代表を設置するために、明確な基準によることなく法律とデクレとが利用されていたといわれる。

第五共和制では、一九五八年憲法三四条に限定列挙された立法事項と三七条の命令事項との区別による立法権と命令制定権との権限再配分によって、院外機関への議会代表の設置はかなり広く命令制定権の行為であり、そのために一般的にデクレの形式が使われている。ただし、例外的なものではあるが、議会代表が省令で規定されたり（一九七五年一月一〇日の省令による兵役に関する常任評議会の場合）、さらには、両議院の議長への大臣の書簡によることもある（農業大臣の一九六二年七月一三日の書簡による農業市場指導規制基金の運営の定期的統制のための委員会の場合）。なお、第五共和制発足当初において、新たな権限配分が議会代表の設置を以前より促進した点は看過されえない[19]。また、議院規則も、第四共和制期とは異なり、議会代表の実質的な設置根拠とはなっていない。たとえば、元老院規則九条一項は、「院外機関を設置する法文が、ひとつのあるいは数個の常任委員会の代表がそれに参加することを定めている場合、関係するひとつのあるいは複数の委員会はこれらの代表を指名する」と定めるだけである。

ともあれ、議会代表を設置する法文が法律からデクレへと移行していることは、数字にはっきりとあらわれている。現在存在する議員が派遣される七三の院外機関のうち、一九の機関だけが、つまり、その四分の一だけが法律にもとづくものである。また、この割合は、その機関が一九五八年より前に設置されたか、あるいは一九五八年以後に設置されたかによってかなり異なる。すなわち、一九五八年より前に設置され現在存在する一八の機関のうち法律をもって設置されているのは、その三分の一の六機関であり、一九五八年以後に設置され現在存在する五五の機関のうち法律をもって設置されているのは、その四分の一弱の一三機関である。ただし、一九七四年以後、院外機関への議会代表を法律によって議会が自ら定めることが増えてきており、その数は一一となっている[20]。この傾向もやはり議会の復権というより大きな傾向と関連していると思われる。

(12) Chabord, op.cit., p.169.

(13) E.Pierre, Traité de droit politique, électoral et parlementaire, Editions Loysel, 1989, n° 104.

(14) Chabord, op.cit., p.169.

(15) 兼子・前掲書一四六頁。「ただしこれはむしろ審議会の種類の数であって、各省および各県に共通に同種の審議会が置かれているものを複数に算入しない数であると見られる」（同・一四六頁）。なお、J・E・S・ヘイワード『フランス政治百科・上』（田口富久治他訳、勁草書房、一九八六年）九九頁以下も参照。

(16) Chabord, op.cit., p.172.

(17) 一九六九年の国民議会規則の改正について、高野教授は、それは「《政府と国会の協調と対話》を促進することを基調とし、主として立法手続を単純・明確化し、立法活動の近代化と有効化を図り、併せて一〇年に及ぶ議会活動の経験に徴してその欠陥を補正することを目的とするものであった。とはいえ、この規則改正は、フランスの伝統的な議会運営の原則を崩さず、かつ現行憲法の枠内のもので、全体として、『純粋に技術的な改革』を意図したものといえる」といわれる（高野真澄「フランスの議院委員会における公開性の導入」国会月報三〇五号・一九七四年・八頁）。なお、同「フランスにおける議院の委員会」奈良教育大学紀要（人文・社会科学）二一巻一号（一九七二年）九九頁、C.Emeri et J-L.Seurin, "Vie et droit parlementaires", R.D.P., 1970, pp.655 et s. も参照。ジスカール・デスタン大統領の登場と議会の活性化については、以下を参照。中村睦男「フランス」比較立法過程研究会編『議会における立法過程の比較法的研究』（勁草書房、一九八〇年）一七一―一七二頁、高野真澄「フランスの憲法」法律時報五一巻二号（一九七九年）二二頁以下、同「フランス憲法と議会運営の二〇年（中）（下）」国会月報三六一号（一九七九年）一一頁以下、三六二号（一九七九年）一一頁以下。

(18) 行政統制の領域での議会の復権については、さしあたり、福岡英明「フランスにおける議会による行政統制」

植野妙実子編『憲法構造の歴史と位相』（南雲堂、一九九一年）一五三頁以下〔本書第三章〕参照。
(19) Chabord, op.cit., pp.170-171.
(20) ibid., p.171.

二　議会代表の活動範囲

(一)　議会代表を含む院外機関の行政分野別分析

そもそも議会代表は、財政に関する議会の一般的な権限のコロラリーと考えられていたので、それは公的な金融機関に関する院外機関の中に生じた。すなわち、一八一六年以来、議員は預金供託金庫監督委員会に参加することをつねに要請されてきた（一八一六年四月二八日法律、一八七六年四月六日法律および一九四八年一月一七日法律）。そのような動きは、貯蓄銀行（一八九五年七月二〇日法律）、農業信用金庫（一八九九年三月三一日法律）、地方不動産信用金庫（一九〇八年四月一〇日法律）および全国農業信用金庫協会（一九二〇年八月五日法律）にも及んでいった。そして、その後、議会代表の活動範囲は拡大し、今日では行政分野のほぼ全体を含むまでになっている。[21]

現在存在する議員が派遣される七三の院外機関について行政分野別にその数を整理すると以下の通りである。①文化・コミュニケーション：一三機関、②経済・金融：一一機関③社会問題（労働・厚生・社会保障）：一〇機関、④農業：八機関、⑤整備・開発：六機関、⑥産業・エネルギー：六機関、⑦司法：六機関、⑧内務：四機関、⑨国防：二機関、⑩退役軍人：二機関、⑪教育：二機関、⑫その他：三機関。

ここでまず、注目されるのは、議会代表が文化・コミュニケーション、経済・金融および社会問題に集中していることである。この三つの分野で全体のほぼ半数になる。ただし、経済・金融や社会問題にかかわる議会代表の多さはそれほど驚くべきものではない。なぜなら、経済・金融は議会代表の嚆矢となった分野であるし、また、社会問題にかかわる議会代表も伝統的なものだからである。かくして、文化・コミュニケーションにかかわる議会代表の多さが留意されるべきである。この分野では、すでに一八九五年四月一六日財務法律が国立博物館評議会への議員の派遣を規定していたものの、その後は、一九五四年と一九五六年にそれぞれ映画に関する諮問委員会と国立歌劇場会議高等評議会への議会代表が設置されていたにすぎなかった。この分野での議会代表が急激に増化するのは一九七〇年以降であり、とりわけ、放送に関するものが際立っている。すなわち、一九七三年の視聴覚高等評議会、一九七四年の放送公施設法人運営評議会、海外県・海外領土のための番組諮問委員会、国営ラジオ放送会社運営評議会および三つの国営テレビ会社の各運営評議会である。このような傾向は、コミュニケーション政策への議員の関心を反映しているといえる。同様に、現代的な政策課題への対応は、エネルギー政策の分野でも見られるし、情報処理と自由全国委員会（一九七八年）、行政文書公開委員会（一九七八年）や暴力・犯罪行為防止委員会（一九七八年）といったまさに現代社会の要請に対応した院外機関へも議員が派遣されている。[22]また、農業に関する院外機関への議会代表もかなり多く、農業政策の諸側面が配慮されているが（農業地域整備、農業社会保障手当、相場の維持、森林、ワインなど）、それへの議員の伝統的な関心を考慮すれば、やはり驚くべきものではない。ともあれ、院外機関への議員の派遣は、社会の伝統的な要請と現代的な要請をともに反映したものになっているといえよう。[23]

(二)　議会代表を含む院外機関の機能的分析

先のウージェーヌ・ピエールの古典的な記述にも見られたように、従来、議員が派遣される院外機関は純然たる諮問機関でしかありえないと考えられていた。しかしながら、今日では、諮問機関がもっとも多いとしても、それにとどまらないものが増えている。もちろん、ある機関が諮問的権限と同時に決定権をも有することがあるので、純然たる諮問機関とそれにとどまらない機関とを厳密に区別することは困難であるが、純粋な諮問的権限にとどまらない権限を有する機関は一二三あり、議員が派遣される機関のおよそ三分の一に達している。[24] 現在存在する七三の機関をその権限に応じて分類すると以下の通りである。[25]

第一のものは、諮問機関である。すなわち、それは付託された法案等に意見を具申したり、その所管に属する問題につき提案をなすことを職務とするものである。この種の機関には、〈conseil〉や〈commission〉といった名称がたいてい使われる。一般に、諮問機関は員数が多いので、派遣される議員はその中ではごく少数である。

第二のものは、一定の行政・財務活動に対する監督・統制権が与えられている機関である。この監督・統制権は、決定権とはいえないとしても、たんなる諮問的権限を越えたものである。この種の機関は、財務・金融にかかわる領域に多く見られる。具体的には、預金供託金庫監督委員会、経済協力中央金庫監督評議会、炭化水素支援基金管理委員会、全国森林基金統制委員会、農業市場指導規制基金統制委員会および地方財務委員会があげられる。

第三のものは、決定・運営権を有する機関であり、様々な行政分野に見られる。具体的には、ラジオ・テレビ放送に関する五つの運営評議会、沿岸・湖岸地帯保存運営評議会、国立図書館運営評議会、盲人眼科学中央センター運営評議会、退役軍人・戦争犠牲者全国事務局運営評議会、および労働条件改善事務局運営評議会（ただし、ここでは派遣された議員は諮問的権限しか持たない）があげられる。また、援助協力基金、海外県投資基金、海外領土の経済的社会的発展投資基金、道路投資特別基金といった公的基金の理事会もあげられる。

最後に、特殊な機関として、情報処理と自由全国委員会があげられる。これは一七名の委員から構成され、そのうち四名は議員があてられている。この委員会は、いかなる機関からも指示を受けない独立的行政機関であり、一定事項に関する命令制定権、提案権、意見答申権、監督権を有している。

(21) Chabord, op.cit., p.173.

(22) 情報処理と自由全国委員会と行政文書公開委員会については、多賀谷一照教授の一連の研究を参照。「情報公開と個人情報保護（フランス）」比較法研究四八号（一九八六年）五三頁以下、「行政書類公開の原則について（上）（下）」自治研究五五巻一二号（一九七九年）九六頁以下、五六巻一号（一九八〇年）一一二頁以下、「フランスの公文書公開法制」ジュリスト七〇七号（一九八〇年）六八頁以下、「フランスの情報公開制度と運用の実態」ジュリスト七四二号（一九八一年）一四一頁以下、「フランスのプライバシー保護立法と運用の実態」ジュリスト七四二号（一九八一年）二四八頁以下。

(23) Chabord, op.cit., pp.173-174.

(24) ibid., pp.174-175.

(25) ibid., pp.175-176.

三　議会代表の任命手続

(一)　派遣の時期

院外機関への議員の派遣は、ほとんどの場合、その機関を設置する法文に定められているので、原則として、それは当該機関の設置直後になされる。しかしながら、議員の派遣が、当該院外機関の設置後ずいぶん経ってから要請されることもある。たとえば、一九六四年八月三日デクレにより設置された森林及び森林の産物に関する高等評議会の場合がそうであり、当初、それへの議員の派遣は規定されていなかったが、一九七八年になってはじめてそれが要請された。また、反対に、議員の派遣が、いわば院外機関の設置に先行することもある。すなわち、すでに議会代表を含んでいた院外機関の構成や名称が変更されたにもかかわらず、以前と同様に、継続して新規の機関に議員が派遣される場合である。たとえば、全国共済金庫高等委員会（一九五九年設置）の場合がそうであり、それは生活保障公庫（一八六八年）と事故保障公庫（一八八六年）の各々の諮問委員会が改組・合併し

たものである。(26)

(二) 任命手続の類型

先に指摘したように議会代表についての総則的規定は存在しないが、その任命手続は、各議院の議院規則においてかなり詳細に規定されている。ただし、元老院規則は院外機関への議会代表のみを対象とした規定を有しているが、国民議会規則はより一般的に、国民議会が何らかの機関の選出母体となる場合の議員の任命手続としてこれを規定している。

ところで、院外機関に派遣される議員の任命は、第三共和制において形成された慣行により、もっぱら政府の要請をもって開始される。第四共和制の国民議会規則はそれを明確に規定していたし(一八条一項)、現行の元老院規則も同様である(九条二項)(27)。しかし、現行の国民議会規則にはこの種の規定は明示されていない。このように任命手続の開始が政府の要請を前提とするので、まれに政府がこれを要請せず、その結果、議員が派遣されないという事態が生ずることがある。たとえば、国民議会の第五立法期中、院外機関への議会代表の要請がなされなかったことが六件あり、そのうち二件はそれに先立つ数立法期中も要請がなかったものである。(28)

次に、議会代表の任命手続を類型化すると、①議院による任命、②議院の常任委員会による任命、③議院の議長あるいは議院理事部による任命という三つのタイプがある。(29)

① 議院による任命　これがもっとも多いタイプであり、五一の機関に適用されている。この方式は、院外機関の設置法文が任命や名を挙げて指名された委員会による候補者の提示の様式を規定していない場合にとられる。その手続は、各議院の議院規則に規定されている(国民議会規則二六条、元老院規則九条一項から九項、以下、それぞれ国規、元規と略す)。

まず、議長は派遣される議員の候補者を提示することをひとつのあるいは数個の常任委員会に委ねることを議

三　議会代表の任命手続

院に提案する（国規二六条八項）。いくつかの常任委員会が関係すると考えられる場合、何よりもまず、議長と関係する常任委員会の委員長との協議が、とりわけ、いくつかの委員会の間での候補者の配分について行なわれる。先の議長の提案に対する異議は、まる一日以内に、会派の長・委員会の委員長あるいは少なくとも三〇名の議員によりなされうる（同条九項）。これについては議院が決定する（同条一〇項）。元老院では、議長は議員が派遣される院外機関を所管とするひとつのあるいは複数の常任委員会に候補者を提示することを要請し、所管の委員会について疑義がある場合、元老院は通常の記名投票で決定する（元規九条二項）。なお、まれに所管の委員会が、議員が派遣される院外機関の設置法文において明確に指示されていることがある。[30]

かくして、候補者を提示する委員会が決まると、議長は候補者が提示される期限を定める（国規二六条一項）。その期間内に、当該委員会は候補者を提示することになるが、その際、その委員会のメンバーからであれ、それ以外の議院のメンバーからであれ、候補者を提示することができるとするのが第三共和制以来の慣例である。現行の元老院規則はそれを明示しているが（九条三項）、国民議会規則には明文の規定はない。[31]しかしながら、議会代表を含む機関の設置法文が、特定の委員会のメンバーから議会代表を任命することを課していることがある（たとえば、障害労働者の職業的社会的復帰のための高等評議会の場合）。同様に、一定の海外区域選出の議員を議会代表に任命することが課されることもある（たとえば、経済協力中央金庫監督評議会の場合）。

委員会により提示された候補者は、国民議会と元老院とでは若干異なる手続により承認される。国民議会では、候補者の数が定員を超えていなければ、あるいは院外機関の設置法文が投票を要求していなければ、告示され、官報に公表される。官報での公表をもって、その任命は効力を発する（国規二六条二項、二五条二項）。候補者の数が定員を超えていたり、院外機関の設置法文が投票を要求している場合には、投票により決せられる（同二六条三項）。ただし、実際には設置法文が投票を要求していることはない。元老院では、委員会により提示された候補者は告示される。議長はこの告示について、議会代表の任命が議題となっている会議中に意見を述べる（元規九条四項)。一時間以内に異議が提出されなければ、任命は承認されたことになる(同条五項)。一時間以内に、少なくとも三〇名の議員あるいは会派の長により署名された書面をもってなされる異議が提出されると(同条六項)、異議の署名者のうちのひとりと反対意見のひとりの発言者による討論の後、議院が異議を取り上げるか否かについて決する(同条七項)。異議が取り上げられないならば、候補者のリストは承認されたことになり(同条八項)、反対の場合には、連記投票により任命が行なわれる(同条九項)。

② 常任委員会による任命　この方式は、八個の機関に適用されている。所管の委員会は、通常、院外機関の設置法文により名を挙げて指名されている。この場合もまた、委員会は原則として、その委員会のメンバーからであれ、それ以外の議院のメンバーからであれ、議会代表を自由に任命しうる。しかしながら、院外機関の設置法文により、所管の委員会のメンバーの中から議会代表を任命することが義務づけられることがある(映画に関する諮問委員会や公役務の費用と効率に関する調査中央委員会の場合)。なお、特殊なものではあるが、常任委員会の委員長が、その職務の故に議会代表となることがある。それは衛生設備全国委員会の場合であり、両議院の社会問題委員会の委員長が当然、その議会代表に就任する。

ここで、議会代表の任命手続において常任委員会が重要な役割を果たしていることが確認されなければならない。このことは常任委員会が議会代表を直接任命する場合には明らかであるが、議院による任命の場合には必ずしも明白ではない。しかし、その場合にも、常任委員会の役割は確かなものである。というのは、委員会によりなされる候補者の提示は、実際には、ほぼすべての場合、議院により承認されているからである。

③ 議長あるいは議院理事部による任命　議会代表の任命が、議長によりなされることがある。この方式は、九個の機関に適用されている。ただし、このうち三個の機関については、議院による任命の場合のように、常任委員会による提示が結びついている。また、議院理事部による任命もひとつの機関について行なわれている。[32]

(26) Chabord, op.cit., p.170.

(27) ただし、「院外機関を設置する法文が、ひとつのあるいは数個の常任委員会の代表がそれに参加することを定めている場合、関係するひとつのあるいは複数の委員会はこれらの代表を指名する」と定める元老院規則九条一項の場合は、この準則の例外をなすと思われ、この場合、常任委員会は事前の政府の要請がなくとも、その代表を直接任命しうると解する余地がある (ibid.,p.178.)。

(28) ibid., p.179.

(29) ibid., pp.179-182.

(30) それは、貯蓄銀行高等委員会、炭化水素支援基金管理委員会および道路投資特別基金理事会の場合である (ibid., p.179.)。

(31) ただし、国民議会でも、このことは慣行となっている (J.O.,Débats, A.N., 8 juin 1973, p.1865.)。

(32) 議院理事部は、国民議会では、議長・六名の副議長・三名の財務・十二名の書記から構成され、元老院では、議長・四名の副議長・三名の財務・八名の書記から構成されている。その職務は、大別すると、議事と院内行政にかかわっている。詳しくは、M.Prélot et J.Boulouis, Institutions politiques et droit constitutionnel, 11e éd., Dalloz, 1990, pp.814-816. を参照。

四　議会代表の両議院間での配分

現在、院外機関への議会代表は、あらゆる場合において、国民議会議員と元老院議員を含んでいる。両議院間での議会代表の配分は、一般に、法律やデクレの形式をとる院外機関の設置法文によって定められているが、それがたんに議会代表の総数を指示するだけにとどめ、両議院間での配分をその執行命令や、あるいはたんなる書簡に委任することがある。[33] 後者の場合、議会関係担当大臣が両議院にそれぞれ割り与えられた議会代表を任命するよう要請することになる。

ところで、議会代表の両議院間での配分について厳密な基準はない。たとえば、院外機関の行政分野別の分類から何らかの基準が引き出されるわけでもない。その例として経済・金融に関する院外機関をあげれば、預金供託金庫監督委員会には国民議会議員が三名、元老院議員が一名派遣されるのでその比率は三対一であり、海事相互金庫高等委員会では前者が六名、後者が三名なのでその比率は二対一、全国農業信用金庫全体委員会では前者が三名、後者が三名なのでその比率は一対一となる。また、統計全国評議会には各議院から一名ずつ派遣されている。このようにそこには何らかの準則があるわけではないが、派遣される議員の両議院間での同数性がいわば原則になっているといえる。すなわち、現在存在する議員が派遣される七〇の院外機関のうち一九の機関だけが国民議会の議会代表に元老院のそれよりも多くの議席を与えているので、その四分の一だけが同数性の例外となっている。(34) なお、元老院の議会代表により多くの議席を与えている機関はない。かくして、派遣される議員（正規および代理を含む）の総数三二六は、国民議会に一七八議席（五六％）、元老院に一三八議席（四四％）それぞれ配分されており、総数では国民議会が若干超過している。ただし、各議院の議員の総数と議会代表に任命される議員数の割合を比べてみると、国民議会では議員総数の三六％、元老院では議員総数の四五％になっており、元老院が過剰に代表されていることがわかる。ここで最近の傾向として、一九七八年以来、いかなる院外機関も国民議会により多くの議席を与えていないことが指摘されうる。すなわち、それ以後、設置された八個の議会代表は、両議院から一名ずつ派遣されるものであれ、数名ずつ派遣されるものであれ、すべて両議院の同数性が確保されている。(35) 国民議会自身同数性への選好を明らかにしている。(36)

かくして、議会代表の両議院間での配分について同数性がいわば原則になっているといえるが、その理由はどこに求められるのであろうか。同数性を支持するために、しばしば憲法四五条二項の両院協議会が引き合いにだされる。(37) しかし、議員が派遣される院外機関のおよそ三分の二は決定権を持たない諮問機関であり、これに対して、両院協議会は一種の決定機関であるから、両者の比較はあまり説得力があるようには思われない。実際的な理由を考えてみると、元老院よりも員数の多い国民議会の議会代表が一名とされているときには、いわば自動的に両議院の同数性が課されるといえる。また、常任委員会の委員長などがその職務の故に議会代表となる場合にも、実際、同数性が課されているといえる。さらに、厳密な比例代表を採用することには、若干の問題がある。たとえば、国民議会の議員数は、議会全体のおよそ五分の三であるから、両議院間での議会代表の比例的配分を行なうためには、派遣される議員の員数を五か五の倍数としなければならなくなるであろう。これでは実際に不都合が多いと思われる。最後に、より理論的な理由としては、院外機関への議員の派遣という制度は各議院の代表を確保することより議会の代表を確保することをその目的とし、政府の職務に議会を結びつけることに意義があるということがあげられよう。(38)

(33)　Chabord, op.cit., p.176.

(34)　議員が派遣されている院外機関の数は前述の通り七三であるが、国営ラジオ放送会社運営評議会および三つの国営テレビ会社の各運営評議会へはただひとりの議員が派遣されているので、この四つの国営ラジオ・テレビ会社の運営評議会は、その限りで単一のものと考えることができるので、ここでは、議員が派遣されている院外機関の数は七〇とする。ちなみに、元老院からはラジオと第三チャンネルに、国民議会からは第一チャンネルと第二チャンネルに議員が派遣されている（ibid.,p.177.)。また、長期的に見ても議会代表の配分における両議院の同数性への傾向は明らかである。すなわち、国民議会に元老院より多い議席を与える機関の割合は、一九四八～一九五八年で五〇％、一九五八～一九六八年で二九％、一九六八～一九七八年で二三％と減少し続けている（ibid., p.177.)。

(35)　ibid., p.176-177.

(36)　たとえば、J.O.,Débats, A.N., 16 octobre 1975, p.7004.

(37)　両院協議会は、両議院の意見の不一致により、法律案が各議院の二回の審議会の後に採択されない場合、あるいは、政府が緊急を宣言したときに各議院の一回の審議会の後に採択されない場合、首相により開催が求められ、議決に至らない条項についての成案を提出する任務を負う（第五共和制憲法四五条二項）。

(38)　Chabord, op.cit., pp.177-178.

五　議会代表の政治的配分と専門性

議員が派遣される院外機関のおよそ三分の一が、たんなる諮問機関にとどまらず、監督・統制権あるいは決定・管理権を有しているということを考慮に入れれば、だれを議会代表に任命するかは重大なことである。とりわけ、議院という政治的な会議体による任命が問題であるので、それには必然的に政治的な配慮が加わることとなる。

(一)　議会代表の政治的配分

議会代表のポストの政治的配分は、国民議会では多数派に有利になるようなかなりの不均衡によって特徴づけられており、各会派の比例代表にはほど遠い状況となっている。かくして、一九八〇年現在の数字で、国民議会の一六〇の議会代表は、多数派に一一六（全体の七二・五％）、反対派に三九（二四・三％）、無所属に五（三・一％）ずつ配分されている。さらに、多数派と反対派の内訳を見てみると、多数派ではＲＰＲが六七（全体の四一・九％）、ＵＤＦが四九（三〇・六％）、反対派では社会党が二三（一四・三％）、共産党が一六（一〇％）となっている。これに対して、比例代表で配分するとすれば以下のようになる。多数派には九〇（全体の五六％、現在数のマイナス二六）、反対派には六五（四〇・七％、プラス二六）、無所属には五（三・一％）配分され、さらに、会派ごとに見てみると、多数派のＲＰＲには五〇（全体の三一・三％、マイナス一七）、ＵＤＦには四〇（二四・六％、マイナス九）、反対派の社会党には三八（二三・一％、プラス一五）、共産党には二七（一七・五％、プラス一一）ずつ配分されることになる。それでは、なぜ比例代表がとられないのであろうか。それは議会代表の任命が、議員が派遣される院外機関ごとに行なわれており、通常、各機関に派遣される議員数は会派の数より少ないからである[39]。ともあれ、議会代表全体での比例的配分が望まれよう。

(二)　議会代表の専門性

議員のうち誰が議会代表に任命されるかについては、明確な基準があるわけではなく、様々な要因が介在している。しかしながら、ある程度の傾向は看取されうる。すなわち、議会代表の任命に際して、議員個人の専門的能力が考慮されているということである。たとえば、議院により任命される議会代表の中には、委員会報告者が多く見られる。通常の立法過程における委員会報告者の役割は、委員会での審査を取りまとめて報告書を作成し、本会議でそれを報告し、そこでの審議の中心的な働きをすることである。一度、ある分野の法案の報告者に任命されると、たいてい何年もの間続けて同じ分野の法案の報告者に任命されるので、委員会報告者は一定の行政分野についての専門的知見を得ることになる。したがって、一定の分野においては専門家といえる委員会報告者が、その専門分野の議会代表となるのは当然のことといえる[40]。同様に、会派内で特定の分野の専門家とみなされている議員が議会代表に任命されることも多い。また、議員になるまでの前歴が考慮されることもある。さらに、院外機関で扱われる問題が特定の地域に関する場合には、議会代表の任命にもその地域から選出されている議員を任命するといった地域的な配慮が加えられる[41]。

(39)　Chabord, op.cit., p.182.

(40)　H.George, “Les pouvoirs des rapporteurs des commissions parlementaires”, dans Mélanges offerts à Georges Burdeau, L.G.D.J., 1977, pp.441 et s. なお、Loquet, op.cit., pp.79 et s.

(41)　Chabord, op.cit., p.183.

六　議会代表の地位と職務

㈠　任期と代理

議会代表の任期は、たいてい院外機関の設置法文に規定されている。派遣された機関での議員の任期とその機関の他のメンバーの任期は一般的には同じであり、一年から五年と機関によってかなり異なる。ただし、常任委員会の委員長の職にあるが故に議会代表に任命されるといったような場合には、その職務の満了時に自動的に議会代表の任期も終了する。また、当然のことながら、議会代表の任期は議員の任期の終了とともに満了する。なお、議会代表の任期が院外機関の設置法文に規定されていないこともあるが、この場合、その任期は議員の任期とともに満了する。[42]

次に、正規の議会代表のほかにその代理が置かれている機関は一〇機関しかない。代理の議会代表も正規のものと同じ条件で任命される。[43] 一般に、代理のポストの配分における反対派の議員の割合は、正規のものの配分におけるそれより大きい。

㈡　職　務

議会代表は、原則として派遣された機関の他のメンバーと同じ職権を行使する。たとえば、議長職が所管の大臣であることやその機関の特定のメンバーであることが法定されていない限り、派遣された機関の議長職に就任しうる。同様に、議会代表はその機関の他のメンバーと同じ義務を負っている。したがって、議会代表は職務上知りえた秘密について守秘義務を課されている。たとえば、情報処理と自由全国委員会のメンバーの場合がそうである。さらに、武器製造の原価に関する委員会のメンバーには、それだけではなく、国防の秘密に関する刑法

上の守秘義務も課されている。(44)

また、議会代表は、国民議会や元老院の規則により課された特別な義務を負っている。すなわち、院外機関に派遣された議員は、彼らを任命したあるいは候補者として提示した所管の常任委員会に、少なくとも年に一度、彼らの活動に関する調査報告書を提出しなければならない。この調査報告書は印刷、配布される。ただし、元老院では、これは「委員会が要求するならば」印刷、配布されることになっている（国規二八条、元規一〇九条）。しかしながら、この調査報告書は大きな反響を呼ぶほどのものではないといわれており、また、院外機関自体が定期的な活動報告を公表している場合には、両者の内容が重複したものになってしまう。(45)

ところで、議会代表として派遣された議員は、彼を派遣した議院と派遣先の機関との相互の情報伝達の役割を果たしているといわれるが、(46)それと同時に、議会代表の職務にともなう弊害として、議会代表として院外機関に派遣された議員が、逆に、議院の内部においては派遣された機関の代表としてふるまう傾向があることが指摘されている。四つの国営ラジオ・テレビ会社の運営評議会に派遣された議員が、その典型的な例としてあげられる。彼らは、財務法案の審議やラジオ・テレビに関する議会代表団による聴問の際には、たいていラジオ・テレビ会社の立場からの発言をしているといわれる。また、この議会代表団は、テレビ・ラジオ会社の運営評議会に派遣された議員との協調を確保するために、ひとりのメンバーをあてていた。(47)ここには議会代表として院外機関に派遣された議員に対する議院による統制という問題が潜んでいる。

(42)　Chabord, op.cit., p.183.
(43)　ibid., p.184.
(44)　ibid., p.184.
(45)　ibid., pp.184-185. また、議員の欠席や報告書の数の少なさにより、院外機関は議院の常任委員会にとって、無視しうる情報源だという厳しい批判もある（Loquet, op.cit., p.115.）。

(46) Y.Weber, L'administration consultative, L.G.D.J., 1968, p.131.
(47) Chabord, op.cit., p.185. この議会代表団は、現在、廃止されている。これを含めて他の議会代表団については、さしあたり、福岡「フランスにおける議会による行政統制」前掲一六三頁以下［本書第三章］、福岡英明「現代フランス議会における新しい行政統制機関」中央大学大学院研究年報一七号I—一（一九八八年）二七頁以下を参照。

むすびにかえて

まず、以上の考察を簡単に整理しつつ、問題点を指摘しておこう。

第一に、今日では、国会議員のおよそ三分の一ほどが行政にかかわる院外機関に派遣されているが、それはたんなる諮問機関にとどまるものではなく、監督・統制権、さらには決定・運営権をも有する機関にまで及んでいる。また、議員が派遣される院外機関もあらゆる行政分野に及んでいる。かくして、現在の議会代表は、第三共和制期のそれとはもはやまったく異なるものになっている。

第二に、議会代表という制度が、歴史的に形成されてきたものであるので、その設置法文、派遣される議員の任命手続などについて統一的な規定が存在しないことである。それがこの制度の柔軟性を確保しているともいえなくはないが、やはりある程度の統一性は必要であると思われる。

第三に、右のことと関連して、特に、議会代表の任命手続については改善すべき点がいくつかあると思われる。まずは、実質的に任命手続の中心的な役割を果たしている議院の常任委員会の権限を明確にすることである。それとともに、議会代表の任命のイニシアチブを政府ではなく、議会あるいは議院の側がとるべきである。また、各会派間での議会代表の比例的配分が原則とされる必要がある。これは議会における反対派の地位の問題とかかわっている。

最後に、フランスの審議会は利益代表型のものが多いが、その利益はしばしば地方的、地域的なものであるので、そこに派遣された議員は、議会代表としてではなく、選挙区の代表、あるいは選挙区の支配的利益の代表としてふるまうといった批判があることも付け加えておく必要があろう。(48)

次に、わが国の状況と比較してみると彼我の差はかなり大きいといえる。すなわち、フランスでは審議会等の院外機関へ議員が派遣されること自体に異論はないようであるが、反対に、わが国では、そもそも審議会に議員が参加することは、審議会の政治的中立性を損なうものとして否定的に考えられており、さらに、昭和四二年一〇月一一日閣議決定は、国会議員の委員就任を禁止している。(49) また、フランスでは、審議会制度が「現代における政治的代表の限界」だけでなく、「行政立法の拡大に示された議会制の限界」をも補完するものと考えられ、「行政立法に対する民主的統制は……利益代表制審議会に対する義務的諮問手続が一般的に果たすべきものとされている役割りにほかならない」といわれていることが留意されるべきである。(50) なぜならば、このような審議会に議員が参加することにより、議会による行政立法への統制が間接的にであれ行なわれていると考えられるからである。さらに、審議会が議会にとっては行政に関する情報収集の場であることも忘れてはなるまい。要するに、議会代表という制度が、内閣を通じての行政統制の限界を補完する可能性を秘めていることは否定できないといえよう。したがって、わが国においても、審議会への議員の参加を一概には否定しえないと思われるが、なお、検討すべき点が多々あるのでここでは問題提起にとどめておく。

(48)　Weber, op.cit., p.131.

(49)　国会議員が審議会に参加することへの否定的見解の典型は以下のようなものである。「まず、国会議員は入るべきではないという意見が多い。これは、国会議員は、国権の最高機関であって、行政の基本になる法律や予算は、自ら決定の権限をもっているのであるから、わざわざ審議会に出て、意見を述べる必要はないといえるし、入って議論しても、国会におけると同様のことを繰返すことにしかならないといえる。また、審議会で、ある事項に賛否の意見を表明しても、国会審議に、その通り行動できるかといえば必しもそうではないし、逆に、審議会の決定通り国会においても行動しなければならないとするならば、立法権が制約されることになるのであって、何れにしても国会議員が委員に入ることは適当でないといわれている」（荻田保「審議会の実態」年報行政研究七号・一九六九年・四二頁）。また、限定的にそれを認める見解もある。「国会の議員が委員となることについては、主として、立法と行政の権限の独立の原則に反するものとして批判が強いが、もしも、議員個人の学識・経験にもとづいて任命されるのであれば、差支えないであろう。国会法第三九条は、その趣旨によるものである。しかし、政党的基礎にもとづいて、各政党を代表する意味を含めて委員に就くことは、明らかに、好ましいことではない」（岡部史郎「政策形成における審議会の役割と責任」年報行政研究七号・前掲・五頁）。なお、昭和四二年一〇月一一日閣議決定に違反している審議会としては、たとえば、検察官適格審査会（検察庁法二三条四項）、社会保障制度審議会（社会保障制度審議会設置法五条）、地方制度調査会（地方制度調査会設置法六条一項）がある（金子・前掲論文一三七頁）。ただし、以下のような説明も見られる。国会議員が審議会の委員に就任するとしても、「これらの職は、いずれも、一定の事項について審議する諮問機関の構成員のそれであって、行政事務の処理をその任務とするものではなく、したがって、国会議員がその委員として当該機関の活動に参画しても支障がないと解され、特に法律でその兼職が認められたのである」（松澤浩一『議会法』・ぎょうせい・一九八七年・一八八頁）。

(50) 兼子・前掲書二〇四—二〇七頁。

［追記］

「三　議会代表の任命手続」中の議会代表の「議院による任命」にかかわる国民議会規則二六条は、一九九四年一月に改正され、項の番号が多少変更されている。かつて、議長は派遣される議員の候補者を提示することをひとつのあるいは数個の常任委員会に委ねることを議院に提案するとされていたが（国民議会規則二六条八項）、現行規則では、議長は派遣される議員の候補者を提示することをひとつのあるいは数個の常任委員会に委ねるとされ（同条二項）、また、議長の提案に対する異議申立ての規定も削除されている。

第五章　法律の施行統制・立法評価・政策評価

はじめに

一九九七年の行革会議の最終報告およびこれを受けて制定された一九九八年の中央省庁等改革基本法は内閣機能の強化や中央省庁の再編を打ち出したため、ともすれば大方の関心はそれらに集中しがちであったが、同法四条六号が中央省庁等改革の基本方針の一つとして、「国民的視点に立ち、かつ、内外の社会経済情勢の変化をふまえた客観的な政策評価機能を強化するとともに、評価の結果が政策に適切に反映されるようにすること」を掲げ、政策評価を導入したことは大いに注目されるべきである。また、一九九八年に参議院の行財政機構及び行政監察に関する調査会も政策評価についての意見書をまとめ、行政府および立法府の政策評価について提言を行っており、これにあわせて参議院常任委員会調査室・特別調査室も国会の政策評価に関するレポートを公刊している(1)。このように日本においても政策評価について関心が高まりつつあり、行政学の領域ではその先進国であるアメリカ合衆国を素材にした研究の蓄積も見られる(2)。そこで本章では、近年、立法評価および政策評価が試行されているフランスを素材にして主題に関する紹介・検討を行いたい。ただし、フランスでは、法律を施行するデクレが公布されなかったり、その公布が大幅に遅延することがあるという事情があり、法律の施行統制が一つの大きな問題となっている。そして、当然のことながら、法律が制定されても、施行されなければ、事後的な立法評価のしようはないのであるから、法律の施行統制の問題は立法評価の前提問題でもある。そこで、本章では、まず、立法評価の前提となる施行デクレの遅延・未制定に対するこれまでの議会の取り組みを概観し、立法評価と政策評価がどのように行われているのかを見ていくことにする。

（1）「政策評価」共同調査班「国会の政策評価を考える」立法と調査・別冊、一九九九年。
（2）ここでは、山谷清志『政策評価の理論とその展開』（晃洋書房、一九九七年）だけを挙げておく。

一　法律の施行統制

(一)　法律の施行遅延の現状と原因

第五共和制憲法三四条一項は、「法律は議会により表決される」と定め、二一条一項は、「……首相は法律の執行を保障する。第一三条の規定の留保のもとで、首相は、命令制定権を行使し……」と規定している。すなわち、議会が制定した法律は、首相によりその施行が確保されることになっている。しかしながら、実際には、法律を施行するデクレの公布がかなり遅延することが恒常的となっており、たいてい数ヵ月から数年かかる。これに対して、議会での立法作業はとりわけ会期末にあわただしく行われるのが常であるだけに議員はこのような事態にいらだちを覚えてきた(3)。後述するように、議会は法律の施行遅延に対して七〇年代のはじめから対策を講じてきたところであり、また、政府の側もそれに歩調を合わせて法律の施行を早めるための措置をとってきた。とりわけ、法律の執行に責任を負う首相はたびたび通達を発し、特に、一九九三年一月二日の通達は法律の施行デクレの公布に六ヵ月以上予定してはならないことをあらためて要求している(4)。

まずは、政府事務総局の統計に従って、法律の施行状況を見ておこう（［表1］参照）(5)。第九立法期では一九八八年春の会期を除いて、どの会期でも六ヵ月以内での法律の施行率は五〇％を越えなかった。各会期ごとの施行率はかなりばらつきがあるが、第九立法期全体として見ると、六ヵ月以内での施行率は二九%、二年以内での施行率は八四%、一九九五年五月までの施行率は九三%である。第一〇立法期でもこの傾向はあまり変わってはいない。前述した一九九三年一月の通達が出された直後の一九九三年春の会期では、六ヵ月以内の施行率が六〇%に上昇したが、一九九三年秋の会期では三五%、一九九四年春の会期では一〇%、一九九四年秋の会期では二五%とその後はまた低下している。結局、六ヵ月以内での法律の施行という要請はほとんど満たされていないのである。

次に、元老院の統計は、法律を施行するためのデクレだけでなくアレテも含めているので、右の政府事務総局の統計とは数字が異なるがより実態に即していると思われる。これによって第九立法期における法律の施行状況

［表１］法律の施行遅延の状況

（1995年5月15日現在）

立法期	会　期	予定されたデクレの数	公布されたデクレの数と執行率(%)		
			6ヵ月以内	2年以内	現在まで
第９立法期	1988年春	3	3 100%	—	—
	1988年秋	126	33 26%	111 88%	126 100%
	1989年春	100	11 11%	82 82%	98 98%
	1989年秋	93	33 35%	86 92%	93 100%
	1990年春	100	50 50%	98 98%	99 99%
	1990年秋	161	49 30%	139 36%	157 98%
	1991年春	126	22 17%	107 85%	113 90%
	1991年秋	163	45 28%	143 88%	156 90%
	1992年春	113	23 20%	89 79%	95 84%
	1992年秋	177	63 36%	124 70%	147 83%
計		1162	332 29%	979 84%	1084 93%
第10立法期	1993年春	42	25 60%	41 98%	–
	1993年秋	164	57 35%	131 80%	–
	1994年春	172	17 10%	89 52%	–
	1994年秋	212	53 25%	—	–

J. Bignon et F. Sauvadet, L' insoutenable application de la loi, Rapport Assemblee nationale n°2172, p. 8.より作成。

［表２］　第９立法期中に表決された法律のために施行措置を必要とする規定に関する統計

施行措置をとるべき規定の数	AFCL	ECON	ETRD	SOCI	FINC	LOIS	SPEC	計	%
すでに制定されたもの	59 47%	176 58%	11 79%	423 62%	216 68%	266 58%	0	1151	60
施行措置をとるべきもの	66 53%	130 42%	3 21%	258 38%	101 32%	195 42%	0	753	40
計	125	306	14	681	317	461	0	1904	100

Catherine Maynial, “Le contrôle de l ’ application des lois exercé par le Sénat” ,dans Alain Delcamp, Jean-Louis Bergel et Alain Dupas, Contrôle parlementaire et évaluation, La documentation française, 1995, p. 37. AFCLは文化問題委員会、ECONは経済・計画問題委員会、ETRDは外交問題・国防・軍事委員会、SOCIは社会問題委員会、FINCは財務・予算統制・決算委員会、LOISは憲法・法律・普通選挙・命令・行政委員会、SPECは特別委員会である。

を見ておこう（［表２］、［表３］、［表４］参照）。一九九五年現在、第九立法期に表決された法律の六〇％だけが完全に施行されうるものである。全体の三五％はそもそも施行措置を必要としない法律であり、全体の二五％が予定された施行措置が完全にとられた法律である。部分的に施行されうる法律が全体の三一％、まったく施行されていない法律が全体の八％、施行する必要がなくなった法律が全体の一％である。(6)［表２］によると、表決された法律に含まれる施行措置をとるべき規定は、一九〇四件であり、その六〇％が施行措置がとられており、四〇％は施行措置がとられていない。［表３］によると、施行措置がとられたのは一一五一件であり、施行措置がとられるまでの平均期間は三一四日である（最長は一四八一日）。［表４］によると、第九立法期中に表決され施行措置がとられた法律は七八件であり、施行措置がとられるまでの平均期間は三五〇日である（最長は一二〇二日）。六ヵ月以上一年未満の期間内に施行措置がとられたものが三五％、一年以上二年未満の期間内に施行措置がとられたものが三五％、二年以上五年未満の期間内に施行措置がとられたものが六％となっている。

それでは、このような法律の施行遅延の原因は何であろうか。

まずは、「立法のインフレーション」といわれる法令の増加現象があげられる。これについてある論者は以下のように言う。すなわち、フランスにはおよそ八千の法律があり、一九九三年から一九九五年にかけて

［表３］（第９立法期中に表決された法律について）第９立法期中に施行された規定の施行期間に関する統計

期間ごとの施行された法律の数	AFCL	ECON	ETRD	SOCI	FINC	LOIS	SPEC	計	%
１ヵ月未満	2	8	0	29	16	7	0	62	5
１ヵ月以上３ヵ月未満	2	18	1	73	29	22	0	145	13
３ヵ月以上６ヵ月未満	7	42	2	78	52	35	0	216	19
６ヵ月以上１年未満	15	43	8	128	77	86	0	357	31
１年以上２年未満	21	56	0	76	28	94	0	275	24
２年以上５年未満	12	9	0	39	14	22	0	96	8
計	59	176	11	423	216	266	0	1151	100

Catherine Maynial, “Le contrôle de l’application des lois exercé par le Sénat”, op. cit. p.37.

［表４］　第９立法期中に表決され施行された法律の施行までの期間に関する統計

期間内に施行された法律の数	AFCL	ECON	ETRD	SOCI	FINC	LOIS	SPEC	計	%
１ヵ月未満	0	1	0	0	0	1	0	2	3
１ヵ月以上３ヵ月未満	0	4	0	1	2	1	0	8	10
３ヵ月以上６ヵ月未満	0	1	0	2	2	4	0	9	11
６ヵ月以上１年未満	0	7	1	6	2	11	0	27	35
１年以上２年未満	3	3	0	6	3	12	0	27	35
２年以上５年未満	0	1	0	3	0	1	0	5	6
計	3	17	1	18	9	30	0	78	100

Catherine Maynial, “Le contrôle de l’application des lois exercé par le Sénat”, op. cit. p.38.

新たに二五八の法律がこれに加わった。一九七六年から一九九〇年の間に官報の分量は一年に七〇七〇頁から一万七一四一頁へと二倍以上になったし、同様にＥＣの官報の分量は最近の六年間に三〇％増えた。一本の法律の分量も増えており、一九五〇年の九三行から一九七〇年には二〇〇行に達し、今日では二二〇行を越えている。また、法律の増殖は行政命令の増殖をもたらしており、平均して法律の一条が命令の一〇条を生み出している。かくして、およそ八千の法律に一〇万のデクレが加わっている。[7]

次に、デクレの制定に先立つ諮問手続も法律の施行遅延の原因となっている。現在、フランスにはデクレの作成に関与する諮問機関がおよそ九〇〇ほど存在しており、公式の諮問に先立ち非公式の諮問が行われることもある。また、一つのデクレに複数の諮問機関が関与することもあり、たとえば、郵便および電気通信業務の組織に関する一九九〇年七月二日法律第二九条を実施する郵便職員団および電気通信職員団に適用される規約の諸条項に関する一九九三年三月二五日のデクレは、郵便専門審議会、フランス・テレコム専門審議会、郵政人事社会問題高等委員会、国家公務員高等評議会およびコンセイユ・デタへの諮問を必要としていた(8)。

さらに、立法者が微妙な問題の決定をデクレに委ねていること、デクレが複数の省庁に関係する場合の省庁間の対立、政府法案に対する議会での修正なども法律の施行遅延の原因として指摘されている(9)。

(二)　全体的量的統制

議会は採択された法律に対して二つのタイプの統制を行っている。一つは全体的に法律の施行デクレの公布状況を追跡する量的な統制である。もう一つは施行デクレの公布にとどまらず、個別の法律の施行により生じた問題を対象とする質的な統制である。まずは、元老院と国民議会で行われている全体的量的統制から見ておこう。

元老院では、一九七二年に元老院議長、各常任委員会委員長および各会派の長からなる委員会が設置され、それは翌七三年に次のような統制方式を定めた。すなわち、各会期の冒頭で、各常任委員会の委員長はそれぞれの常任委員会に関係する法律の施行状況を報告する。これを受けて各常任委員会は、関係閣僚への書簡、書面質問、討論を伴う口頭質問および討論を伴わない口頭質問のうち最も適切と思われる対応を決定する。委員長の報告と常任委員会の決定は、両議院、各省庁ならびに報道機関に毎週配布される委員会公報（bulletin des commissions）とより広範囲に毎週配布される元老院速報（bulletin d'informations rapides du Sénat）により公表される(10)。

このような元老院の取り組みに応じるかのように、政府も法律の施行遅延の解消を図ってきた。まず、一九七四年七月にシラク首相は各大臣に法律の迅速な施行を要請し、法律公布後数週間以内に法律の施行措置をとらなければならず、例外的に長い期間を要するとしても六ヵ月を越えてはならないという通達を発した。一九七七年三月に、バール首相は法律施行の遅延問題を閣議に付し、すべての政府構成員がデクレの作成に積極的に関与するよう求め、同年五月一二日の通達では、法律が議会で採決されるのを待たずにデクレの準備をするよう求めた。(11)また、デクレの準備状況と公布に関する報告が六ヵ月ごとに閣議で行われ、その一覧表が作成されることとなった。その後、一九八四年一一月二三日のデクレでは次のような方式がとられた。まず、先議の議院の第一読会終了後、政府事務総局が関係省庁の官房長に二週間以内にデクレの作成に関する第一次日程表を提出するよう求める。法律が採択され公布されると、所管の大臣は最終日程表を提出する。この日程表の追跡調査は首相官房の協力を得て政府事務総局により行われ、首相が閣議でその結果につき報告する。しかし、法律の施行状況は満足のいくものではなかったため、一九九〇年六月一日の通達は次のような方式を導入した。所管の大臣は遅くともコンセイユ・デタへの付託に先立つ政府法案の調整の際にデクレの作成に関する日程表を提出しなければならず、その期日は原則として六ヵ月を超えてはならない。閣議の議事日程に記載される前の法案の調整の際に各省庁はデクレの原案を提出しなければならない。日程表の履行は政府事務総局により監督される。(12)しかしながら、このような政府の対応も十分な成果をあげているとはいえないことは既に見たとおりである。

ところで、一九七二年に開始された元老院による統制に話を戻すと、一九八五年にコンピューターによる立法資料のデータベースが構築され、まずは一九八一年以降に議会に付託されたすべての法文と一九七一年から一九八一年に付託された法文のうち予定された施行措置がとられていないものがそれに収められた。現在、法律の施行統制に関する総括は、三月一五日と九月一五日を基準日にして半年ごとに行われている。まず、各常任委員会事務局が、直近の六ヵ月間に公布された行政命令、施行措置がとられていないままの法律の主要な規定、常任委員会委員長または報告者によりとられる対応を記した覚書を作成する。これには直近の六ヵ月間に施行措置がとられた規定と一九八一年以降の施行措置がとられていない規定に関する電子化された二つの記録が付けられている。また、各常任委員会事務局は各省庁と接触し、行政命令の作成状況と遅延の理由について情報を得る。このような作業を踏まえて、法律の施行状況に関する各種の統計を含む報告書が作成される。この報告書に各常任委員会の総合評価を加えて半年ごとの法律の施行統制に関する最終文書が作成され、元老院の長会議と政府の議会関係担当大臣に提出される。(13)

次に、国民議会の対応であるが、一九七九年に各常任委員会が所管の法律の施行について少なくとも年に二回長会議に報告書を提出するという元老院のそれに似た手続が採用された。一九八〇年六月に六つの常任委員会のうち四つの委員会（社会問題委員会、財務委員会、法律委員会および生産委員会）の報告書が長会議に提出され、官報で公表された。同年一二月に政府はそれに対する回答を官報で公表した。翌年、国民議会は立法活動に忙殺され、法律施行の監視まで手が回らなかったが、一九八二年一一月に政府は自発的に法律の施行命令の公布状況について報告した。しかしながら、法律の施行統制は議員の関心をあまり引かなかった。その理由としては、それが技術的な性格を持つこと、重要性に軽重のある多数の法文が関係すること、とりわけ、政府を支持する議会多数派がこの問題で政府を追及するのを躊躇していることが挙げられる。(14)

その後、一九八八年末に再度、法律の施行統制が行われることとなり、長会議で次のような方式が採用された。まず、各常任委員会は法律の施行状況の調査を担当する委員を選任し、デクレの公布状況を調査する。必要があれば、担当委員は確認された問題点を委員長に示し、委員長はそれを長会議に付する。当初、財務委員会と法律委員会はいくつかの報告書を公表したが、その後は、財務委員会のみがこの方式を実施し続けた。第一〇立法期の冒頭に、法律委員会はこの統制方式を再開することとし、そのための委員を任命したが、一九九五年に一つの報告書を作成しただけである。(15)このように国民議会では法律の施行統制に対して関心が薄いかのように見える。ただし、四つの常任委員会（社会問題委員会、財務委員会、法律委員会および生産委員会）が共同で設置した法律の施行に関する派遣調査団が一九九五年に浩瀚な報告書（J.Bignon et F.Sauvadet , L'insoutenable application de la loi ,

ない。

Rapport Assemblée nationale n°2172）を提出していることからすると、そのように即断することは不適当かもしれない。

㈢ 個別的質的統制

議会は一般的に法律の施行状況を監視するだけでなく、個別の法律の施行状況も監視している。もちろん、それは網羅的ではなく、選別的に行われている。そのための手段として、質問手続、派遣調査団、外部報告書が利用されている。ただし、いずれも施行デクレの公布を強制するものではない。

まず、質問手続は伝統的な行政に対する情報収集・統制の手段であるが、書面質問と口頭質問に大別される。書面質問は議員の書面による質問に大臣が書面で答えるものであり、他方、口頭質問は本会議で行われる手続である。法律の施行統制の場面で主に利用されるのは書面質問である。たとえば、第一〇立法期の最初の二〇ヵ月中に法律の施行に関する書面質問が、国民議会では四二三件、元老院では二四五件提出されており、そのうち特に施行デクレに関する質問が国民議会で一七二件、元老院で六五件あった。質問の内容としては、なぜ施行デクレが公布されないのか、いつ公布されるのかといったことが大部分を占め、施行デクレの内容そのものを問うものはまれである。

このような質問手続を利用した法律の施行統制には若干の問題点がある。第一に、大臣の答弁が簡略であり、詳しい説明がなされないことである。第二に、書面質問の内容が個別の法律あるいは条項にかかわるので、書面質問による統制が必然的に断片的になることである。第三に、すべての質問が大臣の答弁を得るわけではないことである。第九立法期の答弁率は、国民議会で八五%、元老院で六八%であった。ただし、第一〇立法期に入ると答弁率は国民議会で九二・二%、元老院で九二%と上昇した。これには一九九四年の国民議会による優先的書面質問手続の導入が寄与していると思われる。それは二ヵ月以上答弁されていない質問について長会議で各会派

が政府に注意を促すものである。(16)

次に、派遣調査団であるが、これは委員会がその所管事項につき調査を行うために調査事項ごとに設置されるものである。その法的根拠は元老院では議院規則に明文がある。すなわち、元老院規則二一条一項は、「元老院は、常任委員会または特別委員会の要求により、それらにその権限に属する問題に関する派遣調査団を任命する許可を与えることができる。……」とし、同条二項は、「派遣調査団の要求は、計画された調査団の目的、期間、構成員の名を正確に示さなければならない。その要求は、直近の本会議の際に元老院にそのことを知らせる議長に通知される」と規定する。これに対して、国民議会では、派遣調査団は議院理事部の一般規程に根拠を持つ。しかし、一九九〇年五月の規則改正により、法律の施行状況に関する派遣調査団の規定が議院規則に置かれた。すなわち、国民議会規則一四五条二項は、「……常任委員会は、一人または複数のその構成員に特に法律の施行状況に関する臨時の情報収集の職務を任せる。この情報収集の職務は複数の委員会により共同で行使されうる」と規定する。

派遣調査団は、まず、問題となっている法律を施行するデクレが公布されているか、その公布期日が遵守されているかなどを調査する。しかし、その活動はこれにとどまるものではなく、公布された施行デクレなどの持つ問題の調査にも及ぶ。むしろ、派遣調査団の活動は、個別の法律の施行状況に関する質的統制にその本質がある。そのために派遣調査団は、調査委員会のように関係者への聴聞、特に現場での意見聴取、関係機関等との定期的な会合を行う。その意味で、派遣調査団は、いわば簡易な調査委員会といえるが、調査委員会のような強制的な調査権を有するものではない。しかし、逆に調査委員会に課される法的制約を受けないというメリットを持っている。たとえば、調査委員会の活動期間は六ヵ月に限定されるが、派遣調査団にはそのような制約はない。一九九一年のシェンゲン協定の施行に関する元老院の派遣調査団は、その活動が当初は一年間とされていたが、活動期間が二度延長され、一九九三年に活動を終了した。(17)

派遣調査団の活動の本質は法律の施行に関する質的統制にある。その例として、「労働、雇用および職業訓練に関する五ヵ年法律」の施行に関する派遣調査団の活動が挙げられる。それはある地方の職業安定所での聞き取り調査の際に、従業員の採用を行おうとする企業が一一以上の申請書を作成しなければならないという煩わしい手続を課されており、この法律の十全な施行を妨げていることを確認した。その後、この派遣調査団の指摘により、この煩雑な手続は改善された。「労働、雇用および職業訓練に関する五ヵ年法律」の施行に関する派遣調査団は、一九九四年三月と六月に中間報告書を二度提出し、一〇月に最終報告書を提出した。[18] これらの報告書は法律の施行にかかわる問題点の指摘と具体的な解決案を含んでいたといわれる。しかしながら、派遣調査団による法律の施行統制にも若干の問題がある。まず指摘されることは、派遣調査団が網羅的に法律の施行状況を調査することが不可能であり、その活動が個別の法律を対象とすることからも理解されるように、非常に選別的であり、系統的ではないことである。また、多くの場合、行政が派遣調査団の要求に応えているとしても、派遣調査団が強制的な調査権を持たないことは十全に情報を収集することの障害となりうる。[19]

さらに、法律の施行統制のためにいわゆる外部報告書（rapports extra-parlementaires）も利用されている。これは法律や行政命令自体が政府に対して提出を義務づけている報告書である。一九九五年現在、法律の調査に関する例は五一件ある。外部報告書の問題点としては、以下のことが指摘されている。第一に、外部報告書の半分ほどが定められた期日に提出されないことである。その提出率は、一九九三年が四三・八％、一九九四年が四七・六％である。第二に、報告書が提出されないことに対するサンクションが欠けているために、報告書の提出に関する系統的な監督が行われていないことである。第三に、議会が報告書をきちんと吟味することがあまりないことである。[20]

(3)　Catherine Maynial,"Le contrôle de l'application des lois exercé par le Sénat", dans Alain Delcamp, Jean-Louis Bergel et Alain Dupas, Contrôle parlementaire et évaluation, La documentation française, 1995, p.33.

(4) J.Bignon et F.Sauvadet,L'insoutenable application de la loi, Rapport Assemblée nationale n° 2172, p.7.

(5) ibid., pp.9 et s.

(6) C. Maynial, op.cit., p.36.

(7) Christian Bigaut, "Parlement : les offices d'évaluation de la législation et des politiques publiques", Regards sur l'actualité n° 224, 1996, p.28.

(8) J.Bignon et F.Sauvadet, op.cit., p.14.

(9) ibid., pp.13-16., Arsène Miaboula-Milandou,"Les moyens d'action du Parlement à l'égard de la loi votée", R.F.D.C., n° 33, 1997, p.66.

(10) C. Maynial, op.cit., pp.33-34.

(11) ibid., pp.34-35.

(12) Nicole Goueffic,"Le suivi des décrets d'application des lois par le Secrétariat général du Gouvernement", dans A.Delcamp , J.-L. Bergel et A.Dupas , Contrôle parlementaire et évaluation , op.cit., pp.49-50.

(13) C. Maynial, op.cit., pp.35-36., C. Bigaut, op.cit., p.29.

(14) Association française des constitutionnalistes , La réforme du travail parlementaire à l'Assemblée nationale, Economica, 1992, pp.36-37.

(15) J.Bignon et F.Sauvadet, op.cit., pp.22-24., A. Miaboula-Milandou, op.cit., p.41.

(16) J.Bignon et F.Sauvadet, op.cit., pp.24-26.

(17) A. Miaboula-Milandou, op.cit., p.45.

(18) ibid., p.46.

(19) ibid., pp.57-58.

(20) J.Bignon et F.Sauvadet, op.cit., p.26.

二　政府・外部機関による立法評価・政策評価

一九九二年一二月二日のデクレにより設置された憲法改正諮問委員会（委員長の名をとりヴデル委員会という）は、翌九三年二月一五日に憲法改正案を示した。その二四条は、「議会は法律を表決する。議会は法律の成果を評価する。議会は政府の活動を統制する」と規定していた。[21] すなわち、法律の評価は、伝統的な立法、政府統制に続く第三の議会の職務と考えられている。また、一九九五年五月一九日の教書において、シラク大統領は、立法のインフレーションにブレーキをかけ、法律の簡素化、評価および法典化の作業により法律を読みやすくすることと費用と効果の最良の適合性を追求することにより財政上の不均衡に対処することを議会に求めた。[22] このように議会が立法や政策の評価を行うことが議会の外部からも要請されていたのであるが、また同時に、議会もその準備を進めていたのであり、それは一九九六年六月一四日の議会立法評価局と議会政策評価局の設置として結実した。以下、それまでの道程をたどりながらフランスの評価制度について紹介・検討しよう。まずは、政府や他の外部機関による評価から見ておこう。

(一)　政府による評価

フランスにおいて政策評価は、まずは政府により行われてきた。[23] その基本的な仕組みは「公共政策の評価に関する一九九〇年一月二二日のデクレ」により定められている。

まず、その概要を述べておくと、評価関係閣僚会議（Comité interministériel de l'évaluation）が、評価に関する意思決定機関であり、計画総局（Commissariat général du Plan）がその補助機関となっている。評価科学評議会（Conseil scientifique de l'évaluation）は評価に関する専門家から構成され、評価関係閣僚会議の技術的アドバイザーの役割を果たす。評価発展国家基金（Fonds national de développement de l'évaluation）は、評価を実施するための財源を提供する。以下、一九九〇年一月二二日のデクレにそって政府の政策評価の仕組みを見ておく。

評価関係閣僚会議の職務は、公共政策の評価に関する政府のイニシアティブを展開し調整することである（同一条一項）。ここで公共政策の評価とは、「実施される法的、行政的または財政的手段がこの政策の期待された効果を生み出し、それに割り当てられた目的を達成することを可能とするかどうか調査すること」である（同一条二項）。

評価関係閣僚会議は、首相またはその代理により主宰される（同三条一項）。それは、経済財務担当大臣またはその代理、行政改革担当大臣またはその代理、内務大臣またはその代理、予算担当大臣またはその代理、計画担当大臣またはその代理、議事日程により関係する大臣またはその代理から構成される（同三条二項）。

評価関係閣僚会議は、評価科学評議会の賛成意見に基づき、一つまたは複数の省庁に属し、評価発展国家基金を利用する評価案を決定する（同二条一項）。首相、大臣、コンセイユ・デタ、会計検査院、メディアトゥールは、評価関係閣僚会議に付託することができる（同二条三項）。評価案は、国防、外交政策、国の内外の安全に関する秘密の性格を持つ主題を除いて、行政活動のすべての領域を対象とすることができる（同二条二項）。評価案は、その実施に必要な態様を定め、また、評価を実施する公私の作業者が選定される基準を定める（同二条四項）。

評価関係閣僚会議は、評価の結果を踏まえて、必要な対応を審議する（同二条五項）。それは大臣およびその監督下に置かれた組織により扱われる評価政策について情報を提供される（同二条六項）。

計画総局は、評価関係閣僚会議の審議を準備する。それは、行われた決定の実施および評価活動の結果の公表を監視する。それは行政における評価の発展を促進し、それについて関係閣僚会議に毎年報告する（同四条一項）。

評価科学評議会は、首相のアレテ（arrêté）により任命される一一名の評議員により構成される。彼らは評価に関する能力または経済学、社会学もしくは行政学の領域における学識により選ばれる（同一〇条一項）。評価科学評議会の構成員は、六年の任期で任命される。再任は認められない（同一〇条二項）。評価科学評議会の委員長は、その構成員の中から、首相のアレテにより任命される（同一一条一項）。委員長は、評価科学評議会の提案に基づき首相により任命される総括報告者により補佐される（同一一条二項）。

評価科学評議会は、評価方法の発展を促進し、それに関する義務規定を定める。また、それは評価発展国家基金を利用する評価活動の質と目的を監視する（同八条二項）。このために、評価科学評議会は、評価発展国家基金の財源を利用しうるすべての研究について義務的に諮問される。それは二つの答申、すなわち、本デクレ第一条および第六条（経済社会評議会による評価）に規定された評価案の実施の方法と条件を対象とするもの、および実施された評価活動の質を対象とするもの（これは評価自体と同時に公表される）を出す（同八条三項）。さらに、それは、評価の方法と技術、評価を実施する組織と個人、ならびに評価自体に関する情報を収集し、配布する（同九条一項）。このために、それは評価の実施に関する評価報告書を毎年公表する（同九条二項）。

以上の職務を遂行するために、評価科学評議会は、フランス人または外国人の専門家に協力を要請することができる（同一二条三項）。また、それは必要と思われる聴聞を行う。国の行政機関またはその監督下に置かれた組織は、評議会がその職務の達成に有益であると判断したあらゆる資料および情報を評価科学評議会に通知する（同一三条）。

一九九〇年一月二二日のデクレに基づく政府の政策評価により、一九九五年現在、六つの報告書が公表されている。その主題は、①国家の情報化、②社会住宅の改修、③公役務における恵まれない人々への対応、④問題のある青少年の同化、⑤こどもの生活リズム、⑥湿地帯である。また、①職業教育、②山地政策、③労働、雇用および職業訓練に関する五ヵ年法律の三つの主題に関する政策評価が開始されている。当初、政策評価の実施を決定する手続は進行が遅かったが、近年、改善が見られ、また、評価関係閣僚会議の開催を待たずに、首相が政策評価手続を開始することも見られる（山地政策の評価、労働、雇用および職業訓練に関する五ヵ年法律の評価の場合）(24)。

また、これまで政府は実質的に事後的な立法評価も行ってきた。すでに触れたように、多くの法律は、政府がその施行に関する報告書を一定の期日までに議会に提出しなければならないと規定してきた。これらの報告の多くは、施行命令やその公布予定を記述するだけでなく、立法評価的な判断を含んでいたといわれる。たとえば、一九九一年一二月三一日の「小切手および支払いカードの安全に関する法律」や一九八九年一二月三一日の「個人の過剰債務の取り扱いに関する法律」の施行に関する報告書は、当該法律により開始された改革の効果に関する資料を含むものであった(25)。

さらに、政府法案等のインパクト研究という非常に興味深い実験が実施された。これはシラク大統領が前出の一九九五年五月一九日の教書の中で提示していたものであり、それを具体化するものとして、「政府法案およびコンセイユ・デタの議を経るデクレ案に伴うインパクト研究の実験に関する一九九五年一一月二一日の通達」が出されている(26)。この通達によれば、インパクト研究の実験は、一九九六年一月一日から同年一二月三一日までの一年間行われる（コンセイユ・デタの議を経るデクレ案については、同年七月一日から半年間行われる）。政府は、政府法案の趣旨説明書およびコンセイユ・デタの議を経るデクレ案の提出報告書に、当該政府法案およびデクレ案のインパクト研究を添付しなければならない。このインパクト研究は、当該政府法案およびデクレ案に含まれる①期待される利益、②雇用に対するインパクト、③他の一般的利益に対するインパクト、④財政的影響、⑤行政上の手続に関するインパクト、⑥法的秩序の複雑性に関する効果、⑦間接的で意図しない影響の七項目について行われる。ただし、政府法案とデクレ案の内容に応じて、研究項目は省略されうる。このようなインパクト研究が客観的かつ公正に実施されるならば、議会における法案審議に大いに資することとなろう。

㈡　外部機関による評価

先に触れた一九九〇年一月二二日のデクレは、政府の諮問機関である経済社会評議会による政策評価に言及している。その六条は、「経済社会評議会は、評価科学評議会の賛成意見を条件にして、評価活動に着手するために、評価発展国家基金の年間予算額の五分の一を限度として、基金の協力を要請することができる」と規定する。経済社会評議会の評価活動は所管の部会で行われる。現在、①社会問題部会、②労働部会、③地域経済国土整備部会、④生活環境部会、⑤財政部会、⑥対外関係部会、⑦生産活動・研究・科学技術部会、⑧農業食品業部会、⑨一般経済景気部会の九つの部会がある。これらの部会による評価を推進し、政府の評価関係機関である評価科学評議会との関係を調整するために、経済社会評議会は評価委員会を一九九一年に設置した。評価委員会は各部会の部会長、計画化特別委員会の委員長、各会派の評議員から構成される。一九九五年現在、住宅への公的助成の経済的社会的効果、産業転換地域における生産活動の集積に対する助成政策、五五歳以上の解雇された勤労者のための国家の介入、深刻な貧困に対する闘争政策の四件につき評価が実施され、報告書が公表されている[27]。なお、経済社会評議会による評価のための財源が不十分であることが指摘されており、深刻な貧困に対する闘争政策の評価の際、不足分が計画総局と社会活動基金により補填されたが、それでも不十分であったといわれる[28]。

次に、会計検査院は、公的資金の適切な使用の監督にともない政策評価的活動を行っている。このような傾向は九〇年代初頭から会計検査院の年次報告に見られるようになっている。たとえば、一九九五年の年次報告は、都市政策、雇用の創出と維持への国の助成、沿岸地帯や湖岸地帯の保存活動、イル・ド・フランスの交通機関に関する評価的判断を含んでいる。また、同様の傾向は、一九九一年以来、会計検査院が公表してきた特定のテーマに関する特別報告書にも見られる。たとえば、地方公共団体の負債と財務行政の運営、国道網の管理、成年の身体障害者のための社会政策、住宅助成、地方分権化、中等教育などのテーマが扱われている[29]。このような政策評価的活動を行うため、現在、会計検査院への土木、電気通信、軍事などの専門技術者の出向が認められている[30]。さらに、会計検査院は、その監督下にある省庁や公的機関の運営に関する調査を議院の財務委員会や調査委員会により依頼されることがある。近年扱われたテーマは、行政の情報化、徴兵および職業軍人の費用、地方分権化と国の支出、公的企業の契約などである。ただし、会計検査院に依頼される調査は年に一、二件にとどめられている。これは会計検査院の負担への議院の側からの配慮と活動計画の決定における独立性を確保しようという会計検査院自身の意思による。[31] なお、議会が会計検査院以外の機関に評価的性格を持つ調査を依頼することもあるが、それはあまり一般的ではない。その例としては、元老院が一九九三年に国立統計経済研究所に若年者雇用に関する社会的負担の免除の効果についての調査を依頼したことが挙げられる。[32]

(21) Rapport remis au Président de la République le 15 février 1993 par le Comité consultatif pour la révision de la Constitution, J.O.,16 Février 1993, p.2552.

(22) Message de M.Jacques Chirac du 19 mai 1995,Didier Maus, dans Les grands textes de la pratique constitutionnelle de la Ve République, 1998, pp.130-132.

(23) Décret n°90-82 du janvier 1990 relatif à l'évaluation des politiques publiques,J.O. du 24 janvier 1990.

(24) Jean-Baptiste de Foucauld,"Le dispositif existant en matière d'évaluation" ,dans A.Delcamp , J.-L. Bergel et A.Dupas , Contrôle parlementaire et évaluation , op.cit., p.98.一九九〇年一月二二日のデクレによる政府の政策評価については、その評価件数の少なさから、「今のところ期待はずれである」との評価もある(C. Bigaut, op.cit., p.30)。

(25) Caroline Braud, "L'évaluation des lois et des politiques publiques" , Les Petites Affiches, 7 Aout 1996, n°95, p.8.

(26) Circulaire du 21 novembre 1995 relative à l'expérimentation d'une étude d'impact accompagnant les projets de loi et de décret en Conseil d'Etat,J.O.du 1er decembre 1995, p.17566.

(27) J.Frayssinet, Le Conseil économique et social, 2e ed.,Documentation française, 1996, p.38., Pierre Bodineau, Les conseils économiques et sociaux, P.U.F., 1994, p.40.

(28) Pierre Hureau, "L'évaluation au Conseil économique et social" , dans A.Delcamp , J.-L. Bergel et A.Dupas , Contrôle parlementaire et évaluation , op.cit., p.127.

(29) C. Braud, op.cit., p.8.

(30) Pierre Joxe,"La Cour des comptes,de l'assistance a l'évaluation", dans A.Delcamp , J.-L. Bergel et A.Dupas, Contrôle parlementaire et évaluation , op.cit., p.125.
(31) C. Braud, op.cit., p.8.
(32) ibid., p.8.

三　従来の議会による立法評価・政策評価

一九九六年の議会立法評価局・議会政策評価局の設置により、議会は本格的に立法評価と政策評価に取り組むことになったが、それ以前から議会はいくつかの手段を利用して評価的活動を行ってきた。議会科学的技術的選択評価局、派遣調査団および調査委員会の活動について順に見ておこう。

(一)　議会科学的技術的選択評価局による評価

一九八三年七月八日の法律（loi n° 83-609 du 8 juillet 1983）は、一九五八年一一月一七日の両議院の運営に関するオルドナンス（以下、議院運営オルドナンスと略す）に議会科学的技術的選択評価局に関する六条の三を追加した。アメリカ連邦議会の科学技術評価局をモデルにした議会科学的技術的選択評価局の設置は、政策決定過程における政府側の科学技術専門家集団の影響力を制限し、権力の均衡を補完しようとする試みであった。まずは、議院運営オルドナンスに即して、その仕組みを記しておこう。

議会科学的技術的選択評価局の職務は、科学的技術的な選択の結果について議会に情報を提供し、その決定を明確にすることである。そのために、それは情報を収集し、研究プログラムを実施し、評価を行う（議院運営オルドナンス六条の三第一項）。

議会科学的技術的選択評価局は、院内会派の比例代表が確保されるように任命された八名の国民議会議員および八名の元老院議員から構成される。国民議会議員は、立法期を任期とし、立法期の冒頭に任命される。元老院議員は、元老院の部分改選を経るごとに任命される。また、代理のメンバーが同じ条件で任命される。議会科学的技術的選択評価局は、委員長と副委員長を各通常会期の冒頭に選出する。委員長と副委員長は同一の議院に属してはならない（同六条の三第二項）。

議会科学的技術的選択評価局は、科学および工学分野の一五名の専門家から構成される科学審議会により補佐される。科学審議会のメンバーは、議会科学的技術的選択評価局の内部規則が定める条件により、任期を三年として任命される。科学審議会は、議会科学的技術的選択評価局が必要と考える場合に付託される（同六条の三第三項）。なお、外部の専門家に調査研究を依頼することも認められている。

議会科学的技術的選択評価局は、各議院の理事部の発議、院内会派の長の要求あるいは六〇名の国民議会議員ないしは四〇名の元老院議員の要求に基づいて付託される。また、各議院の特別委員会あるいは常任委員会によっても付託される（同六条の三第五項）。自己付託権は認められていない。

議会科学的技術的選択評価局は、一九五八年一一月三〇日のオルドナンス一六四条四項により定められた権限、すなわち文書および現場での調査権を有する。また、この権限だけでは職務の執行が困難となる場合、議院運営オルドナンス六条により議院の調査委員会、その委員長およびその報告者に与えられた権限を、六ヵ月を超えない期間自らに与えることを付託した議院に要求することができる(33)。議会科学的技術的選択評価局がこれらの権限を行使する場合、調査委員会の活動の秘密に関する規定が適用される(34)（同六条の三第六項）。さらに、議会科学的技術的選択評価局は、労働団体、職能団体、環境保護団体、利用者・消費者保護団体の意見を聞くことができる（同六条の三第四項）。

議会科学的技術的選択評価局の活動は、反対の決定がない限り、秘密である。その活動の結果および報告書は、付託者に通知され、その意見を聞いた後に公表されうる。ただし、議会科学的技術的選択評価局が、調査委員会の権限を付与された場合には、その公表の決定は、調査委員会の報告書の公表について議院規則により定められた条件により、関係議院によって決定される（同六条の三第七項）。

議会科学的技術的選択評価局は、内部規則を制定することができる。ただし、それは両議院の理事部の承認に付される（同六条の三第八項）。また、議会科学的技術的選択評価局の経費は、両議院の経費として支給される（同六条の三第九項）。

議会科学的技術的選択評価局の活動について、まず問題になるのはその活動の範囲である。その名称からも理解されるように、その活動範囲は限定されている。すなわち、科学や技術にかかわる領域の活動しか行うことができない。(35) とはいえ、その活動範囲はかなり多岐に渡っており、環境、新しいテクノロジー、核および生命科学に大別されうる。(36) これまで、四六件の報告書が提出されており、九件の調査研究が係属中である（【表5】参照）。また、調査研究の人的財政的手段についても難点が指摘されている。議員自身は科学技術について特別な知識があるわけではないので、付属の科学審議会に頼ることになるが、科学審議会自体、科学技術にかかわるあらゆる分野の専門家が配置されているわけではない。そこで、必要に応じて、外部の専門家に頼ることになるが、学識があり時間に余裕がありかつ公正な立場に立つ専門家を集めることが実は非常に困難なことなのである。これには予算上の制約もある。(37) 議会科学的技術的選択評価局の予算は三〇〇万フランであり、また、配置されている職員も一五名ほどにすぎない。(38)

次に、報告書の作成方式にも若干疑問が残る。議会科学的技術的選択評価局の報告者が報告書の作成において中心となる。報告者は関係者の聴聞や国内・国外での調査を指揮するだけでなく、専門家の調査研究の質を監督し、自ら多様な意見を収集し専門家の不足を補い、専門家の調査研究に自己の政治的判断を付け加える。したがって、議会科学的技術的選択評価局の報告書は専門家の見解と報告者の意見との摺り合わせの結果であるといわ

［表５］議会科学的技術的選択評価局の活動

・公表された報告書
1. 大気汚染の長期的状況と酸性雨（1985年）
2. チェルノブイリ原子力発電所事故の結果と核施設の安全および安全管理組織（1987年）
3. 半導体産業の発展（1989年）
4. 高画質テレビ（1989年）
5. 農業と農産物食品工業へのバイオテクノロジーの応用（1990年）
6. 南極の鉱物資源の採掘活動により生じる諸問題（1992年）
7. 環境に対するフロンの影響とその排出禁止・制限の手段（1990年）
8. フランスとヨーロッパの宇宙政策の方針（1991年）
9. 水質保護：飲料水の供給と汚水処理（1991年）
10. 産業廃棄物処理により生じる諸問題（1991年）
11. 医療廃棄物管理により生じる諸問題（1993年）
12. 家庭廃棄物により生じる諸問題（1993年）
13. 高放射能核廃棄物の管理（1990年）
14. 核施設の安全と安全管理の監督・その１（1990年）
15. 生命科学と人権に関する法律原案により提起される諸問題（1992年）
16. 微量放射性廃棄物の管理（1992年）
17. 核施設の安全と安全管理の監督・その２（1991年）
18. 高画質デジタルテレビ（1992年）
19. 半導体およびマイクロエレクトロニクス分野の発展（1994年）
20. 環境保護に対する電気自動車の効用（1993年）
21. 種の多様性と遺伝形質の保存（1992年）
22. 核施設の安全と安全管理の監督・その３（1992年）
23. ライン川とローヌ川の連結のエコロジー的影響（1993年）
24. 食品以外に利用される農産物の発展予想（1997年）
25. 中欧・東欧諸国との科学技術協力（1994年）
26. 中欧・東欧諸国との科学技術協力と交換の諸問題（1994年）
27. 核施設の安全と安全管理の監督・その４（1994年）
28. 新しい情報・コミュニケーション技術の人間生活に対する若干の影響：サイバースペースにおける人間（1995年）
29. 縦断高速道路の渋滞問題への新交通技術による対応（1994年）
30. フランスと情報社会：警戒と必要なキャンペーン（1997年）
31. 健康と環境の関係、特に子どもについて（1996年）
32. 学術研究政策の方針（1994年）
33. 核施設の安全と安全管理の監督・その５（1994年）
34. 高放射能核廃棄物：その１・民間廃棄物（1996年）
35. 自然災害の予知と防災の技術：地震と地殻変動（1995年）
36. 核施設の安全と安全管理の監督・その６（1996年）
37. アスベストと人間の生活環境：その影響と将来（1997年）
38. 新しい情報・コミュニケーション技術：学生から社会人まで（1997年）
39. 核施設の安全と安全管理の監督・その７（1997年）
40. 合成映像と仮想現実：その技術と社会的諸問題（1997年）
41. 高放射能核廃棄物：その２・軍事廃棄物（1997年）
42. 核施設の安全と安全管理の監督・第１部：フランス・ドイツの原子炉計画（1998年）
43. 核燃料サイクルの最終段階：その１・総論（1998年）
44. 遺伝子研究からその利用へ：その１・農業および食品工業における遺伝子組み替え生物の利用（1998年）
45. 核燃料サイクルの最終段階：その２・発電の費用（1998年）
46. 臓器提供、人体の部分と生産物の利用、医療事業、生殖、産前の診断に関する1994年7月29日の法律の施行（1998年）

・継続中の案件
1. 自然災害の予知と防災の技術
2. 遺伝子研究からその利用へ
3. 家庭廃棄物のリサイクル技術と価格
4. フランスの宇宙政策の総括と展望
5. 公衆衛生と環境に対する核廃棄物貯蔵施設の影響
6. 臓器提供、人体の部分と生産物の利用、医療事業、生殖、産前の診断に関する1994年7月29日の法律の評価
7. 水の循環に対する地球温暖化の予見しうる影響
8. 核施設の安全と安全管理の監督・第２部：民間核施設の安全政策の総括と展望
9. 核燃料サイクルの最終段階：その３・経済的側面

れる。[39] そうすると、議会科学的技術的選択評価局の研究や評価は純然たる科学性が担保されているとは言えず、政治的判断が混入していると言わざるをえないだろう。

さらに、議会科学的技術的選択評価局は、扱われるテーマや目的に応じて、事前評価と事後評価を行っており、また、政策や立法の妥当性の判断にとどめたり、より積極的に勧告という形式で一定の措置を提案することもある。ただし、その活動の影響力については評価が分かれるところである。一方では、生命倫理に関する立法の必要性を早くから説き、水に関する法案の議会審議に先立って情報を提供し、放射性廃棄物に関するその報告の結果、それに関係する法律が制定されたと言われる。[40] 他方、生命倫理や水政策のように、議会科学的技術的選択評価局の報告書の公表後すぐに立法の対象となった問題についても、その影響は非常に間接的であるという評価も見られる。[41]

(二) 派遣調査団・調査委員会による評価

派遣調査団は、前述したように法律の施行統制を行っているが、その活動はしばしば評価的判断を含んでいる。とりわけ、国民議会規則一四五条の法律の施行状況の調査に特化した派遣調査団は、議会が法律の作成に時間と労力を割かれ、法律が解決すると期待された問題との関連で当該法律の妥当性を検証することができないという事情から生み出されたものであるから、[42] その活動が評価的判断を含むのは当然である。このような派遣調査団が扱った主題は、国民議会では、移民の統合、国民教育の分権化、労働、雇用および職業訓練に関する五ヵ年法律、住宅と都市計画などであり、元老院では、医師以外の医療従事者の地位、地方分権化政策、シェンゲン協定、都市政策などであった。[43] また、調査委員会は本来、法律の制定を準備する立法調査やスキャンダル調査などの国政調査を行う機関であるが、その活動には評価的判断が含まれていることがある。その例としては、国民議会で設置された職業教育基金に関する調査委員会（一九九三年）や元老院で設置された司法権に関する監督委員会（一九九〇年、現在、調査委員会と監督委員会の区別は廃止されている）が挙げられる。(44) 前者の職業教育基金に関する調査委員会は、評価の客観性と科学性を強化するために、複数の会計事務所の協力を得て報告書を作成した。(45)

しかしながら、派遣調査団や調査委員会の評価的活動に対してはいくつかの問題点が指摘されている。すなわち、派遣調査団や調査委員会の活動が立法や政府統制にかかわる以上、評価の見地を常に有すると言えるにせよ、その活動は情報収集、統制および評価を混合したものである。また、そこに含まれる評価も厳密な意味での評価ではなく、評価的判断にすぎないと言われる。(46) 議会による統制は、政府とそれに従属する行政の活動を対象とし、究極的には政府の政治責任を追及する政治的次元での事後的な審査である。(47) これに対して、評価は、科学的分析道具の援用と評価機関の独立性を前提にして、獲得された成果、確認された効果を測定することである。(48) 統制と評価はまったく異なるものであり、混同されてはならない。また、評価と政治的次元の判断が混入した評価的判断は区別されなければならないのである。もちろん、議会も派遣調査団や調査委員会の評価的活動の問題点には気づいていた。後述する議会立法評価局を創設する法律案の委員会報告書は、次のように述べていた。すなわち、活動範囲が限定されている議会科学的技術的選択評価局は別にして、議会は十全かつ客観的な評価を行うために満足のいく手段を持っていない。厳密な意味での評価は、方法的には科学的分析装置を、また、制度的には評価機関の独立性を前提とする。科学的方法を利用して活動する評価者と好きなように評価を利用しうる政治家との間には、明確に一線が画されていなければならない。従来の議会の評価装置はたいていの場合、この条件を尊重していない。したがって、議会は評価的判断ではなく真の評価を行うのに必要な手段を持たなければならない、と。(49)

最後に、国民議会の興味深い試みを挙げておく。すなわち、国民議会は一九九〇年六月一五日の規則改正により、エコロジー・バランスシートの手法を導入した。これについて国民議会規則八六条七項は、「その施行が自然に対する影響を持ちうる政府法案または議員法案に関する委員会報告は、エコロジー・バランスシートを付録として含む。それは提案されている立法の影響、特に環境、天然資源およびエネルギー消費に対する影響に関する情報をもって作成される」。この手法は対象事項が限定されているとしても、まさに立法手続に埋め込まれた立法の事前評価にほかならない。ただし、この手法は規則改正の際に反対されはしなかったが、議員の間には大きな懐疑を引き起こしたとも言われる(50)。

(33)　調査委員会が有する権限は、議院運営オルドナンス六条によれば、以下の通りである。①調査委員会は、会計検査院に調査を依頼することができる（議院運営オルドナンス六条二項一段）。②調査委員会報告者は、文書についてまたは現場で調査を行う。その調査に有用である情報はすべて報告者に提供されなければならない。報告者は、秘密の性質を有する文書および国防、外交問題、国家の内的あるいは外的安全に関する文書を除き、および司法権と他の権力との分離の原則を尊重することを留保して、すべての官庁の文書に関する情報の提供を受けることができる（同六条二項二段）。文書提出の拒絶には、六ヵ月以上二年以下の禁固および三千フラン以上五万フラン以下の罰金が課せられる（同六条三項二段）。③調査委員会が喚問が有益であると判断したすべての者は、委員長の要求にもとづいて、必要があれば衛視あるいは警察官により、その者に公布される召喚状に従わなければならない。一六歳以下の未成年者を除いて、すべての者は、宣誓をして喚問される。さらに、すべての者は、刑法典三七八条の規定を留保して、証言する義務がある（同六条二項三段）。出頭しない者あるいは調査委員会の前で宣誓若しくは証言を拒絶する者は、六ヵ月以上二年以下の禁固および三千フラン以上五万フラン以下の罰金を課せられる（同六条三項一段）。偽証および偽証教唆の場合には、刑法典三六三条および三六五条がそれぞれ適用される（同六条三項四段）。

(34)　調査委員会の活動の秘密に関する規定は、議院運営オルドナンス六条によれば、以下の通りである。①調査委員会が行なう喚問は、公開される。委員会は、その選択する方法によりこの公開を行なう。ただし、委員会はこれを非公開とすることを決定することができる（議院運営オルドナンス六条四項一段）。②関係議院は、秘密会を構成した後、調査委員会の報告書の全部あるいは一部の公表を認めないことを特別な議決により決定することができる（同六条四項二段）。③調査委員会の非公開の活動に関する情報を三〇年間以内に漏洩しあるいは公表する者は、委員会の活動の終了の際に公表された報告書がこの情報を引用している場合を除いて、刑法典三七八条に規定された刑罰を課されることになる（同六条四項三段）。

(35) C. Braud, op.cit., p.9.

(36) ibid., p.9.

(37) Pierre Claret de Fleurieu,“ L'expérience de l'office parlementaire d'évaluation des choix scientifiques et technologiques” , dans A.Delcamp, J.-L. Bergel et A.Dupas, Contrôle parlementaire et évaluation , op.cit., pp.77-78.

(38) C. Braud, op.cit., p.9.

(39) P.-C. de Fleurieu, op.cit., p.78.

(40) ibid., p.77.

(41) C. Braud, op.cit., p.9.

(42) A. Miaboula-Milandou, op.cit., p.48.

(43) C. Braud, op.cit., p.9., A. Miaboula-Milandou, op.cit., p.47.

(44) C. Braud, op.cit., p.9.

(45) Assemblée nationale, Rapport n° 2161, 1995, p.9.

(46) ibid., p.10.

(47) この点、大石眞「フランスの議会による行政統制」フランス行政法研究会編『現代行政の統制』（成文堂、一九九〇年）二四五―二四六頁参照。

(48) Jacques Chevallier, “L'évaluation législative, un enjeu politique”, dans A.Delcamp , J.-L. Bergel et A.Dupas, Contrôle parlementaire et évaluation , op.cit., p.14 et p.20.

(49) Assemblée nationale,Rapport n° 2161, 1995, p.10.

(50) J.Chevallier, op.cit., p.17.

四　議会立法評価局・議会政策評価局による評価

(一)　議会立法評価局の概要

これまで議会により行われてきた立法評価・政策評価の不十分さを埋めるために、一九九五年に議会立法評価局および議会政策評価局の創設が提案され、一年ほどの審議の後、一九九六年に両者の設置法が成立した。(51)ここではまず、議会立法評価局および議会政策評価局の設置法である二つの一九九六年六月一四日の法律にそって両者の仕組みを見ておこう。なお、両者はいわば双子の機関であるから、その仕組みはほぼ同一であるが、異なる点もあるので別々に記しておく。

「議会立法評価局を設置する一九九六年六月一四日の法律（loi n° 96-516）」は、一九五八年一一月一七日の議院運営オルドナンスに議会立法評価局にかかわる六条の四を追加した。

(1)　職　務

議会立法評価局の職務は、常任委員会の権限を侵害することなく、立法が規律する状況に対するその適切さを評価するために、情報を収集し調査を行うこと、および立法を簡素化することである（議院運営オルドナンス六条の四第一項二段・三段）。(52)第一の職務は立法評価であるが、当初の国民議会の提案では、法律の施行統制もその職務に含まれていた。(53)しかし、元老院の反対により、法律の施行統制は従来通り常任委員会に任されることになった。第二の職務は立法の簡素化であるが、法典化については、これまで政府の機関である法典化高等委員会（commission supérieure de codification）が中心的役割を担ってきた。それは一九八九年以来、三〇〇本の法律を一〇の法典に再編するといった作業を行ってきた。今後は、議会立法評価局が法典化高等委員会の活動を補完し、立法の簡素化の提案をすることにより、常任委員会の作業を準備することになる。また、立法の簡素化に関するイニシアティブをとることも期待される。[54]

(2)　構　成

議会立法評価局は、国民議会と元老院にそれぞれ設置される二つの議会代表団から組織される（同六条の四第一項一段）。当初の国民議会の提案では、議会科学的技術的選択評価局のように両議院の同数の議員による単一の議会代表団の形式がとられていたが、[55]両議院の多数派の政治的相違により議会立法評価局の活動が暗礁に乗り上げないようにする必要があるという元老院の反対により、両議院にそれぞれ設置される二つの議会代表団から議会立法評価局が組織されることになった。かくして、議会立法評価局の二元的組織化と一元的運営が原則とされたのである。[56]

これらの議会代表団は、法定構成員たる法律委員会委員長および各常任委員会の一名の委員、法定構成員を考慮して、比例代表を確保するように各院内会派により任命された八名の構成員から構成される。国民議会議員は、各立法期の開始時に議員の任期をその任期として任命される。元老院議員は、部分改選後にそのつど任命される。国民議会の法律委員会委員長と元老院の法律委員会委員長が、一年ごとに交互に議会立法評価局の委員長となる（同六条の四第二項）。ここには議会立法評価局内での法律委員会の優位が見られる。

(3)　活　動

議会立法評価局は、各議院の理事部自体の発議もしくは会派の長の要請に基づき各議院の理事部により、また、特別委員会もしくは常任委員会により付託される（同六条の四第三項）。議会科学的技術的選択評価局と同様に、議会立法評価局の自己付託権は認められていないので、それだけその自律性が弱められている。この点、当初の国民議会の提案では、活動の独立性と恒常性を保障するものとして議会立法評価局の自己付託権が認められていたのであるが、[57]元老院の反対により認められなかったのである。[58]

議会立法評価局の活動は、付託を行った者に通知される（同六条の四第五項）。規定の文言上、その活動の公開原則は不明確である。

議会立法評価局は、その職務を行うために、外部の専門家に支援を求めることができ、調査の対象となる立法を執行する責務のある行政部局に対する調査および当該立法が適用される職能団体や関係する公衆に対する調査を行わせることができる（同六条の四第四項）。国民議会に提出された法律案は、議会科学的技術的選択評価局のように専門家の補助機関として司法官、コンセイユ・デタの構成員、大学教員からなる法律審議会を置くとしていた。しかし、国民議会の委員会は、法律でこれを明確に規定せず、必要に応じて適切な法律などの専門家に支援を求めるほうが、柔軟で効率的な運営ができると考えたので[59]、法律審議会のような専門家の補助機関は法定されなかった。

(4)　その他

議会立法評価局は、両議院の理事部の承認に付される内部規則を作成する。また、その経費は、議会の支出として財源が与えられ、執行される（同六条の四第六項）。

㈡　議会政策評価局の概要

「議会の情報権を拡大し、議会政策評価局を設置する一九九六年六月一四日の法律（loi n° 96-517）」は、一九五八年一一月一七日の議院運営オルドナンスに議会政策評価局にかかわる六条の五を追加した[60]。

(1)　職　務

議院運営オルドナンス六条の五には、議会政策評価局の職務が明確に規定されていない。これは国民議会が考える議会政策評価局の職務と元老院が考えるそれとが一致しなかったことによる。すなわち、当初、国民議会は、政策全般に対する事前評価と事後評価、および政策の目的達成手段の研究を議会政策評価局の職務と考えていた[61]。これに対して、元老院は、政策全般の経済的財政的効果を事後的に評価することをその職務と考えていた。結局、明確に議会政策評価局の職務を規定することは断念され、議会「政策評価」局という名称の中にその職務が含意されていると説明されることとなった。[62]

(2) 構　成

議会政策評価局は、国民議会と元老院にそれぞれ設置される二つの議会代表団から構成される（同六条の五一項）。単一の議会代表団とされなかったのは、議会立法評価局について述べたのと同じ事情による。

これらの議会代表団は、法定構成員たる財務委員会の委員長と総括報告者ならびに各常任委員会の一名の委員、法定構成員を考慮して、比例代表を確保するように各院内会派により任命された八名の構成員から構成される。国民議会議員は、各立法期の開始時に議員の任期をその任期として任命される。元老院議員は、部分改選後にそのつど任命される。国民議会の財務委員会委員長と元老院の財務委員会委員長が、一年ごとに交互に議会政策評価局の委員長となる（同六条の五第二項）。ここには議会政策評価局内での財務委員会の優位が見られる。

(3) 活　動

議会政策評価局は、各議院の理事部自体の発議もしくは会派の長の要請に基づき各議院の理事部により、また、特別委員会もしくは常任委員会により付託される（同六条の五第三項）。本議会局の活動は、付託をした者に通知される（同六条の五第五項）。議会政策評価局の自己付託権が認められていないこと、および活動の公開性に不十分さが残っていることは、議会立法評価局の場合と同じである。

議会政策評価局は、その職務に役立つあらゆる行政的財務的情報を通知される。また、国防、外交、国の内外の安全に関する秘密の性質を持つ主題と司法権と他の権力の分立原理を留保して、その性質がいかなるものであろうと関係部局のあらゆる文書を通知される。調査を実施するために、本議会局は、関係する領域において学識に応じて選ばれた個人または団体に支援を求めることができる（同六条の五第四項）。

(4) その他

議会政策議会局は、両議院の理事部の承認に付される内部規則を作成する。また、本議会局は、両議院により等しく与えられる予算を処理し、その経費は議会の支出として財源が与えられ、執行される（同六条の五六項）。

(三) 若干の問題点

議会立法評価局と議会政策評価局の活動はまだ始まったばかりであり、今のところ、立法評価に関しては、「非営利団体による市民活動の実践」（一九九九年）[63]について、政策評価に関しては、「フランス映画への公的助成：成功の代価」（一九九八年）[64]、「雇用に関する企業への公的助成：総括と展望」（一九九九年）[65]、「フランスにおける外国からの投資：公的促進装置の評価」（一九九九年）[66]について評価報告書が公表されているにすぎない。したがって、ここでは、議会立法評価局と議会政策評価局の設置過程および発足時に指摘されていた問題点について検討しておく。

第一に、議会立法評価局と議会政策評価局の活動の実効性についてである。すでに見たように、両議会評価局は、その活動の独立性・自律性に不可欠な固有の自己付託権を認められていない。付託権を持つのは各議院の議院理事部、常任委員会および特別委員会であり、各院内会派はその長を通じて議院理事部に付託を要請しうるにとどまる。両議会評価局の構成には各院内会派の比例代表が確保されているとしても、その活動の出発点で与党多数派に支配されている議院理事部と委員会が付託権を独占している以上、政府・与党多数派にとって不都合な主題は取り上げられないのではないかというおそれがある。また、議院理事部や委員会が両議会評価局に付託される案件をふるいに掛けうるわけであるから、その数はあまり多くはならないだろうと言われている[67]。やはり、両議会評価局が活発に活動するためには自己付託権が不可欠であったと思われる。もちろん、評価活動には相当な費用がかかるので、財政的な制約が課されるのは当然である[68]。

また、活動の実効性との関連で、両議会評価局の権限も問題となる。両議会評価局は議院の委員会ではないので、当然、法律案を審議する権限は持たないが、評価活動の結果として、既存の法律の改正や新規の立法を提案することはできるはずである。しかし、両議会評価局とも法律発議権を与えられてはいないので、その提案は法律発議権を持つ議員や政府に対する法的効力を持たない事実上の提案にとどまる。したがって、両議会評価局の評価活動が実効性を持ちうるか否かは、その評価活動に対する議員や政府の対応如何にかかっている。結局、議会の評価局の意見は、政府の評価機関の提案よりも軽視されるおそれがある(69)。

第二に、議会評価局間での権限配分が問題となる。さしあたり、活動範囲が科学技術領域に限定されている議会科学的技術的選択評価局との競合の可能性は小さいと言えるが、議会立法評価局と議会政策評価局の間では競合の可能性が大きいように思われる。たしかに、一方は立法評価、他方は政策評価が職務であるから、言葉の上では権限配分が明確であるようにも見える。しかし、現代国家において、法律はより大きな政策プログラムに組み込まれたその一つの実現手段となっている。したがって、政策評価は必然的に立法評価を含むことになる(70)。同様に、立法評価は法律が実現しようとしている政策の評価も含むはずである。この点、議会立法評価局の設置法案を審査した国民議会の委員会報告では、次のように説明されていた。すなわち、「議会立法評価局が明らかに議会政策評価局の権限に属する主題に関して評価することは理論上可能であろう。実際には、そのような権限争いは考えがたいと思われる。立法評価局の介入範囲は、『法的な事項』—司法制度や民事立法のような—、あるいは立法の法的側面に限定されよう。他方、経済的、社会的および予算上の主題を検討することは、議会政策評価局に属すだろう(71)」。

ところで、議会立法評価局と議会政策評価局の間での権限配分が問題となるのは、そもそも立法評価と政策評価に応じて二つの議会評価局を設置したからである。このように立法評価と政策評価を分離したのは、一つには原案で立法評価局に法律の施行統制の職務も負わせていたからであると思われる。しかし、法律の施行統制の職務は常任委員会に残されたのであるから、あえて議会立法評価局と議会政策評価局を別個に設置しなくてもよかったようにも思われる。

最後に、評価の客観性が問題となる。これについては、「評価の客観性は、評価が厳格に独立していることを前提とする。この点で、評価は、時の権力にも、関係する組織や利益団体にも服従させられない評価機関を必要とする。評価機関はその中立性や権限が保障されるように構想されなければならず、また、それぞれの分野で評価されている人物により構成されなければならない」との指摘がなされている。(72)それでは、議会立法評価局と議会政策評価局は、この指摘に含まれる要請を充たしているだろうか。かなり疑問が残ると言わざるをえない。というのは、すでに触れた議会科学的技術的選択評価局の評価報告書の場合と同様に、議会立法評価局と議会政策評価局の評価報告書は、調査研究を依頼された外部の専門家によってではなく、議員により作成されるからであり、それゆえ、その評価報告書には政治的次元での価値判断が混入するからである。当然、その政治的価値判断は主として国民議会の与党多数派の立場からのものとなろう。元老院が、議会立法評価局と議会政策評価局がそれぞれ各議院の議会代表団から構成されることにこだわったのも、まさにこのことにかかわっている。(73)やはり厳密な意味での評価を行うためには、評価作業に議員が深くかかわらないほうが適切であると言えよう。評価のための資料収集などの面で議員が援助するにとどめ、評価そのものは外部の専門家に委ねるといった方式が望ましいと言えよう。

(51)　議会立法評価局および議会政策評価局の設置までにおよそ一年間の審議を必要としたのは、新しい議会の評価機関を設置することの必要性や時宜性について、またどのようなものにするのかについて意見の対立があったからである。とりわけ、元老院では新しい評価機関が常任委員会の権限を侵害するのではないかとの懸念が強かった（C. Braud, op. cit., p.10.）。それゆえ、議会立法評価局の職務に関する議院運営オルドナンス六条の四第一項二段に「常任委員会の権限を侵害することなく」という留保が付け加えられたのである。

(52) Assemblée nationale, Rapport n° 2161, 1995, pp.10-11.
(53) C. Braud, op. cit., p.10.
(54) Assemblée nationale, Rapport n° 2161, 1995, pp.11-12.
(55) ibid., p.14. なお、議会代表団という形式がとられるのは、憲法四三条により議院の常任委員会の数が六つに限定されており、新規の常設機関を設置することに疑義が存するからである。議会代表団については、福岡英明「現代フランス議会における新しい行政統制機関—délégation parlementaire について—」中央大学大学院研究年報一七号Ⅰ—一法学研究科篇（上）、一九八八年二七頁以下を参照。
(56) C. Braud, op. cit., p.10.
(57) Assemblée nationale, Rapport n° 2161, 1995, p.16.
(58) C. Braud, op. cit., p.11.
(59) Assemblée nationale, Rapport n° 2161, 1995, p.15.
(60) 「議会の情報権を拡大し、議会政策評価局を設置する一九九六年六月一四日の法律（loi n°96-517）」は、表題からもわかるように議院の常任委員会の情報権も強化した。これにより、一九五八年一一月一七日の議院運営オルドナンスに常任委員会の情報権にかかわる五条の二と五条の三が追加された。五条の二は、「①特別委員会または常任委員会は、秘密の性格をもつ主題および国防、外交、国家の内外の安全に関する主題を留保し、司法権と他の権力の分立原理を尊重して、聴聞が必要であると判断するあらゆる者を喚問することができる。②喚問の拒絶は、五万フランの罰金に処せられる」とし、五条の三は、「常任委員会または特別委員会は、それが属する議院に、第六条以下により調査委員会に付与された権限を、一定の職務のために、六ヵ月を超えない期間、本条に定められた条件と制限において、自らに与えることを要求することができる」と規定する。
(61) Sénat, Rapport n° 361, 1996, pp.12-13.
(62) ibid., p.8.
(63) Assemblée nationale, Rapport n° 1583, 1999.

(64) Assemblée nationale, Rapport n° 1107, 1998.
(65) Assemblée nationale, Rapport n° 1547, 1999.
(66) Assemblée nationale, Rapport n° 1576, 1999.
(67) C. Braud, op. cit., p.11.
(68) 一件の評価につきおよそ五〇万フランかかると言われている。両議会評価局の予算は筆者には不明であるが、議会科学的技術的選択評価局の場合、およそ二〇〇万フランである（Assemblée nationale,Rapport n° 2161, 1995, p.17.）。
(69) A. Miaboula-Milandou, op.cit., p.61.
(70) J.Chevallier, op.cit., pp.19-20.
(71) Assemblée nationale, Rapport n° 2161, 1995, p.13.
(72) Jean-Louis Bergel,"Problématique et méthode de l'évaluation législative", dans A.Delcamp , J.-L. Bergel et A.Dupas, Contrôle parlementaire et évaluation , op.cit., p.199.
(73) C. Braud, op. cit., p.12.

むすびにかえて

これまで、フランスにおける政府と議会による立法評価と政策評価の仕組みについて概観してきた。最後に、若干補足してむすびにかえたい。

まず、同じ立法や政策について政府と議会がそれぞれ別個に評価を行うのは不経済であり、また、かえって混乱を生むのではないかとも考えられうる。しかし、この程度の評価機関の多様性は許容されうるであろう。むしろ、異なる評価を突き合わせることが、評価の科学性や客観性に資するのではなかろうか。

また、評価が実際的な意味を持つか否かは、評価の利用者である議会や政府が提供された評価を踏まえて既存の法律を改正し、政策を修正するか否かにかかっている。しかしながら、それを担保する装置は欠けていると言わざるをえない。今後の運用に注目したい。

〔追記〕

「二　政府・外部機関による立法評価・政策評価」中の「(一)政府による評価」の箇所で言及した「公共政策の評価に関する一九九〇年一月二二日のデクレ」は、「公共政策の評価に関する一九九八年一一月一八日のデクレ（n°98-1048）」により廃止され、これにより、現在の政府の評価制度は、このデクレによって規定されている。これによれば、評価関係閣僚会議は廃止され、首相が評価プログラムの決定権者となり、評価の迅速化が図られている。この評価プログラムは、かつての評価科学評議会が改組された評価国家評議会（Conseil national de l'évaluation）により提案される。計画総局は従来通り評価実務を担当する補助機関となっている。「公共政策の評価に関する一九九八年一一月一八日のデクレ」（Décret n° 98-1048 du 18 novembre 1998 relatif à l'évaluation des politiques publiques, J.O.,20 novembre 1998, p.17531.）は、以下の通りである。

「一条　本デクレの意味で、公共政策の評価は、各省にまたがる枠組みにおいて、定められた目的および利用される手段とその結果を比較することによって、この政策の効果を判定することを目的とする。

二条　評価国家評議会と計画総局は、以下に定められる条件で、国、地方公共団体およびそれらの公施設法人により実施される公共政策の評価に協力する。

三条　評価国家評議会は、以下の条件でデクレにより三年の任期で任命される一四名の構成員から構成される。

—評価に関する能力および経済学、社会学または行政学の領域における能力の故に選ばれた六名の学識経験者

—コンセイユ・デタにより指名されたコンセイユ・デタの一名の構成員

―会計検査院により指名された会計検査院の一名の構成員
―経済社会評議会により指名された経済社会評議会の三名の構成員
―市町村長、県議会議長および地域圏議会のそれぞれ代表的な団体によりなされた提案に鑑みて指名された一名の市町村長、一名の県議会議員および一名の地域圏議会議員

構成員の職務は一回更新されうる。

評価国家評議会の議長は、同評議会の提案に基づいて、その構成員の中からデクレにより任命される。

評価国家評議会は、必要がある場合、外部の専門家を利用できる。

四条　評価国家評議会は、毎年、翌年の評価プログラムを首相に提案する。

このために、評価案が、首相、大臣、コンセイユ・デタ、会計検査院、経済社会評議会、メディアトゥールにより、ならびに地方公共団体が処理する政策については地方公共団体および第三条で言及された公選者の団体により、評価国家評議会に送付されうる。

評価プログラムは、取り上げられた評価案を列記し、それらの内容ならびにそれらが選択されたことを正当化する理由を説明する。評価プログラムは、各評価案ごとに、評価を指揮する責務のある評価機関の構成様式、その実施方式、評価を行う責務のある公的または私的作業者が選ばれた基準、その実施期間、その費用およびその財務方式を正確に述べる。

評価の実施条件は、それ自体により、その同意がなければ、地方公共団体が負う新たな義務を生み出すことはできない。

評価プログラムは、首相により定められ、官報で公表される。

評価国家評議会は、それが取り上げなかった評価案のリストを首相に送付する。

五条　評価機関は、評価国家評議会に報告書を提出する。評価国家評議会は、一二ヵ月で実施された作業の質に

関する意見を作成する。次いで、評価国家評議会は、この意見を付した報告書を、関係する国の行政機関、地方公共団体または公施設法人に送付する。これらの関係機関は、この報告書に関する検討結果を三ヵ月以内に評価国家評議会に告知する。

この期間満了時に、評価報告書は公表される。それは付録として、前条第三段で定められた評価プログラムの諸要素、評価国家評議会の意見および関係する国の行政機関、地方公共団体または公施設法人の回答を含む。

六条　評価国家評議会は、年次活動報告書を首相に提出する。それは公表される。

七条　その職務を達成するために、評価国家評議会は、国の行政機関、地方公共団体およびそれらの公施設法人により、評価の指揮に関するあらゆる方法論的問題について諮問されうる。

八条　計画総局は、評価国家評議会の事務局となる。評価機関を設置すること、評価作業を監督することおよびその公開を確保することは、計画総局の責務である。それは、国に関係する評価に対する結論を首相に提案する。

計画総局は、特にフランスおよび外国で実施されている評価方法および評価技術に関する情報を収集し、普及させることにより、行政における評価の発展を促進する。それは、この領域における教育に貢献する。それは、毎年、首相および評価国家評議会にその活動を報告する。

九条　評価発展国家基金が首相の下に設置される。

この基金の予算は、首相の部局、計画総局の予算に記載される。それは協力基金の手続により増額されうる。

一〇条　本デクレは、マイヨット（Mayotte）領土自治体およびサン・ピエール・エ・ミクロン（Saint-Pierre-et-Miquelin）領土自治体に適用されうる。

一一条　公共政策の評価に関する一九九〇年一月二二日のデクレ（n° 90-82）は廃止される。

一二条　首相、内務大臣および公職・国家改革・地方分権大臣は、それぞれの所管に関して、官報で公表される本デクレの執行に責任を負う。」

なお、本デクレは、一九九八年一二月二八日の首相の通達により、かなり詳細に注釈が加えられている(Circulaire du 28 décembre 1998 relative à l'évaluation des politiques publiques, J.O., 12 février 1999, p.2239.)。

また、同様に、「二　政府・外部機関による立法評価・政策評価」中の「(一)　政府による評価」の箇所で言及した「政府法案およびコンセイユ・デタの議を経るデクレ案に伴うインパクト研究の実験に関する一九九五年一一月二一日の通達」によるインパクト研究は、当初、一九九六年一月一日から同年一二月三一日までの一年間行われるとされていた（コンセイユ・デタの議を経るデクレについては、同年七月一日から半年間行われる）。その後、コンセイユ・デタと公役務の費用と効率に関する調査中央委員会のそれぞれの報告書を踏まえて、「政府法案およびコンセイユ・デタの議を経るデクレ案に伴うインパクト研究に関する一九九八年一月二六日の通達」(J.O.du 6 février 1998, p.1912.)により、インパクト研究は恒久化された。

第六章　実験的法律

はじめに

社会が高度に複雑化し、国家に求められる職能が市民社会の基本的な秩序の維持にとどまらず、むしろあらゆる領域に国家の介入が求められるようになった現代国家において、法律は以前と異なる相貌を呈するようになった。すなわち、古典的法律と現代的な介入主義的法律との間には、その機能、構造、形成・執行過程において大きな相違が見られる。まず、介入主義的法律の機能は、一定の価値をもっぱら維持することにあるのではなく、社会的現実を修正するための道具となることにある。また、その構造について言うと、法律は安定した恒久的な規範の総体ではなく、むしろ変動する現実に常に適合しなければならないプログラムであると考えられるようになっている。さらに、その形成過程と執行過程は、非連続的で直線的なものではなく、連続的でサイバネティックなものになっている[1]。要するに、法律は多種多様な政策のそれぞれの一部となり、それに伴い法律の数は爆発的に増加し、かつ、恒久的なものと考えられた法律が頻繁な改正を被る暫定的過渡的な性格をしばしばまとうようになった。このような状況の中で、本来的に過渡的なものとして制定される実験的法律が登場してくる。本章では、フランスにおける実例を素材にして、実験的法律にかかわる諸問題を考察してみたい[2]。

(1) Charles-Albert Morand, "L'obligation d'évaluer les effets des lois", dans Charles-Albert Morand(sous la direction de), Évaluation législative et lois expérimentales,Presses Universitaires d'Aix-Marseille, 1993, p.103.

(2) ドイツにおける実験的法律については、大橋洋一「実験法律の法構造」西谷剛他編『政策実現と行政法』(有斐閣、一九九八年)二一頁以下参照(後に、大橋洋一『対話型行政法学の創造』(弘文堂、一九九九年)所収)。

一 実験的法律の実例

伝統的に法律は、改廃の可能性が残されているにしても、確定的な規範として制定されてきた。これに対して、後述するように、実験的法律は、暫定的な時限立法であり、期限満了時に立法評価を踏まえた新たな判断(改正、廃止、維持)が予定された立法である。フランスにおける実験的法律の実例としては、以下のようなものがある。

(1) 私学助成

私立学校への国庫助成の問題は、政教分離にかかわる問題でもあり、第四共和制においては世論を二分するイデオロギー的対立を含んだ重大な政治的争点であった。この問題を解決するために制定された「国家と私立学校との関係に関する一九五九年一二月三一日の法律」(loi n° 59-1557)は、私立学校への無条件の助成という助成推進派の要求も教育の国有化という助成反対派の要求も容れず、国庫助成の大きさに応じて国の監督も強くなる方式をとり、私立学校に対して以下の四つの選択肢を示した。第一に、「契約外私立学校」であり、この場合、国の監督は、校長および教員の所定資格、学校の責務、公序良俗の尊重、保健上および社会上の予防に限定される(同法二条)。第二に、「公教育への統合」であり、この場合、在職する教員は正規の公務員または契約教員としてその地位を保持する(同法三条)。第三に、「協同契約」であり、この場合、教育は公教育の規則および教育課程に従って行われ、公教育の教員または国と契約を結んだ教員に委ねられる。運営費は公教育と同一の条件で国により負担される（同法四条）。第四に、「単純契約」であり、この場合、教員の給与は国により負担されるが、運営費は負担されない。ただし、国の監督は協同契約の場合よりも緩やかである（同法五条）。単純契約制度は同法の審署後、九年間に限り締結される。ただし、三年を超えない期間について延長されうる。文部大臣の下に設置される全国調停委員会は、単純契約制度の期限満了前に、本法の適用に関する報告書を提出する。政府は、単純契約制度の延長、改正またはこれに代えるための新たな規定を議会に付託する（同法九条）。[3]その存続期間が原則として九年間とされた単純契約制度にかかわる条項（同法五条、九条）がまさに実験的条項である。単純契約制度は、その後三度延長され、ほぼすべての初等私立学校がこれを選択したことに鑑み、初等私立学校については一九七一年六月一日法律により恒久立法化された。[4]

(2)　妊娠中絶

旧刑法三一七条は堕胎罪を定めていたが、一九六八年以降は大半の事件で執行猶予付きの宣告がなされ、一九七四年には起訴がゼロ件となり、法の運用は非犯罪化の方向に進んでいた。他方、一九七〇年代のはじめ頃から妊娠中絶の自由化をめぐって賛成派と反対派の間で激しい論戦が繰り広げられ、とりわけ、一九七二年のマリ・クレール事件といわれる妊娠中絶裁判は世間の関心を集めた。一九七三年に政府は一定の条件付きで妊娠中絶を認める法案を提出したが、これについては与党多数派の中でも賛否両論があり、成立には至らなかった。一九七四年に大統領に就任したジスカール・デスタンは、妊娠中絶を認める立場をとり、これを受けて政府法案が提出され、国民議会では与党多数派が分裂したが、野党の賛成を得て可決された。[5]こうして制定された「妊娠中絶に関する一九七五年一月一七日の法律」（loi n°75-17）は、二条で「本法の公布から五年間、妊娠中絶が公衆健康法典一七六条の規定を充たす公的医療施設または私的医療施設において医師により第一〇週の終わりまでに実施される場合、刑法典三一七条の一項から四項の規定の適用は停止される」とした。[6]かくして、議会は五年のテスト期間終了時に改めて立法判断を行うことが求められたのである。その後、同法は一九七九年一二月三一日法律（loi n°79-1204）により若干の改正を付加されて、恒久立法化された。

(3)　労働者の意見表示権

一九八一年九月に公表された労働大臣J・オルーの報告書「労働者の権利」は、同年に誕生したミッテラン政権の重要政策の一つである労働者の権利の拡大政策の骨子を示すものであった。(7) この報告書に基づいて一九八二年に制定された四つの法律が「オルー法」（lois Auroux）と総称されるが、(8) そのうちの一つが「企業における労働者の自由に関する一九八二年八月四日の法律」（loi n° 82-689）である。(9) この法律は、就業規則と懲戒権に関する労働法典の規定を改正するとともに、労働法典第四巻に第六編「労働者の意見表示権」（L四六一条の一からL四六一条の三）を暫定的に挿入した。これによれば、労働者は、労働の内容と組織化、企業内における労働条件の改善について直接的かつ集団的な意見表示権を保障される。二〇〇人以上の労働者を使用する企業では、意見表示権の行使方式は、使用者とその企業における代表的な組合組織との間で締結される協定により定められる。労働者二〇〇人未満の企業では、この協定を締結することは義務づけられていないが、これについての労使交渉がもたれないときは、企業長は意見表示権の行使方式について労働者側に諮問しなければならない。また、労働者五〇人以上の企業は、本法の審署から二年以内に労働法典第四巻第六編の適用に関する結果の分析を労働者側の意見を添えて労働監督官に提出することが義務づけられている。労働者の意見表示権に関する規定が実験的条項であることは、一九八二年八月四日法律一〇条が「①政府は、労働法典L四六一条の一からL四六一条の三までの適用に関する報告書を、一九八五年六月三〇日までに、議会に送達する。②その報告書の結論を斟酌して、一九八五年一二月三一日までに、L四六一条の一に示された企業における労働者の意見表示権の行使方式を、法律で決定すべきものとする」と規定している点に示されている。要するに、三年ほどの実験期間が設定され、その間の運用状況を踏まえて、労働者の意見表示権の行使方式について法律が改めて制定されるとされたのである。(10) その後、ここにいう法律として、一九八六年一月三日の法律が制定された。同法の五条は、政府が労働者の意見表示権の施行調査を行い、三年ごとに議会に報告書を提出しなければならないとしている。

⑷　参入最低所得保障制度

フランスでは、一九七〇年代半ばに深刻化した失業問題が、景気が回復した一九八〇年代も沈静化せず、長期の失業者や従来の社会扶助の対象とならない低所得者に対する対策が求められていた。すでに一部の地方公共団体では一般的な最低所得保障が実施され、これを国レベルでも導入することが議論されていたところ、一九八八年の大統領選挙に際して、ミッテランはこれを公約に掲げ、再選を果たした。[11] この公約を受けて、「参入最低所得保障に関する一九八八年一二月一日の法律」（loi n°88-1088）が制定された。同法一条は、「年齢、身体的または精神的状態、経済状況および雇用状況のために労働することができないすべての者は、公共団体から適切な生存手段を得る権利を持つ。困難な状況にある者の社会的職業的参入は、国家的要請である。このために、本法により定められた条件で実施される参入最低所得保障が制度化される。この参入最低所得保障は、特に教育、雇用、職業訓練、健康および住宅に関する領域におけるあらゆる形態の排除をなくそうとする貧困に対する闘争に関する全体的装置の一つの要素である」と規定する。参入最低所得保障制度は、その名称からも理解されるように、最低所得保障と社会的職業的参入を関連づけている点に特色がある。最低所得保障の受給者は原則として二五歳以上の者であり、最低所得基準と受給者の所得の差額が給付される。受給者とその家族は地域参入委員会と参入契約を結び、行政機関や私企業での一定期間の就労および職業訓練が職業的参入措置として提供される。また、受給者は社会的参入措置として医療や住宅などの援助を受ける。同法五二条は、以上の措置は一九九二年六月三〇日まで施行され、同日までに政府は議会に評価報告書を提出しなければならず、この評価報告書の結論を考慮して政府は必要と思われる改正を行う法案を提出するものとした。この実験的法律の評価を行う機関として、全国評価委員会が設置され、一九九二年三月一一日に評価報告書が提出された。[12] その後、参入最低所得保障制度は、一九九二年七月二九日法律（loi n°92-722）により給付対象の拡大と社会的職業的参入措置の強化が図られ、恒久立法化され、さらに数次の改正を経ている。[13]

(5)　公務員のパートタイム労働

「国家公務員による半日制の勤務に関する一九七〇年六月一九日の法律」(loi n° 70-523) は、その法文の中に「実験」という文言は含まれていないが、明らかに半日制の勤務の実験を行うものであった。その対象は一定の行政機関に属し、一二歳未満の子を養育し、または配偶者や子を扶養していること等の要件を満たした正職員とされた。次いで、「公職におけるパートタイム労働に関する一九八〇年一二月二三日の法律」(loi n° 80-1056) は、一条で、「本法の審署から二年間、パートタイム労働の実験が、関係する専門同数委員会の意見を聞いた後に定められるデクレにより規定された省庁または部局で行われる」とした。パートタイム労働を希望する正職員は、半日以上のパートタイム労働が認められる。その期間は一年を超えることはできず、更新されえない。この期間が終わると、フルタイム労働に戻る。この実験は地方公共団体および公施設法人でも行われるとされた。さらに、「公職における労働時間の組織化、採用および異動に関する一九九四年七月二五日の法律」(loi n° 94-658) は、国家公務員と地方公務員についてパートタイム労働の実験を行うものである。その実験方式は、国家公務員については、「国の公職におけるパートタイム勤務の通年化の実験方式に関する一九九五年二月七日のデクレ」(décret n° 95-133) が定めている。この実験は、一九九五年一月一日から一九九七年一二月三一日まで行われ、総括報告書が一九九七年の第一四半期中に国家公務員高等評議会に提出されることとされた。

(6)　その他

近年の実験的法律としては、以下のものがある。すなわち、「一九九三年一二月二〇日の労働、雇用および職業教育に関する五カ年法律」(loi n° 93-1313)、「イニシアティブと個人企業に関する一九九四年二月一一日法律」(loi n° 94-126)[14]、「司法に関する一九九五年二月六日のプログラム法律」(loi n° 95-9)、「情報のテクノロジーと業務の領域における実験に関する一九九六年四月一〇日法律」(loi n° 96-299)、「ECレベルの企業および企業グループにおける労働者の情報および協議、ならびに団体交渉の促進に関する一九九六年一一月一二日の法律」(loi n°96-985)[15]などである。

（3） 以上、中村睦男「フランス一九五九年私学助成法の制定」北大法学論集三一巻三・四合併号下巻（一九八一年）二五七頁以下、中村英「フランス『私学助成法』改正経過一覧」東北学院大学論集（法律学）二九号（一九八六年）一三三頁以下参照。

（4） J.Chevallier, "Les lois expérimentales,le cas français", dans Charles-Albert Morand(sous la direction de), Évaluation législative et lois expérimentales, op.cit., p.133.

（5） 以上、上村貞美「フランスの妊娠中絶法」香川法学八巻一号（一九八八年）三六頁以下参照。なお、建石真公子「フランスにおける人工妊娠中絶の憲法学的一考察」東京都立大学法学会雑誌三二巻一号（一九九一年）二一九頁以下もある。

（6） 旧刑法三一七条一項から四項は、以下のように規定していた。訳は森下忠「フランス刑法典」（刑事裁判資料第一一六号、一九五六年）一〇七頁による。

① 食料、飲料、薬品、手術、暴行又はその他一切の方法をもって、懐胎の婦女又は懐胎していると想像している婦女を堕胎させ又は堕胎させようと試みた者は、婦女の承諾の有無を問わず、一年以上五年以下の拘禁及び十二万フラン以上二百四十万フラン以下の罰金に処する。

② 前項に定める行為を犯人が常習的に行うことが証明されたときは、五年以上十年以下の拘禁及び百二十万フラン以上四百八十万フラン以下の罰金に処する。

③ みずから堕胎をなし若しくは堕胎しようと試みた者又は堕胎の目的のために指示され若しくは調合された方法を使用することに同意した婦女は、六月以上二年以下の拘禁及び二万四千フラン以上四十八万フラン以下の罰金に処する。

④ 医師、免許医、助産婦、歯科外科医、薬剤師、医科学生、薬学科学生、薬局使用人、薬草販売人、ほう帯商、医療器商、看護夫、看護婦及びあんまが、堕胎の方法を指示し、容易にし又はみずから実施したときは、本条第一

項及び第二項に定める刑に処する。右のほか、犯人に対し、五年以上の就業禁止又は永久的な就業禁止を言い渡す。

(7)　オルー報告書については、保原喜志夫「オルー法とフランス労働法の新展開」日本労働協会雑誌三〇二号（一九八四年）三九頁以下参照。

(8)　いわゆるオルー法は、「企業における労働者の自由に関する一九八二年八月四日の法律」のほか、「従業員代表制度の発展に関する一九八二年一〇月二八日の法律」(loi n°. 82- 915)、「団体交渉および労働争議の調整に関する一九八二年一一月一三日の法律」(loi n°. 82- 957) および「衛生安全労働条件委員会に関する一九八二年一二月二三日の法律」(loi n°. 82- 1097) からなる。

(9)　「企業における労働者の自由に関する一九八二年八月四日の法律」の翻訳としては、保原喜志夫「オルー法と改正労働法（Ｉ）」日本労働協会雑誌三〇四号（一九八四年）六九頁以下がある。本稿でもこれを参照した。また、佐藤清「フランスにおける労働者権利の拡大―オールー法の成立によせて―」季刊労働法一二八号（一九八三年）一四六頁以下参照。

(10)　一九八二年八月四日法律の労働者の意見表示権の運用状況については、佐藤清「オールー法以後における企業内労使関係の展開」日本労働協会雑誌三三二号（一九八七年）五四頁以下参照。

(11)　以上、川口美貴「フランスにおける参入最低所得（revenu minimum d'insertion）制度」海外社会保障情報一一九号（一九九七年）三八頁以下、同「フランスにおける最低所得保障と社会的・職業的参入」静岡大学法政研究二巻一号（一九九七年）四七頁参照。

(12)　この評価報告書については、都留民子「フランスの貧困に抗する社会保護―参入最低限所得ＲＭＩ制度の分析を通じて―」白梅学園短期大学紀要二九号（一九九三年）七二頁以下、同「フランスの参入最低限所得（ＲＭＩ）制度の受給者」白梅学園短期大学紀要三二号（一九九六年）四七頁以下参照。

(13)　一九九二年一二月一六日法律（loi n°. 92-1336）、一九九四年七月二五日法律（loi n°. 94- 638）、一九九五年二月四日法律（loi n°. 95-116）、一九九七年一〇月一六日法律（loi n°. 97-940）、一九九八年七月二九日法律（loi n°. 98-657）、一九九九年七月二七日法律（loi n°. 99-641）、一九九九年一〇月二二日法律（loi n°. 99-894）。

(14) これについては、三井正信「立法紹介―個人的イニシアティブと個人企業に関する一九九四年二月一一日の法律第一二六号」日仏法学二〇号（一九九五年）一三四頁以下参照。

(15) これについては、奥田香子「立法紹介―ECレベルの企業および企業グループにおける労働者の情報提供および協議、ならびに団体交渉の促進に関する一九九六年一一月一二日の法律第九六―九八五号」日仏法学二二号（一九九九年）三〇二頁以下参照。

二　実験的法律の定義と実験の条件

(一)　実験的法律の定義

J・シュバリエは、実験的法律の問題を検討するには、それを狭く定義することから出発しなければならないと述べている。すなわち、あらゆる法律は一定の目的を達成し、一定の結果を獲得することを目指しており、常に将来に対する賭である。もし、期待された結果が達成されなければ、その法律は再検討される。したがって、広い意味で、あらゆる法律は実験的性格を示す。しかし、それでは実験的法律の問題を法律一般の問題に解消することになってしまうので、実験的法律は、以下の四つの要件を満たすものとして定義されなければならない。

第一に、法律の有効期限が定められていることである。これにより、実験的法律の暫定的性格が示される。

第二に、この期限が当該法律の中で最初から定められていることである。これにより実験であるという意思が保証される。

第三に、立法評価が行われることが定められていることである。これによりたんなる時限立法と区別される。

第四に、実験的法律の恒久化が、その立法評価を踏まえて行われる事後の法律の採択に従わされていることである。その意味で、実験的法律の制定は、事後に展開する複雑な立法過程の第一段階にすぎない。

要するに、実験的法律の特殊性は、その暫定的性格と立法評価の義務づけの結合にあり、どちらが欠けても実験的法律とはいえない。施行期間だけが規定され、評価と再審議が欠けている法律は、フィードバックのメカニズムが欠如しているので、実験的性格を持たない。反対に、法律の施行に関する報告書の付託義務が規定されているとしても、法律の有効期間が定められていなければ、それはたんなる立法調査、立法評価が問題になっているにすぎない。実験的法律にとって立法評価は不可欠な要素であるが、立法評価はそれ自体独立して行われうるものである。(16)

このように実験的法律を定義すると、それはいわゆる「プレ立法社会学」（sociologie pré-législative）(17)と区別される。プレ立法社会学は、立法を準備するための社会学的調査であり、フランスでは、それは一九六五年の婚姻制度の改革や一九六九年の相続と扶養義務の改革のために利用された。しかし、それは確定的規範を内容とする通常の法律の制定に先行する事前調査である。調査は実験と同視されうるものではない。また、実験的法律は、立法の予想されうる効果を計測するシミュレーションとも区別される。シミュレーションは、データに応じた数量的比較になじむ領域に適しているので、フランスでは特に租税立法に関して重要な手法となっている。たとえば、国により地方公共団体に支払われる総合運営基金を創設する一九七九年一月三日法律（loi n°79-15）および住居税や職業税の地方直接税の改革にかかわる一九七九年五月一四日法律（loi n°79-382）の準備段階でシミュレーションは重要な位置を占めた。しかしながら、シミュレーションは、実際には施行されない架空の実験である。(18)つまり、シミュレーションは法律の制定に先立つ「仮定の法的実験」であり、これに対して、実験的法律の場合の実験は規範の効果を評価することに結びついており、規範的効力を付与された法文の存在を前提とするので、実験的法律では「現実の法的実験」が問題である。この意味で、実験的法律は通常の確定的法律と同じ本質的属性を持つといえる。(19)

㈡　実験の条件

立法者は、実験の名の下に自由に実験的法律を制定することができるのであろうか。やはり、実験的法律といえども、通常の確定的法律と同じ規範的効力を持つ法文である以上、立法の実験を枠付けることが必要であろう。というのは、実験的法律が人権を侵害できないことは言うまでもないことであり、また、実験的法律が限定された地理的または人的範囲に適用される例外的な法制度の創設をもたらす場合、法律の一般性または平等原則とのかかわりで問題が生じうるからである。憲法院は、いくつかの判決の中で立法の実験の実施条件に言及してきた。

① まず、「科学的文化的および専門的性格の公施設法人に関する法律」に関する一九九三年七月二八日の判決において、憲法院は、以下のように違憲と判示した[20]。

すなわち、「立法者は、その結果に鑑みて、後に新しい準則の採択を可能とする……特例を含む実験を行うことができると定めることができる」。「しかしながら、これらの実験の性質と範囲、実験が企図されうる場合、実験がその維持、修正、一般化または廃止に通じる評価の対象とならなければならない条件と手続を正確に定めることは立法者の責任である」。しかるに、本法は、「実験の開始から三年の期限満了時に、大臣は評価を行わせることができる」と規定するにとどまり、「大臣は評価を義務づけられていない」し、「この評価の結果に鑑みて、大臣が実験を終了させうることが認められる条件を定めていない」。また、本法が規定する実験的な特例は、「その内容に関して、まったく正確さを欠き、まったく限定が付されていない」と。

このように憲法院は、実験的法律を承認しているが、それについては実験に起因する条件と法に起因する条件を課している。

第一に、実験に起因する条件であるが、実験が実験だけで終わってはならず、必ず評価を伴わなければならないとされている。「科学的文化的および専門的性格の公施設法人に関する法律」は、評価を規定していたが、それを大臣の権能とし、義務とはしていなかった。憲法院は、そのことを同法の違憲の理由の一つにしている。また、立法者は、実験が評価を経て、そのままあるいは修正されて継続されたり、範囲を限った部分的な実験から全体的な実験にされたり、取り止められたりする条件と手続を予め定めておかなければならないとされている。(21)

第二に、法に起因する条件であるが、憲法院は、同法が規定する実験的な特例の内容について、まったく正確さを欠き、まったく限定が付されていないことを同法が違憲である理由の一つとしている。「科学的文化的および専門的性格の公施設法人に関する法律」は、「高等教育に関する一九八四年一月二六日の法律」の科学的文化的および専門的性格の公施設法人の組織と運営に関する条項を適用しない権限を命令制定権に付与し、公施設法人ごとにまったく異なる準則を適用しようとするものであった。したがって、同法の文面上、各公施設法人の取扱いの相違はまったく不明確であった。この憲法院判決に言及するコンセイユ・デタの報告書が指摘しているように、右の憲法院の言明には、「いかなる個別的状況も説明せず、いかなる限定も定めないで、全市民に平等に適用されない準則は、その構造により平等原則に反する」ということが含意されている。(22)

②　また、「コミュニケーションの自由に関する一九八六年九月三〇日法律を改正する法律」(23)に関する一九九四年一月二一日の判決は、以下のように合憲と判示し、実験的法律について新たなルールを示した。

すなわち、「コミュニケーションの自由に関する一九八六年九月三〇日法律を改正する法律」一一条は、「視聴覚高等評議会が、コミュニケーションの自由に関する一九八六年九月三〇日法律二九条および三〇条に規定された募集を行わずに、六カ月を超えない期間、ラジオ放送および地上波テレビ放送の許可を与えることを」認めているが、それは「立法者が、コミュニケーションの自由に関する一九八六年九月三〇日法律二九条および三〇条に規定された募集手続がその厳重さにより暫定的一時的な実験に適合しないと判断した」からである。そして、「そのような暫定的性格の許可は、募集に関する同法（コミュニケーションの自由に関する一九八六年九月三〇日法律—筆者）二九条および三〇条により定められた準則に照らして即座の更新を認めるものではないと理解されなければならない」という解釈の留保の下、本法は「憲法的価値を持ついかなる準則もいかなる原則も無視するものではない」と。

この判決で憲法院が「コミュニケーションの自由に関する一九八六年九月三〇日法律」の規定に実験的に適用除外を設ける法律を合憲としたのは、この法律が適用除外の範囲を厳格に定める三つの規定、すなわち、実験的な特例として与えられる許可は六カ月を超えることができないこと、その許可は「コミュニケーションの自由に関する一九八六年九月三〇日法律」が規定する通常の手続に戻ることは別として、即座に更新されえないこと、その許可は当該放送の暫定的一時的性格により正当化されることを含むからである。ここで特に注目されるのは、既存の一般法的立法が、時間、場所、または対象において限定された実験の枠付けに「その厳重さにより適合しない」と考えられるならば、立法者は、適用除外の範囲を厳格に規定することにより、実験にとって非常に拘束的と判断される既存の法律の規律を回避でき、その場合、憲法的価値を持つ準則や原理、たとえば平等原則は侵害されないとしたことである。(24)

③　さらに、「ECレベルの企業および企業グループにおける労働者の情報および協議、ならびに団体交渉の促進に関する法律」に関する一九九六年一一月六日の判決は、これまでの判決の立場を踏襲し、以下のように合憲と判示した。(25)

すなわち、労働法典は、労働協約の交渉参加権を代表的労働組合に限っているが、本法は、組合代表委員が存しない企業あるいは従業員五〇人未満で組合代表委員の機能を担う従業員代表委員が存しない企業について、別個の新しい交渉手続を導入することを産業部門別協定に認めている。この方式が「実験的性格をまとっており」、産業部門別協定が一九九八年一〇月三一日までに三年を超えない期間につき締結されなければならないこと、政府は議会にその施行に関する報告書を一九九八年一二月三一日までに提出しなければならないこと、この方式が適用されるのは組合代表委員が存しない場合あるいは組合代表委員の機能を担う従業員代表委員が存しない場合に限られていること、実験の評価が終了したときに適切な新しい準則を団体交渉の当事者が採択しうることに鑑み、本法は「憲法的価値を持ついかなる原則にもいかなる規定にも反しない」と。

以上のように、憲法院は実験的法律について厳格な条件を明示してきたわけであるが、憲法院による立法の実験に対する統制には若干の問題が残っている。それは、実質的には実験的法律ではあるが、法文上、実験的法律であることが明示されておらず、その結果、憲法院が示してきた立法の実験の条件に適合しない法律が、憲法院への提訴がなされないためにその合憲性の審査を受けないという問題である。

そのような実質的な、しかしいわば脱法的な実験的法律としては、「国有財産法典を補完し、公有公物に対する物権の創設に関する一九九四年七月二五日の法律」(loi n° 94-631)や「地方分権化の改善に関する一九八八年一月五日の法律」(loi n° 88-13)がある。前者は、国および国の公施設法人の公有公物に対する物権の創設を認めるものであり、反対に、後者は、地方公共団体、その公施設法人およびその連合の公有公物に関して長期賃貸借契約の創設を認めているが、その議会審議では、十分な効果がある場合には他の公有公物にも拡大することが考えられていたので、ここでとられた措置は実験的なものであるといえる。しかし、実験を明確に設定せず、いわば間接的に実験を行うような法律の合憲性は疑わしいと言わざるをえない。[26]

また、同様に、実験が法文上、明確に設定されていないにもかかわらず、実際には実験が行われうる場合がある。それは法律が行政の裁量権を認め、一定の改革的措置を行うことが「できる」と規定する場合である。その例としては、「シャランドン法」(loi Chalandon)と呼ばれる「刑事施設に関する一九八七年六月二二日の法律」(loi n° 87-432)が挙げられる。同法二条は、「①国は、公法人もしくは私法人または公法人もしくは私法人の連合に、刑事施設の設計、建設および整備に関する職務を与えることができる。……③刑事施設において、管理、記録保管および監督以外の職務は、コンセイユ・デタの議を経たデクレにより定められた資格の付与に従って公法人または私法人に与えられうる」と規定する。これにより、いわば実験的に、私法人による刑事施設の設計、建設、整備が二〇件ほど行われ、当初、一〇年とされた期間中、刑事施設内部での私法人によるサービスの提供がなされた。しかし、法律の明文上は実験期間、評価報告書の作成義務および実験終了後の対応などは規定されていない。その意味で、事実上は実験が行われるが、法的な実験とは言えず、憲法院の判決に反する曖昧さが残ると言わざるをえない。(27)

(16) J.Chevallier, "Les lois expérimentales,le cas français", op.cit., pp.120-121.
(17) Entretien avec le doyen Carbonnier, "Sociologie juridique et crise du droit", Droits 4, 1986, p.70.
(18) André de Laubadere, "Réforme de la fiscalité directe locale Une nouvelle méthode législative:la simulation", A.J.D.A, n° 6, 1979, p.33.
(19) J.Chevallier, op.cit., pp.120-121.
(20) Décision n° 93-322 DC du 28 juillet 1993, J.O.,30 juillet 1993, pp.10750 et s.
(21) Catherine Mamontoff, "Réflexions sur l'expérimentation du droit", R.D.P.,n° 2, 1998, pp.361 -362.
(22) Conseil d'État, Rapport public 1996, E.D.C.E., n° 48, La documentation française, 1997, p.52.
(23) Décision n° 93-333 DC du 21 janvier 1994, J.O.,26 janvier 1994, pp.1377 et s.
(24) C.Mamontoff, op.cit., p.362., Conseil d'État, Rapport public 1996, op.cit., p.53.
(25) Décision n° 96-383 DC du 6 novembre 1996, J.O.,13 novembre 1996, pp.16531 et s.
(26) C.Mamontoff, op.cit., p.360 et p.362.
(27) ibid., p.360 et p.363. なお、刑事施設民営化論については、赤池一将「フランスにおける刑事施設民営化論：1986-1987」犯罪社会学研究一二号（一九八七年）一〇五頁以下参照。

三　実験的法律の発展要因

これまで実験的法律の実例と実験の法的条件を見てきたわけであるが、ここでは立法の実験がなぜ行われてきたかを、J・シュバリエの説明によりつつ、一般的要因と個別的要因に分けて考えてみたい。

(一)　一般的要因

まず、一般的要因としては、次のことが挙げられうる。

第一に、法律の増加とそれに伴う法律の質の低下である。コンセイユ・デタの報告書によれば、一年間に制定される法律の数は、この三〇年間で三五%増加しており、一九五〇年の九三行から一九七〇年には二〇〇行になり、今や二二〇行となった。[28]一本の法律のボリュームも増大しており、法律の内容はしだいに平凡なものとなり、その質は低下する。結局、法律の施行が大幅に遅延し、[29]あるいは、だからこそ、法の欠缺や不十分さがしばしば見られ、法律は制定直後から改正が必要とされるようになる。ただし、こうした法律の質の低下は、立法者の能力不足によるだけでなく、法案を準備し、審議するための時間が不足していることにも起因している。実際、議会だけでなく、政府法案について諮問を受けるコンセイユ・デタもその審査期間の短縮を嘆いている。ともあれ、法律の寿命が恒常的に短くなり、頻繁な改正が必要とされるようになると、立法者は、自らの立法活動の不完全さと法律の暫定的性格を認めることとなる。かくして、立法者は、すぐに時代遅れとなる運命の確定的法律の採択を節約することを可能とする立法の実験へと向かうことになる。[30]たとえば、「コミュニケーションの自由に関する一九八六年九月三〇日法律」は、一〇年間で一〇回の改正を受けたが、新しい情報通信技術によるネットワークの発展を促進しようとする立法者は、同法をもう一度改正することよりも、立法の実験を行うことを選択し、「情報のテクノロジーとサービスの領域における実験に関する一九九六年四月一〇日の法律」（loi nº 96-299）を制定した。[31]

第二に、法律の実効性（effectivité）、有効性（efficacité）の問題が意識されるようになったことである。かつて法律は、権威、合理性、正義、秩序または無謬性の表象と考えられ、法律として存在するだけで価値があり、その適切さが議論の対象となることはなかった。しかし、今や、法律は期待された効果だけでなく、意図しない効果やしばしばマイナスの効果も生み出すことが認識されており、法律の適切さはこれらの種々の効果のバランスに依存すると考えられている。法律は、目的達成度という有効性の視点から評価されるようになる。かくして、立法者は立法の実験により法律の効果を予測し、立法の質を高めようとすることになる。[32]

第三に、法と政策が分かちがたくなったことである。もはや法律はそれ自体が固有の一貫性を持つ独立的、自律的な文書であると考えられてはおらず、より包括的な政策の一段階であり、その実現手段であるという面が顕著である。このような介入主義的法律は、一定の目的を達成し、一定の経済的社会的効果を生み出すことが期待されており、それが価値を持つのは、プログラムの実施に寄与する限りにおいてである。しかし、設定された目的は必ずしも直ちに達成されるわけではなく、むしろ目的は漸進的に実現されるよう規定されている。いわば、立法は手探りで行われるべく運命づけられており、実験的試行と確認された効果に応じた修正という立法の実験に通じている。[33]

第四に、政策評価の発展である。政策評価は政策研究の中で重要な位置を占めるようになっているが、評価手続は政策の実現手段である法律へも必然的に拡大され、法律の有効性をめぐる立法評価が行われるようになった。[34]立法評価はその結論に応じた立法の修正をもたらす事後的な調整過程を含む。かくして、策定・決定・執行・評価の諸局面が互いに遡及しあうフィードバック・ループが形成され、立法は多かれ少なかれ実験的なものとなる。[35]

(二)　個別的要因

次に、個別的要因であるが、それは個々の実験的法律を制定することとなった動機にかかわる。大別して、立法効果の不確実性の縮減という動機と実験的試用を名分とした対立の収束という動機が挙げられる。

前者にかかわる例としては、「参入最低所得保障に関する一九八八年一二月一日の法律」の場合が挙げられる。参入最低所得保障制度の導入は、潜在的な対象者の数、予想される財政支出、必要とされる行政資源を考慮すると、大規模な改革である。とりわけ、給付される手当の総額を決定することは、その対象者の労働意欲を減退させないようにしなければならないので、長く議論された難問であったし、また、国と地方公共団体のそれぞれの役割を調整することもやっかいな問題であり、社会的職業的参入を促進するための装置の運営には不確かさが残っていた。このような事情から、三年間の実験として同法は制定されたのである。

後者にかかわる例としては、「国家と私立学校との関係に関する一九五九年一二月三一日の法律」、「妊娠中絶に関する一九七五年一月一七日の法律」、「企業における労働者の自由に関する一九八二年八月四日の法律」などが挙げられる。これらの法律で扱われた政教分離にもかかわる私学助成、妊娠中絶、労働者の意見表示権といった問題には、議会内だけでなく、社会内でも激しい対立が見られた。改革に反対する人々の同意を得るために、実験的法律の手法が利用されたのである。

総じて、フランスでは、立法の技術的困難さを克服し、あるいは、変革に反対する人々を説得するという戦略の枠内で実験的法律が使われており、反対に、改革を妨げ、あるいは改革を遅らせるためには利用されていないと言われる。[36]

(28)　また、ある論者は、以下のように指摘している。すなわち、フランスにはおよそ八千の法律があり、一九九三年から一九九五年にかけて新たに二五八の法律がこれに加わった。一九七六年から一九九〇年の間に官報の分量は一年に七〇七〇頁から一万七一四一頁へと二倍以上になったし、同様にECの官報の分量は最近の六年間に三〇%増えた(Christian Bigaut,“Parlement : les offices d'évaluation de la législation et des politiques publiques”, Regards sur l'actualité n° 224, 1996, p.28.)。

(29) 法律の施行遅延については、福岡英明「フランスにおける法律の施行統制・立法評価・政策評価—議会立法評価局・議会政策評価局をめぐって—」高岡法学一一巻一号（一九九九年）八三頁以下参照［本書第五章］。

(30) 以上、J.Chevallier, op.cit., pp.135-137.

(31) Conseil d'État,Rapport public 1996, op.cit., p.53.

(32) 以上、J.Chevallier, op.cit., p.137.

(33) 以上、ibid., p.138.

(34) フランスにおける立法評価については、福岡・前掲論文参照。

(35) 以上、J.Chevallier, op.cit., p.139.

(36) 以上、ibid., pp.141-142.

四　実験的法律の限界

言うまでもなく、実験的法律は、立法をめぐる現代的な諸問題を一挙に解決しうる万能薬ではなく、克服しがたい限界を有する。ここでは、C・マモントフの説明によりながら、立法の実験の基本的な方法に触れた後、その限界と問題点について考えてみたい。

(一)　立法の実験の基本的方法

立法の実験は、基本的に、①現象の観察と仮説の形成、②法的実験と仮説の検証、③結果の分析という三段階からなる。

(1)　現象の観察と仮説の形成

まず、観察の対象となるのは、解決が求められている社会問題である。次に、社会的、経済的、政治的、心理学的文脈に、この問題とこれを生み出す社会変動、また、現行法の不十分さを位置づけることが必要である。このような観察を踏まえて、仮説がたてられる。仮説は、ある社会問題が一定の原因から生じ、一定の現象が一定の影響を含むという解答の提案である。また、仮説には変数も含まれる。実験的法律は人工的な変数である。たとえば、失業者数の増加は国が経済的援助を与えることに部分的に起因し、それは失業者が雇用を求めないようにしている。したがって、国の経済的援助を削減するという規範（変数）の導入は、彼らがあらゆるタイプの雇用を受け入れるようにし、少ない費用で失業率を低下させるといった具合である。[37]

なお、C・マモントフは、「政府法案およびコンセイユ・デタの議を経るデクレ案に伴うインパクト研究の実験に関する一九九五年一一月二一日の通達」[38]が定める手法に注目しており、これが広く一般の政府法案とコンセイユ・デタの議を経るデクレ案にかかわるものであるにせよ、立法の実験における現象の観察と仮説の形成の方法論に関する基本的な文書となろうと言う。[39]この通達によれば、政府は、政府法案の趣旨説明書およびコンセイユ・デタの議を経るデクレ案の提出報告書に、当該政府法案およびデクレ案のインパクト研究を添付しなければならない。このインパクト研究は、当該政府法案およびデクレ案に含まれる①期待される利益、②雇用に対するインパクト、③他の一般的利益に対するインパクト、④財政的影響、⑤行政上の手続に関するインパクト、⑥法的秩序の複雑性に関する効果、⑦間接的で意図しない影響の七項目について行われる。ただし、政府法案とデクレ案の内容に応じて、研究項目は省略されうる。

(2)　法的実験と仮説の検証

実験は仮説の検証作業である。一定の状況に対する人工的変数としての規範の導入によりもたらされた効果が検証されることになる。ここで最も重要な問題は、獲得された結果が規範の導入によるものであるのか、あるいは、その結果が制御されていない他の要因によるものであるのかということである。そのために、実験に際し、二つの集団の設定が必要とされる。第一のものは、実験的法律がテストされる「実験群」(groupe de expérimental)であり、第二のものは、それがテストされない「対照群」(groupe de contrôle)である。たとえば、「刑事施設に関する一九八七年六月二二日の法律」による実験が行われているが、二五の刑務所のうち、二一の刑務所が民間の参加により運営されており、四つの刑務所は民間の参加なしに運営されている。これにより実験的措置の効果が比較検討されうる。(40)

(3)　結果の分析

まず、仮説において設定された目的が、達成されたか否か、達成されなかった場合には、なぜ失敗したかが分析されなければならない。また、実験期間中に、実験そのものを時代遅れにしてしまい、さらに新たな実験を必要とさせるような社会的、政治的、経済的変動が生じたかを検証する必要がある。その際、対照群はこのような社会変動の分析に関して重要な役割を果たす。ここで、先に触れたインパクト研究は、実験により達成された効果を測定するために、基準として役立つ。(41)

(二)　実験的法律の限界

C・マモントフによれば、実験的法律には、①一定の法分野で実験的領域を設定することの困難さに起因する限界、②一定の事項を実験することの困難さに起因する限界、③実験の逸脱に起因する限界がある。また、J・シュバリエは、実験的法律に対する立法評価の科学性にも留保が必要であると指摘している。

(1)　一定の法分野で実験的領域を設定することの困難さに起因する限界

すでに見たように、実験的法律には実験に起因する条件と法に起因する条件が憲法院により課されていたわけであるが、私法分野での立法の実験には特に法に起因する条件との調整が困難な面がある。つまり、実験対象となる人や地域が限定された部分的実験が私法の分野で行われる場合、平等原則との抵触が避けられないと考えられる。たとえば、同性どうしの婚姻という実験をある県で試験的に行うことができるであろうか。

このような不都合を避けるために、サンプリングをせずに、全国的に実施される全体的実験を行うことができる。私法分野の例ではないが、五年間試験的に行われた妊娠中絶の非刑罰化の実験は、サンプリングをしない全体的実験であり、実験的な特別法と一般法の二重の制度を設定しなかった。しかし、このような実験方式は、実験群と対照群を設定しないので、科学的レベルでの実験の厳密さに欠けるうらみがある。実験群と対照群を設定し、二つの群の変化を比較することにより、実験的規範の導入による変化と社会の変動による変化が検証されうるからである。ただし、社会変動が急速であると、一定期間試験された実験的法律がある効果を生みだしたということを確定することは困難となろう。

ともあれ、総じて私法分野は実験群と対照群の設置に適していないと言えるが、反対に、行政法の分野は実験により適している。(42)

(2)　一定の事項を実験することの困難さに起因する限界

変化のテンポが速く流動的な事項については、実験することが困難であり、不可能なことさえある。たとえば、進化が非常に急速なインターネットや人工生殖に関する領域で立法の実験が行われたとしても、技術革新が急であるから、実験的規範自体がすぐに時代遅れとなってしまい、つねに実験的規範が技術革新を後追いすることになりかねない。したがって、このような事項について立法の実験は実施しづらいと思われる。また、公平さの観点から、立法の実験が実施できないこともある。(43)たとえば、死刑が廃止されているのに、ある県でだけ死刑を実験的に実施することは許されないであろう。

（3）　実験の逸脱に起因する限界

立法の実験は、ある措置を実験するという目的を逸脱して、別の隠された目的を持ちうる。たとえば、実験は、公権力がある一定の措置を実施する気がないことを隠しうるし、時間稼ぎをする方法でもありうる。また、実験は一定期間、ある集団を優遇する手段でもありうる。さらには、一定の問題に取り組んでいるというポーズをとるために、アリバイとして実験することだけに意味がある場合もある。あるいは、すでに触れたことであるが、立法の実験は、妊娠中絶の非刑罰化の実験のように改革を徐々に進めるための戦略でもありうる。真の立法の実験が有用であるとしても、このような実験を装った法文が増加することは、立法の実験にダメージを与えかねない。(44)

（4）　立法評価の科学性に起因する限界

実験的法律に対する立法評価は、その厳密な科学的方法論によって、たんなる判断や評定とは区別されるものであるが、この科学性自体必ずしも確かなものとは言い難い。そもそも評価研究では実用主義的功利主義的次元が前面に出てくるが、科学にはこのような関心から離れることが求められるからである。また、評価の厳密さは、設定された目的と達成された目的との比較検討に際して実験的法律以外の他の要素が実験結果に必然的に関与することを考えてみても、不確かである。立法の効果を測定するにしても、どのような評価基準を重視するかも難問である。評価に際しては、行政機関による法文の施行程度、受範者の法文の遵守度、法文により設定された制度の利用者による利用度(45)などから測定される法律の実効性や期待された効果と計測された現実の効果との関係に依拠する法律の有効性が問題となるが、そこでは固有に法的な次元だけでなく、経済的次元（費用便益の総括）、社会学的次元（社会的効果の分析）および政治的次元（実効性にかかわる政治的コストの分析）(46)が考慮される。さらに、実験的法律の評価結果は、政治的な考慮をもって利用されよう。

(37)　以上、C.Mamontoff, op.cit., pp.365-366.

(38)　Circulaire du 21 novembre 1995 relative à l'expérimentation d'une étude d'impact accompagnant les projets de loi

et de décret en Conseil d'Etat, J.O.du 1er decembre 1995, p.17566.
(39) C.Mamontoff, op.cit., pp.366-367.
(40) 以上、ibid., pp.367-368.
(41) 以上、ibid., p.368.
(42) 以上、ibid., pp.369-370.
(43) 以上、ibid., p.370.
(44) 以上、ibid., pp.370-371.
(45) 実効性および有効性については、Werner Bussmann, Ulrich Klöti et Peter Knoepfel, Politiques publiques, évaluation, Economica, 1998, pp.97 et s. また、以下の文献も参照。Antoine Jeammaud et Évelyne Serverin, "Évaluer le droit" Recueil Dalloz Sirey, 1992, 34 cahier, chronique, p.264.
(46) 以上、J.Chevallier, op.cit., pp.144-146.

むすびにかえて

最後に、実験的法律のプラスとマイナスの影響について簡単に触れておこう。これについて、J・シュバリエは、少し長くなるが、大要、次のように指摘している。すなわち、立法の実験は、法律の規定が生ぜしめるあらゆるレベルの効果を考慮することにより法律の質を改善することと法律の頻繁な改正によるその不安定性を治癒することを目指している。立法の実験は法律の制定を即興や不確実性を排する客観的計算の結果とするための道具の一つであり、法律は科学性で飾られる。同時に、立法者は立法の実験を通じてコンセンサスを得ることを求め、種々の社会集団の意向を汲もうとするので、法律は幅広い討論の成果であるように思われ、民主性で飾られる。科学性と民主性は、法律を基礎づける信仰基盤を回復するために結合するが、作成方式により示される手続的正当性が理性の具現としての法律の内在的正当性にとってかわる。ともあれ、立法の実験は法律への信頼性を回復することに寄与しうる。反面、立法の実験は、事後の再審議の機会を立法者に与えているので、むしろ法文の質を低下させるおそれがある。実験的に施行されるにすぎないとの甘えから、実験的法律の規定の曖昧さや不正確さ、あるいはまずい効果があまり気にかけられないことになりかねない。にもかかわらず、一度、実験的とはいえ法律となったものを否定することは困難であるし、実験的法律から恩恵を受ける者はそれを維持しようとするだろう。かくして、当初、実験的法律に含まれた不完全さが恒久化するおそれがある。また、実験的法律は、状況に応じて頻繁に修正される法律の不安定性を除去することを目的とするとしても、本来、暫定的な性格を持つものであるから、結果として、立法一般を過渡的暫定的なものとするおそれがある。過渡的法律の延長や改正は恒久的な確定的法律の改正ほど政治的混乱を引き起こさないので、立法者は法律を暫定的に作成することとなろう。さらにまた、立法の実験、とりわけ、立法の評価が多用されるようになると、法律の正当性は、それが具現する価値や内在的な規範的な力に起因するのではなく、その有効性に依存するようになる。法律は実用的な経営技術となり、それ自体もはや価値を持たず、それが獲得する成果に応じてのみ価値を持つようになる。すなわち、有効性が法律の正当性の条件あるいは担保となり、法律の評価は外在的な技術的経済的合理性により左右されることとなる。このような観点から見ると、法律の経営管理化は、技術的経済的合理性の下に法律の正当性を位置づけ直す手段であると思われる。それと同時に、立法の実験は、伝統的な法律の観念と断絶し、伝統的な法的合理性の低下を加速することに寄与する。(47) このように、法律の危機への一つの回答である立法の実験の持つ曖昧さと逆説が強調されなければならない、と。

ともあれ、このような見方が妥当であるか否かは、さらなる観察を経なければ判断しがたいところがあるが、C・マモントフが指摘するように、立法の実験は、規範がもはや形而上学的性格を持たず、一定時点での社会の問題への回答であるという思潮の例証であると言えよう。(48) このような思考は、今日の日本において関心が高まりつつある政策法学的思考と符合するものであり、立法の実験ないしは実験的法律の問題を広く「法と政策」をめぐる議論の中で検討していくことが必要となろう。

(47) 以上、J.Chevallier, op.cit., pp.143-149.
(48) C.Mamontoff, op.cit., p.371.

第七章　元老院——二院制における上院の位相——

はじめに

日本国憲法の下、参議院は常にその存在理由を問われ続けてきたと言っても過言ではなかろう。参議院が衆議院と同じ政党状況を示すときには衆議院のコピーと言われ、両者が異なる政党状況を示すねじれ現象が生じたときには、少なくとも衆議院の多数派からは厄介者とされたきた。本稿では、フランスの上院である元老院を素材にして、二院制における第二院の役割、存在理由を考える手がかりを得たいと思う。(1)

（1）　第五共和制の元老院および二院制に関する邦語文献としては以下のものがある。大山礼子「フランス議会上院の機能とその『政治化』」レファレンス四一四号（一九八五年）、藤野美都子「フランス第五共和制における元老院—その構成と機能について—」比較法雑誌一九巻三号（一九八五年）、石川多加子「フランス第五共和制における元老院（上院）の役割と変化」明治大学大学院紀要二九集（一九九二年）、只野雅人「二院制の意味と代表制—フランスにおける第二院—」杉原泰雄教授退官記念論文集『主権と自由の現代的課題』（勁草書房、一九九四年）、山崎博久「二院制に関する一考察—フランスを中心として—」『憲法における欧米的視点の展開』（成文堂、一九九五年）、大石眞「フランス・非対等型の両院制で機能」議会政治研究二三号、二木孝「伝統・進歩を調整する仏元老院」議会政治研究三二号。第四共和制の上院については、藤野美都子「フランス第四共和制における第二院の発展—共和国評議会の構成と機能について—」中央大学大学院研究年報一五Ｉ—一（一九八六年）、フランスにおける二院制の沿革については、山崎博久「フランスにおける二院制の系譜」早稲田政治公法研究三一号（一九九〇年）を参照。

一　第五共和制憲法における元老院の概要

第五共和制憲法は、「国会は国民議会と元老院からなる」として二院制を採用する。国民議会と元老院の性格づけは異なり、それはとりわけ両者の選挙方式に表れている。下院である国民議会について、憲法二四条二項は、「国民議会議員は直接選挙によって選出される」と定める。これに対して、上院である元老院に関する憲法二四条三項はかなり特色のある規定となっている。すなわち、「元老院は、間接選挙で選出される。元老院は、共和国の地方公共団体の代表を確保する。フランス国外に定住するフランス人は、元老院に代表される」。

以下、まず、元老院の権限を素描し、次に、元老院の選挙制度の特質を浮き彫りにするために国民議会の選挙制度を概観し、元老院の選挙制度の概要を示すこととする。

㈠　元老院の権限の概要

第五共和制の元老院はその前身である第四共和制の共和国評議会に比べるとかなり権限が強化されており、国政全般にわたり国民議会とほぼ同等の権限を持っている。しかし、若干の点で国民議会の優越が見られる。

①　立法に関して、法律発議権について国民議会との差異はなく（憲法三九条一項）、法律案は両院で可決されると法律として成立する。すなわち、憲法三四条一項は、「法律は、国会によって表決される」と規定し、憲法四五条一項は、「すべての政府提出法案または議員提出法案は、同一の法文の採択のため、国会の両議院で相次いで審理される」と定める。ただし、両院間での一致が得られない場合には、国民議会の最終議決権が認められ

ている。これについて、憲法四五条二項は、「両議員の意見の不一致により、政府提出法案または議員提出法案が、各議院での二回の読会の後に、あるいは、政府が緊急を宣した場合には両議院の各々の一回の読会の後に採択されなかったとき、首相は、審議中の規定について一つの成案を提出する任務を負う両院協議会の開催を求める権能を持つ」とし（首相の介入がないと法案の両院間往復手続が際限なく続く）、同条四項は、両院協議会で成案が得られなかった場合、または成案が両院で採択されなかった場合には、「政府は、国民議会および元老院の新たな一回の読会の後、国民議会に対して、最終的な議決を要求することができる」と規定する（ここで政府が介入しないと両院間往復手続が際限なく続く）。要するに、国民議会の最終議決権の行使は政府の意思にかかっている。

同様に組織法律についても、憲法四五条の手続が適用されるが、「両議院の一致を欠く場合には、成案は、国民議会の最終の読会において、その構成員の絶対多数によってしか採択されない」（憲法四六条三項）とされ、国民議会の最終議決権が限定されており、また、「元老院に関する組織法律は、両議院によって、同一の文言で表決されなければならない」（同条四項）とされ、国民議会の最終議決権は認められていない。

さらに、予算を定める財務法律案についてのみ国民議会の先議権が認められており（憲法三九条二項）、また、国民議会にのみ臨時会の招集権（国民議会議員の過半数の請求による）が認められている（憲法二九条一項）。

② 政府統制権について見ると、元老院は政府に対する不信任決議権を持たない。国民議会だけがそれを有する（憲法四九条二項）。また、首相は、国民議会に対してのみ、政府の綱領または一般政策の表明について政府の責任をかけることができるが（憲法四九条一項）、元老院に対しては、一般政策の表明についての承認を求めることができるにとどまる（憲法四九条四項）。これについて元老院の承認が得られなかったとしても政府は辞職する義務はない。なお、「首相は、閣議の審議の後、国民議会に対して、法文の表決について政府の責任をかけることができる」（憲法四九条三項）が、元老院に対しては認められてはいない。

政府の責任を問わない統制について、元老院は国民議会と同等の権限を持つ。このような統制手段としては質問手続（憲法四八条は口頭質問に関する規定であり、その他に書面質問がある）と調査委員会制度がある。

③　憲法改正について、憲法八九条は元老院に国民議会と同等の権限を与えている。まず、憲法改正発議権は国民議会議員と並んで元老院議員も持つ（同条一項）。憲法改正案は、両議院によって同一の文言で表決されなければならず、国民議会の最終議決権は認められていない。「改正は、国民投票によって承認された後に確定的となる」（同条二項）。「ただし、政府提出の改正案は、大統領が両院合同会議として招集される国会に付託することを決定したときは、国民投票にはかけられない。この場合、改正案は、有効投票の五分の三の多数を集めなければ、承認されない」（同条三項）。ド・ゴール大統領は、元老院の反対を考慮し、憲法八九条ではなく憲法一一条の国民投票を利用して一九六二年と一九六九年に憲法改正を試みた（六二年は成功したが、六九年は失敗した）[(2)]。

さらに、元老院議長と六〇人の元老院議員は、大統領、首相、国民議会議長、六〇人の国民議会議員と並んで違憲立法審査機関である憲法院に提訴することができ（憲法六一条二項）、また、大統領が欠けた場合あるいは事故のある場合、元老院議長が大統領の職務を臨時に代行する（憲法七条四項）。

このように元老院は国民議会とほぼ同等の権限を有し、国政において重要な地位を占めている。ただし、法律の最終議決権について見たように、立法に関して対等な二院制をとるか、非対等な二院制をとるかは、政府の意思にかかっている点は留意すべきである。

㈡　国民議会の選挙制度の概要

ここで、元老院の選挙制度の特性を浮き彫りにするために、国民議会の選挙制度に簡単に触れておこう[(3)]。

第五共和制において、国民議会の選挙は一九八六年の選挙で比例代表制がとられたのを除いて、小選挙区多数代表二回投票制（単記制）で行われてきた。第一回投票では有効投票の過半数および有権者数の四分の一にあたる得票をしなければ当選できない。当選者がいない選挙区では、一週間後に第二回投票が行われる。第二回投票

［表１］　国民議会選挙の得票率（第一回投票）・議席数・議席率の推移
［１－１］

	1958年				1962年			
	得票率	議　席	議席率	代表指数	得票率	議　席	議席率	代表指数
共産党	18.9	10	2.2	12	21.8	41	8.8	40
極左（P.S.U.）	1.4	2	0.4	29	2.3	2	0.4	17
社会党	15.5	40	8.6	55	12.5	65	14.0	112
急進派 中道左派	8.3	35	7.5	90	7.8	43	9.2	118
ド・ゴール派	17.6	189	40.6	231	31.9	229	49.2	154
M.R.P	11.8	57	12.3	104	9.0	36	7.7	86
C.N.I 右翼諸派	23.1	132	28.4	123	13.8	48	10.3	75
極右	3.3				0.9	1	0.2	20

では相対多数で当選者が決せられる。第二回投票に進むためには、第一回投票で一定の得票をあげなければならず、その要件は当初は有効投票の五％であったが、一九六六年には有権者数の一〇％、一九七六年には有権者数の一二・五％と厳しくなった。この投票方式は、総じて、小政党の議会進出を阻み、小党分立を抑制しつつ、国民議会内の政治勢力の二極化を生み出していった。その意味では、政権交代の可能性を残しつつ、国民議会に安定した多数派を供給するという働きをしたと言える。しかしながら、小選挙区制の構造的欠陥と言える得票率と議席率の乖離をもたらしてきたし、また、選挙区割りの不公正さから投票価値の不平等も惹起してきた。

まず、得票率と議席率との乖離であるが、［表1］を見れば、それは一目瞭然である。小選挙区制の論理的帰結として、第一党が常に過大に代表され、高い代表指数を示している。左右ブロックのそれぞれの内部でも同様のことが見られ、ブロック内の中心政党が過大に代表されている。特に、共産党は七〇年代まで二〇％前後の得票率をあげてきたが、共産党に不利な選挙区区割りのせいで議席には結びつかないできた。反対に社会党は第二回投票で共産党票を取り込むことができたので、第一回投票での得票率のわりには多くの議席を獲得

［1－2］

	1967年				1968年			
	得票率	議　席	議席率	代表指数	得票率	議　席	議席率	代表指数
共産党	22.5	72	15.3	68	20.0	33	7.0	35
極左（P.S.U.）	2.2	3	0.3	20	4.0			
社会党								
F.G.D.S	19.0	118	25.1	132	16.5	57	12.1	73
急進派								
中道左派	1.4				0.7			
ド・ゴール派		191				282		
	37.7		49.3	131	43.7		73.6	168
独立共和派		41				64		
M.R.P								
C.D.	12.6	38	8.1	64	10.4	26	5.5	53
C.N.I								
右翼諸派	3.7	7	1.5	41	4.6	8	1.7	37
極右	1.0				0.1			

［1－3］

	1973年				1978年			
	得票率	議　席	議席率	代表指数	得票率	議　席	議席率	代表指数
共産党	21.4	73	15.4	72	20.6	86	18.1	88
極左（P.S.U.）	3.2	2	0.4	13	3.3			
社会党・急進左派	20.7	100	21.1	102	25.0	112	23.6	94
左翼諸派					1.1			
エコロジスト	1.3				1.2			
中道左派		3	0.6	46				
U.D.R.　R.P.R.		175			22.5	144	30.4	135
R.I.		54			21.4			
U.D.F.	34.6		52.9	153		132	27.8	117
C.D.P.		21			2.3			
中道右派諸派								
M.R.P								
M.R.	12.5	30	6.3	50				
C.N.I								
右翼諸派	6.2	15	3.2	52	1.1			
極右					0.5			

［１－４］

	１９８１年				１９８６年			
	得票率	議　席	議席率	代表指数	得票率	議　席	議席率	代表指数
共産党	16.1	43	9.1	57	9.7	32	5.8	60
極左	1.3				1.5			
社会党・M.R.G.	37.8	282	59.5	157	31.9	207	37.3	117
左翼諸派	0.6				0.9	4	0.7	78
エコロジスト	1.1				1.2			
R.P.R.	20.9	80	16.9	81		147		
U.D.F.					42.0		49.5	118
中道右派諸派	19.2	69	14.6	67		128		
右翼諸派	2.7				2.7	2	0.4	15
極右（F.N）	0.14				9.9	35	6.3	64
その他					0.2			

＊1986年の選挙は比例代表制で行われた。

［１－５］

	１９８８年				１９９３年			
	得票率	議　席	議席率	代表指数	得票率	議　席	議席率	代表指数
共産党	11.3	25	4.3	38	9.2	25	4.3	47
極左	0.4				1.7			
社会党・M.R.G.	37.5	275	47.7	127	19.2	67	11.6	60
左翼諸派					0.9			
エコロジスト諸派	0.4				10.7			
R.P.R.								
U.D.F.	37.7	262	45.4	120	39.7	448	77.6	196
中道右派諸派								
右翼諸派	2.9	14	2.4	83	4.4	36	6.2	142
極右（F.N）	9.7	1	0.2	2	12.4			
その他	0.2				1.8	1	0.2	－

＊1988年・1993年の統計は海外県・領土を含む。

以上、只野雅人『選挙制度と代表制』（勁草書房、1995年）332頁、335頁、338頁による。

［表２］　国民議会における投票価値の不平等

県の人口	県の数	議席数（選挙区数）	一議席あたりの人口	
			最小	最小
0－216000	16	2	36511	105335
216000－324000	19	3	75974	107892
324000－432000	15	4	82100	106836
432000－540000	14	5	92464	107774
540000－648000	7	6	90604	99061
648000－756000	8	7	92910	107109
756000－864000	2	8	103063	103545
864000－972000	5	9	97911	104086
972000－1080000	3	10	98800	100708
1080000－1188000	1(Gironde)	11	102504	
1188000－1296000	3	12	99420	96676
1296000－1404000	2	13	101869	106695
1404000－1512000	2	14	100887	103229
1620000－1728000	1(Bouches-du-Rhone)	16	107762	
2160000－2268000	1(Paris)	21	103631	
2484000－2592000	1(Nord)	24	105022	

Thierry S. Renoux et Michel de Villiers, Code constitutionnel, Litec, 1994, p.754.

してきた。同様のことは右ブロック内でも言えよう。なお、近年、議会内での二極化と有権者の意向とのずれが大きくなっている。たとえば、一九九三年の選挙結果を見ると、エコロジストや極右勢力が躍進しており、有権者レベルではいわば四極化が進んでいることが窺われる。

次に、投票価値の不平等であるが、これも深刻な問題を引き起こしてきた。現在、国民議会議員の定数は五七〇名であるが（選挙法典L一一九条、以下、ことわりなく条文を引用する場合は選挙法典の条文である）、原則として人口一〇万八〇〇〇人につき一議席が与えられ、一選挙区が形成されることになっている。ただし、県が選挙区画定の単位とされ、県がいくつかの小選挙区に区分けされるのであるが、人口の少ない県に代表を確保するために、各県への議員定数の配分に際し、どんなに人口の少ない県にも最低二議席が配分されることになっている。したがって、人口一〇万八〇

［表３］　元老院の部分改選時の選挙区配分

Aグループ		Bグループ		Cグループ	
県（本土） AinからIndreまで	95	県（本土） Indre-et-LoireからPyrénées-Orientalesまで	94	県（本土） Bas-RhinからYonneまで EssonneからYvelinesまで	62 45
海外県 Guyane	1	海外県 Réunion	3	海外県 Guadeloupe、Martinique	4
海外領土		海外領土		海外領土	
Polynésie francaise îles Wallis-et-Futuna	1 1	Nouvelle-Calédonie	1	―	
領土自治体		領土自治体		領土自治体	
―		―		Mayotte Saint-Pierre-et-Miquelon	1 1
在外フランス人	4	在外フランス人	4	在外フランス人	4
計102		計102		計117	

〇〇人につき一議席・一選挙区という原則はそのまま適用されえず、各県または各選挙区間での投票価値の平等は構造的に達成できなくなっている。[4]［表2］によれば、一議席あたりの人口が最も少ない選挙区では人口三万六五一一人、一議席あたりの人口が最も多い選挙区で人口一〇万七八九二人であるから、最大格差はおよそ二・九五倍である。[5] したがって、以上のことから、国民議会議員の選挙は必ずしも民意を正確に反映するものとは言えないのである。

㈢　元老院の選挙制度の概要

元老院議員の任期は九年と長く（LO二七五条）、国民議会と異なり解散はない。その被選挙資格は三五歳と高い（LO二九六条）。元老院議員の定数は三二一名であり、県（本土および海外県）を選挙区として選出される議員が三〇四名（そのうち海外県選出議員は八名）、海外領土選出議員が三名、領土自治体

［表４］　元老院議員選挙人団の構成

	市町村代表	県会議員	地域圏議会議員	国民議会議員	合計
本土	135473 （93.8％）	3824	1711 （1.17％）	555	141563 （1990年の本土の人口の0.25％）
海外県	2444	147	156	15	2762
海外領土・領土自治体	907	99	54	7	1067
在外フランス人					150 （0.10％） （在外フランス人高等評議会の代表）
合計	138745 （95.32％）	4070 （2.79％）	921 （1.31％）	577 （0.39％）	145542

F. Chevalier, “Le sénateur français 1875-1995 Essai sur le recrutement et la représentativité des membres de la seconde chambre” , L. G. D. J., 1998, p.104.

選出議員が二名、在外フランス人代表が一二名である。

元老院議員は、三年ごとに三分の一が改選される。このため各県は例外はあるが[6]、アルファベット順にA、B、Cの三つのグループに分けられており（LO二七六条）、海外領土、領土自治体、在外フランス人の代表も三つのグループに振り分けられている。ただし、総定数の三分の一ずつに正確に配分されているわけではなく、Aグループは一〇二名、Bグループは一〇二名、Cグループは一一七名であり、Cグループの定数が若干多くなっている（［表3］参照）。当然のことながら、部分改選は三年に一度行われるが、各選挙区では九年に一度である。

選挙は間接選挙（基本的に複選制）で行われる。その方式は選挙区の定数に応じて二種類ある。定数四名以下の選挙区では多数代表連記二回投票制がとられている。第一回投票では、有効投票の過半数かつ登録選挙人数の四分の一の得票数を獲得した者が当選する。第二回投票は相対多数で決まる（L二九四条）。本土の八一の県（定数四のVal d'Oise は除く）、海外県および海外領土でこの方式がとられ、三二一議席のうち二一一議席が決まる。また、定数五名以上の選挙区では、拘束名簿式の比例代表制（最大平均法＝ドント式）がとられている（L二九五条）。すなわち、定数四のVal d'Oiseを含む本土の一五の県（九八議席）および在外フランス人の代表（一二議席）の選挙でこの方式がとられ、三二一議席のうち一一〇議席が決まる。

元老院議員の選挙人団は、県が選挙区となる場合、①当該県選出の国民議会議員、②当該県が属する地域圏議会議員、③当該県の県会議員、④市町村会代表の四つのカテゴリーから構成される。ただし、Corseの二県では地域圏議会議員に代わりコルス議会議員が選挙人となる（L二八〇条）。これらの選挙人のうち、市町村会代表が圧倒的に多数を占めており、全体の九五・三二％にもなる。因みに、県会議員は二・七九％、地域圏議会議員は一・三一％、国民議会議員は〇・三九％にすぎない（[表４］参照）。したがって、元老院議員選挙の結果は、市町村代表の動向に決定的に左右されることとなる。

右の④市町村会代表について敷衍しておくと、市町村会議員がすべて元老院議員の選挙人となるわけではなく、市町村会代表の選出方式には市町村の規模に応じて以下の三種類がある（L二八四条、L二八五条）。

① 人口九千人未満の市町村では、市町村会がその議員定数に応じて以下のように市町村会代表を選出する。

・定数九および一一の市町村会では、一名

［表５］　市町村会の議員数（地方公共団体一般法典Ｌ2121－１条）

市町村の人口	議員数
－　99	9
100－　499	11
500－　1499	15
1500－　2499	19
2500－　3499	23
3500－　4999	27
5000－　9999	29
10000－　19999	33
20000－　29999	35
30000－　39999	39
40000－　49999	43
50000－　59999	45
60000－　79999	49
80000－　99999	53
100000－149999	55
150000－199999	59
200000－249999	61
250000－299999	65
300000－	69

［表6］　市町村の人口と市町村会代表の配分

人　口 (a)	代　　表	市町村会議員	補充代表	合　計 (b)	a／b　＊
100	1			1	100＋
500	1			1	500－
1000	3			3	333＋
2000	5			5	400＋
3000	7			7	428
5000	15			15	333＋
6000	15			15	400＋
10000		33		33	303＋
15000		33		33	454－
20000		35		35	571－
30000		39		39	769－
50000		45	20	65	769－
80000		53	50	103	776－
100000		55	70	125	800－

F. Chevalier, op. cit. , pp.215-216.
＊全国平均は、人口418人ごとに1名の市町村会代表（人口56614493人／市町村会代表13473名）。

・定数一五の市町村会では、三名
・定数一九の市町村会では、五名
・定数二三の市町村会では、七名
・定数二七および二九の市町村会では、一五名

市町村会の定数は、地方公共団体一般法典L二一二一－二条により［表5］のように定められている。このカテゴリーの市町村会代表の選出は、三回目は相対多数による多数代表連記三回投票制により行われる（L二八八条、地方公共団体一般法典L二一二一－二〇条）。

② 人口九千人以上三万人以下の市町村では、すべての市町村会議員が法律上当然に市町村会代表となる。［表5］によれば、このカテゴリーの市町村会の定数は二九から三九であり、選挙人の数も同様である。

③ 人口三万人を超える市町村では、すべての市町村会議員が法律上当然に市町村会代表となり、さらに、人口三万人を超える千人ごとに一名の補充代表を市町村会が選出する。たとえば、人口一〇万の市町村では、市町村会の議員定数が五五名、補充代表が七〇名、あわせて一二五名が市町村会代表として選挙人となる（［表6］参照）。このカテゴリーの市町村会代表の選出

は、拘束名簿式比例代表制（最大剰余法）により行われる（L二八九条）。

ところで、フランスでは公選職の兼職が認められているため、国民議会議員でありながら地域圏議会議員、県会議員あるいは市町村会議員でもあるということが頻繁に見られる。そこで、たとえば国民議会議員として選挙権を持つ者が市町村会議員としても選挙権を行使することを避けるために、代理選挙人の制度が置かれている。すなわち、「県会議員が国民議会議員、地域圏議会議員またはコルス議会議員である場合、代理選挙人が当該県会議員の推薦に基づき県会議長により任命される。地域圏議会議員またはコルス議会議員が国民議会議員である場合、代理選挙人が当該地域圏議会議員またはコルス議会議員の推薦に基づき地域圏議会議長またはコルス議会議長により任命される」（L二八二条）。「市町村会は国民議会議員、県会議員、コルス議会議員、県会議員を市町村会代表として選出することはできない。国民議会議員、地域圏議会議員、コルス議会議員、または県会議員が市町村会議員として法律上当然に市町村会代表となる場合、代理選挙人が当該市町村会議員の推薦に基づき市町村長により任命される」（L二八七条）。

（2）　憲法一一条による憲法改正については、井口秀作「フランス第五共和制憲法一一条による憲法改正について」一橋研究一八巻二号（一九九三年）参照。

（3）　第五共和制の国民議会の選挙制度全般については、只野雅人『選挙制度と代表制―フランス選挙制度の研究―』（頸草書房、一九九五年）三〇五頁以下が詳しい。また、一九八五年の法改正により一九八六年に実施された比例代表制については、岡田信弘「第五共和制フランスにおける選挙制度改革」選挙研究八号（一九九三年）および平林正司「国民議会の選挙方法の改革―多数代表制から比例代表制へ―」教養論叢（慶應義塾大学法学研究会）七三号（一九八六年）も参照。

（4）　Thierry S.Renoux et Michl de Villiers,Code constitutionnel, Litec, 1994, p.753.

（5）　憲法院は、国民議会の定数配分・選挙区画定に関する一九八六年の判決で、最大一対三・五の格差を合憲としている（L.Favoreu et L.Philip, Les grandes décisions du Conseil constitutionnel, 7e éd., 1993, pp.679 et s.）。

(6) 一九六六年のパリ地域圏の再編によりSeine県とSeine-et-Oise県が消滅し、新たにParis, Hauts-de-Seine, Seine-St-Denis, Val-de-Marne, Val-d'Oise, Yvelines, Essonneの七つの県に再編されたためである。

右に見てきたように、元老院の選挙制度はかなりユニークなものであるが、とりわけ平等選挙や代表の正確さという観点から見ると問題とされるべき点が少なくない。

二 元老院選挙制度の問題点

(一) 各県の議員定数の不均衡

元老院は憲法上、地方公共団体の代表とされるが(二四条三項)、どのレベルの地方公共団体の代表であるかは具体的に明示されていない。さしあたり、法律が規定するその選挙制度からすると、原則として県が選挙区とされているので、実質的には県の代表であると言えよう(ただし、選挙人団としては市町村の比重が圧倒的に高いことはすでに見たとおりである)。とはいえ、県の代表であるとしても、その代表の確保の仕方には原理的に二つの方式があろう。すなわち、各県を人口にかかわらず平等に扱い同数の議員定数を配分する方式と各県の人口に応じて議員定数を比例配分する方式が考えられる。

しかしながら、実際には、後者の方式に近いとはいえ、中間的な配分方式が伝統的にとられてきた。現行の配分基準は第四共和制の上院である共和国評議会に関する一九四八年九月二三日法律の基準を踏襲していると言われているが[7]、それは明文化されてはおらず、選挙法典L二七九条と別表六から読みとることができるにとどまる。それによれば、各県に人口一五万人までにつき一議席が与えられ、それ以上は人口二五万人ごとまたは端数につき一議席が与えられる。したがって、実際には多少の例外はあるが、人口一五万人以下の県は定数一、四〇万人

［表7］　県ごとの人口、議員定数、1議席あたりの人口（1995年）

県	人　口	議　席　数	1議席あたりの人口
Lozère	72325	1	72325
Hautes-Alpes	113300	1	113300
Corse-du-Sud	118174	1	118174
Alpes-de-Haute-Provence	130883	1	130883
Creuse	131349	2	65674
Haute-Corse	131563	1	131563
Territoire-de-Belfort	134097	1	134097
Ariège	136455	1	136455
Lot	155816	2	77908
Cantal	158723	2	79361
Gers	174587	2	87293
Meuse	196344	2	98172
Tarn-et-Garonne	200220	2	100110
Haute-Marne	204067	2	102003
Haute-Loire	206568	2	103284
Hautes-Pyrénées	224759	2	112379
Haute-Saône	229650	2	114825
Nièvre	233274	2	116689
Indre	237510	2	118755
Corrèze	237908	2	118954
Jura	248759	2	124379
Aveyron	270141	2	135070
Ardèche	277581	2	138790
Mayenne	278037	2	139018
Orne	283204	2	141602
Aube	289207	2	144960
Ardennes	296367	2	148183
Aude	298712	2	149356
Lot-et-Garonne	305989	2	152994
Loir-et-Cher	306937	2	153468
Landes	311461	2	155730
Cher	321559	2	160779
Yonne	323096	2	161548
Charente	341993	2	170996
Tarn	342723	2	171361
Deux-Sèvres	345965	2	172982
Savoie	348261	2	174130
Haute-Vienne	353593	2	176796
Allier	357710	2	178855
Pyrénées-Orientales	363796	2	181898
Vienne	379977	2	189988
Vosges	386252	2	193121
Dordogne	386365	2	193182
Eure-et-Loir	396365	2	198036
Drôme	414072	2	207036
Vaucluse	467075	2	233537
Ain	471019	2	235509

Manche	479636	3	159878
Doubs	484770	3	161590
Côte-d'Or	493866	3	164622
Vendée	509358	3	169785
Sarthe	513654	3	171218
Eure	513818	3	171272
Charente-Maritime	527146	3	175715
Indre-et-Loire	529345	3	176448
Aisne	537259	3	179086
Côtes-d'Armor	538395	3	179465
Somme	547825	3	182608
Marne	558217	3	186072
Haute-Savoie	568286	3	189428
Haut-Rhin	571319	3	190439
Pyrénées-Atlantiques	578516	3	192838
Loiret	580612	3	193537
Gard	585049	3	195016
Puy-de-Dôme	596213	3	198737
Calvados	618478	3	206159
Morbihan	619838	3	206612
Maine-et-Loire	705882	3	235294
Meurthe-et-Moselle	711822	4	177955
Oise	725603	3	241867
Loire	746288	4	186572
Hérault	794603	3	264867
Ille-et-Vilaine	796718	4	199179
Var	815449	3	271816
Finistère	836687	4	209167
Haute-Garonne	925962	4	231490
Bas-Rhin	953053	4	238263
Alpes-Maritimes	971829	4	242957
Moselle	1011302	5	202260
Isère	1016228	4	254057
Val-d'Oise	1049598	4	262399
Loire-Atlantique	1052183	5	210436
Seine-et-Marne	1078166	4	269541
Essonne	1084824	5	216964
Gironde	1213499	5	242699
Val-de-Marne	1215538	6	202589
Seine-Maritime	1223429	6	205715
Yvelines	1307150	5	261430
Seine-St-Denis	1381197	6	230189
Hauts-de-Seine	1391658	7	198808
Pas-de-Calais	1433203	7	204743
Rhône	1508966	7	215566
Bouches-du-Rhône	1759371	7	251338
Paris	2152423	12	179368
Nord	2531855	11	230168

F. Chevalier, op. cit. , pp.201-202.

［表８］　各県の一議席あたりの人口の推移

年	1948		1958		1995	
議席数（本土）	246		255		296	
一議席あたりの人口の全国平均（千人）	165		174		191	
	議席	一議席あたりの人口（千人）	議席	一議席あたりの人口（千人）	議席	一議席あたりの人口（千人）
Ain	2	153	2	159	2	235 －
Aisne	3	151	3	168	3	179
Allier	2	187 －	2	188	2	178
Alpes-de-Haute-Provence	1	83 ＋	1	85 ＋	1	130 ＋
Hautes-Alpes	1	85 ＋	1	88 ＋	1	113 ＋
Alpes-Maritimes	3	151	3	179	4	242 －
Ardèche	2	127 ＋	2	124 ＋	2	138 ＋
Ardennes	2	123 ＋	2	149 ＋	2	148 ＋
Ariège	1	146 ＋	1	140 ＋	1	136 ＋
Aube	2	118 ＋	2	123 ＋	2	144 ＋
Aude	2	134 ＋	2	134 ＋	2	149 ＋
Aveyron	2	154	2	146 ＋	2	135 ＋
Bouches-du-Rhône	5	194 －	5	219 －	7	251 －
Calvados	2	200 －	3	155 ＋	3	206
Cantal	2	93 ＋	2	88 ＋	2	79 ＋
Charente	2	156	2	161	2	170 ＋
Charente-Maritime	3	139 ＋	3	155 ＋	3	175
Cher	2	143 ＋	2	143 ＋	2	160 ＋
Corrèze	2	127 ＋	2	120 ＋	2	118 ＋
Corse	2	134 ＋	2	166	2	124 ＋
Côte-d'Or	2	168	2	185	3	164 ＋
Côtes-d'Armor	3	176	3	166	3	179
Creuse	2	94 ＋	2	83 ＋	2	65 ＋
Dordogne	2	194 －	2	189	2	193
Doubs	2	149	2	173	3	161 ＋
Drôme	2	134 ＋	2	142 ＋	2	207
Eure	2	158	2	172	3	171 ＋
Eure-et-Loir	2	129 ＋	2	132 ＋	2	198
Finistère	4	181	4	183	4	209
Gard	2	190 －	2	205 －	3	195
Haute-Garonne	3	171	3	181	4	231 －
Gers	2	95 ＋	2	93 ＋	2	87 ＋
Gironde	4	214 －	4	230 －	5	242 －
Hérault	3	154	3	159	3	264 －
Ille-et-Vilaine	3	193 －	3	197 －	4	199
Indre	2	126 ＋	2	124 ＋	2	118 ＋
Indre-et-Loire	2	175	2	188	3	176
Isère	3	191 －	3	219 －	4	254 －
Jura	2	108 ＋	2	112 ＋	2	124 ＋
Landes	2	124 ＋	2	127 ＋	2	155 ＋
Loir-et-Cher	2	121 ＋	2	120 ＋	2	153 ＋
Loire	3	211 －	4	168	4	186
Haute-Loire	4	114 ＋	2	213 －	2	103 ＋
Loire-Atlantique	4	166	4	192 －	5	210 －
Loiret	2	173	2	186	3	193
Lot	2	77 ＋	1	146 ＋	2	77 ＋
Lot-et-Garonne	2	133 ＋	2	135 ＋	2	152 ＋

Lozère	1	91 ＋	1	81 ＋	1	72 ＋
Maine-et-Loire	3	165	3	178	3	235 －
Manche	3	145 ＋	3	154 ＋	3	159 ＋
Marne	2	193 －	3	143 ＋	3	186
Haute-Marne	2	91 ＋	2	103 ＋	2	102 ＋
Mayenne	2	128 ＋	2	125 ＋	2	139 ＋
Meurthe-et-Moselle	3	176	3	216 －	4	177
Meuse	2	94 ＋	2	108 ＋	2	98 ＋
Morbihan	3	169	3	176	3	206
Moselle	3	207 －	4	211 －	5	202
Nièvre	2	124 ＋	2	121 ＋	2	116 ＋
Nord	9	213 －	9	242 －	11	230 －
Oise	2	198 －	3	154 ＋	3	241 －
Orne	2	137 ＋	2	141 ＋	2	141 ＋
Pas-de-Calais	6	195 －	6	221 －	7	204
Puy-de-Dôme	3	160	3	163	3	198
Pyrénées-Atlantiques	3	139 ＋	3	143 ＋	3	192
Hautes-Pyrénées	2	101 ＋	2	104 ＋	2	112 ＋
Pyrénées-Orientales	2	114 ＋	2	117 ＋	2	181
Bas-Rhin	4	168	4	182	4	238 －
Haut-Rhin	3	157	3	177	3	190
Rhône	5	184 －	5	201	7	215 －
Haute-Saône	2	101 ＋	2	107 ＋	2	114 ＋
Saône-et-Loire	3	169	3	174	3	186
Sarthe	3	137 ＋	3	145 ＋	3	171 ＋
Savoie	2	118 ＋	2	132 ＋	2	174
Haute-Savoie	2	135 ＋	2	153 ＋	3	189
Seine	20	239 －	22	249 －		
Seine-Maritime	4	211 －	5	199 －	6	205
Seine-et-Marne	3	136	3	163	4	269 －
Seine-et-Oise	7	200 －	8	238 －		
Deux-Sèvres	2	156	2	159	2	172
Somme	3	147 ＋	3	159	3	182
Tarn	2	149	2	156 ＋	2	171 ＋
Tarn-et-Garonne	2	84 ＋	2	88 ＋	2	100 ＋
Var	2	185 －	3	145 ＋	3	272 －
Vaucluse	2	125 ＋	2	141 ＋	2	234 －
Vendée	2	199 －	2	199 －	3	170 ＋
Vienne	2	157	2	164	2	190
Haute-Vienne	2	168	2	160	2	177
Vosges	2	171	2	192 －	2	193
Yonne	2	133 ＋	2	134 ＋	2	162 ＋
Territoire-de-Belfort	1	87 ＋	1	105 ＋	1	134 ＋
Seine						
Paris					12	179
Hauts-de-Seine					7	199
Seine-St-Denis					6	230 －
Val-de-Marne					6	203
Seine-et-Oise						
Val-d'Oise					4	262 －
Yveliness					5	261 －
Essonne					5	217 －

＊＋は一議席あたりの人口の全国平均より10%を超えて過大に代表されている場合、
－は一議席あたりの人口の全国平均より10%を超えて過小に代表されている場合。

F. Chevalier, op. cit. , pp.192-195 より作成。

［表９］　選挙区（県）間での過小代表・適正代表・過大代表の推移

		1875年	1884年	1936年	1946年	1948年	1958年	1995年
	一議席あたりの人口の 全国平均（千人）	169	128	136	202	165	174	191
過小代表の県	県の数 %	19 20%	16 18%	12 13%	18 20%	20 22%	16 18%	20 21%
	人口（千人） %	19097 35%	12437 33%	15884 38%	14476 36%	18374 45%	19613 44%	21813 38%
	議席数 %	57 27%	72 24%	59 19%	48 24%	88 36%	86 34%	91 31%
	一議席あたりの人口 過小代表率（%）	230 −36%	173 −35%	269 −98%	301 −49%	209 −27%	228 −30%	239 −25%
適正代表の県	県の数 %	29 33%	38 44%	19 21%	29 32%	27 30%	28 31%	37 38%
	人口（千人） %	11854 32%	16393 44%	8526 20%	13285 33%	11635 29%	11680 29%	24606 43%
	議席数 %	73 33%	130 45%	64 2%	65 33%	71 29%	74 29%	129 44%
	一議席あたりの人口 不均衡率（%）	162 4%	126 1.5%	131.5 3%	204 −1%	164 0.6%	171 2%	190 −0.5%
過大代表の県	県の数 %	39 45%	33 38%	59 66%	43 48%	43 48%	46 51%	39 40.6%
	人口（千人） %	11956 33%	8839 23%	17502 42%	12745 31%	10497 26%	11986 27%	10042 18%
	議席数 %	88 41%	91 31%	184 60%	87 43%	87 35%	95 37%	78 26%
	一議席あたりの人口 過大代表率（%）	136 20%	97 24%	95 30%	146 28%	120 27%	126 28%	128 33%

F. Chevalier, op. cit. , p.196.

以下の県は定数二、六五万人以下の県は定数三、九〇万人以下の県は定数四、一一五万人以下の県は定数五、一四〇万人以下の県は定数六、一六五万人以下の県は定数七となる（［表７］参照）。

しかし、大まかに言うと、一議席目の配分単位が一五万人で、二議席目以降の配分単位が二五万人であるからどうしても不均衡が生じてしまうことになる。確かに、人口一三万ほどの県（Alpes-de-Haute-Provence）は定数一であり、人口二七万ほどの県（Aveyron）は定数二であるから、人口と議員定数が比例しているが、人口一六万ほどの県（Cantal）も人口三二万ほどの県（Cher）もともに定数二となっている。とりわけ、定数配分の境界付近では不均衡が大きくなる。たとえば、定数一の Ariege の人口は一三万六四五五人、定数二の Lot の人口は一五万五八一六人であり、定数二の Ain の人口は四七万一〇一九人、定数三の Manche の人口は四七万九六三六人であり、その差はわずかなものである。一九九五年現在の最大格差は四・一四倍である（最も過大に代表されているのは Creuse であり、人口一三万一三四九人、定数二、議員一人あたりの人口六万五六七四人、これに対して最も過小に代表されているのが Var であり、人口八一万五四四九人、定数三、議員一人あたりの人口二七万一八一六人である）。

このような議員定数の不均衡、つまり過大に代表されている県と過小に代表されている県の存在はほぼ恒常化している。［表8］は、一議席あたりの人口の全国平均と各県での一議席あたりの人口を整理したものである。一議席あたりの人口が全国平均より少なくとも一〇％少ない場合、その県は過大に代表され、全国平均より少なくとも一〇％多い場合、その県は過小に代表され、プラス・マイナス一〇％にとどまる場合、適正に代表されているものとして示されている。また、［表9］は、過大代表の県、適正代表の県、過小代表の県の割合などを整理したものである。これにより一九五八年の状況と一九九五年の状況を比べてみると、過小代表の県が増えているものの、適正代表の県が増え、過大代表の県が減少し、定数配分の不均衡が多少は改善していることがうかがえる。さらに、一議席あたりの人口の全国平均からの乖離率が高い県を整理した［表10］からは、人口の少ない県（農村部を多く含む県）が過大に代表されており、人口の多い県（都市部を多く含む県）が過小に代表されていることがわかる。［表10］で示されているように、三〇％超の過大代表県はすべて人口二五万人以下の県である。過小代表県のリストには人口九〇万人以上の県が多く含まれているのが目につく。リストに載っていない人口九〇万人以上の県は、リストに載っている同規模の県より若干人口が多いために定数が一つ増やされている県である（［表7］の定数四の Val-d'Oise と定数五の Loire-Atlantique、定数四の Seine-et-Marne と定数五の Essonne、定数五の

［表10］　全国平均からの乖離率の高い過大代表県・過小代表県

過大代表の県			
県　　名	人　　口	議席数	１議席あたりの人口
50％超			
Creuse	131349	2	65674
Lozère	72325	1	72325
Lot	155816	2	77908
Cantal	158723	2	79361
Gers	174587	2	87293
40－50％			
Meuse	196344	2	98172
Tarn-et-Garonne	200220	2	100110
Haute-Marne	204067	2	102033
Haute-Loire	206568	2	103284
Hautes-Pyrénées	224759	2	112379
Hautes-Alpes	113300	1	113300
30－40％			
Haute-Saône	229650	2	114825
Nièvre	233274	2	116689
Corse-du-Sud	118174	1	118174
Indre	237510	2	118755
Corrèze	237908	2	118954
Jura	248759	2	124379
Alpes-de-Haute-Provence	130883	1	130883
Haute-Corse	131563	1	131563
過小代表の県			
県　　名	人　　口	議席数	１議席あたりの人口
40－50％			
Var	815449	3	271816
Seine-et-Marne	1078166	4	269541
30－40％			
Hérault	794603	3	264867
Val-d'Oise	1049598	4	262399
Yvelines	1307150	5	261430
Isère	1016228	4	254057
Bouches-du-Rhône	1759371	7	251338
20－30％			
Alpes-Maritimes	971829	4	242957
Gironde	1213499	5	242699
Oise	725603	3	241867
Bas-Rhin	953053	4	238263
Maine-et-Loire	705882	3	235294
Vaucluse	467075	2	233537
Ain	471019	2	235509
Haute-Garonne	925962	4	231490
Seine-St-Denis	1381197	6	230189
Nord	2531855	11	230168

F. Chevalier, op. cit. , p.206.

［表11］　市町村の規模による市町村代表

人口ごとの市町村のカテゴリー	市町村数	市町村の人口の合計	全人口に占める割	市町村代表数	全市町村代表に占める割合	市町村代表一名ごとの人口
−500	21704	4750116	8.39	1	16.17	218.85
500−1499	9216	7760054	13.7	3	20.60	280.67
1500−2499	2213	4256980	7.51	5	8.24	384.72
2500−3999	1275	3983148	7.03	7−15	8.46	350.81
4000−9999	1328	8063752	14.64	15−29	15.77	376.75
10000−29999	589	9992057	17.64	33−35	14.73	505.64
30000−49999	130	5093063	8.99	39−62	4.94	768.18
50000−69999	37	2137940	3.77	65−88	2.47	642.79
70000−99999	24	1976245	3.49	89−122	1.84	799.12
100000−499999	33	5648165	9.97	125−538	5.29	795.51
Lyon	1	422444	0.74	465	0.34	908.48
Marseille	1	807726	1.42	878	0.65	919.96
Paris	1	2175200	3.84	2308	1.72	942.46

F. Chevalier, op. cit. , p.216.

Gironde と定数六の Val-de-Marne、定数六の Seine-St-Denis と定数七の Hauts-de-Seine)。[8]

なお、元老院の議員定数配分に関する憲法院判決は見られない。[9]

㈡　市町村間での選挙人数の不均衡

各県への選挙人数の割当てにも問題がある。たとえば、国民議会議員定数の各県への割当てにも不均衡が存するところであるが、元老院選挙人団における市町村代表の圧倒的な比重からするとここではそれを無視することができるので、ここでは市町村への選挙人数の割当ての不均衡について見ておこう。

市町村会代表一名あたりの人口の全国平均は四一八人であるが（全人口五六六一万四四九三人÷市町村代表一万三四七三名）、すでに示した［表6］からもわかるように、人口一万人の市町村と人口一万五千人の市町村を境に市町村の人口が多くなればなるほど全国平均からの乖離が大きくなる。市町村代表の配分においても、大規模な市町村は過小に代表され、小規模な市町村は過大に代表される傾向がある。[10]［表11］の数字を整理してみると以下のことが指摘されうる。

人口二五〇〇人未満の非常に小規模な市町村は三万三一三三団体あり、その人口は全人口の二九・六％であるにもかかわらず、市町村会代表全体の四五％を占めている。市町村会代表一名あたりの人口は二九四人で、全国平均四一八人と比べると二九・七％の過大代表となっている。

人口二五〇〇人から九九九九人までの市町村は二六〇三団体あり、その人口は全人口の二一・六七％、市町村会代表全体の二四・二三％である。市町村会代表一名あたりの人口は三六三人で、一三％ほどの過大代表となっている。

人口一万から二万九九九九人までの市町村は五八九団体あり、その人口は全人口の一七・六四％、市町村会代表全体の一四・七三％である。市町村会代表一名あたりの人口は五〇五人で、二〇・八％の過小代表となっている。

人口三万人以上の市町村は二二七団体あり、その人口は全人口の三一・二二％を占めているにもかかわらず、市町村会代表全体の一七・二五％しか占めていない。市町村会代表一名あたりの人口は八二四人で、九八・五％の過小代表となっている。

要するに、前二者はほぼ農村部の市町村であり、後二者は都市部の市町村であると言える。前二者は全人口の五一％で市町村会代表全体の六九・二％を占め、後二者は全人口の四九％で市町村会代表全体の三〇・八％を占めるにとどまっている。このような現状は平等選挙の観点からすると、深刻な問題をはらんでいる。現行制度を前提として、過小代表の都市部に人口に応じた市町村会代表を割り当てるとすれば、補充代表を拡充するしかない。しかし、補充代表は市町村会が選出するので、その限りで普通選挙に基づかない選挙人が激増することになる。結局、平等を追求することが、憲法三条三項の普通選挙原則を空洞化することになりかねず、また、間接選挙による元老院選挙自体の民主的正当性をも疑わしいものとするおそれがある。「間接選挙による元老院選挙と普通選挙原則との整合性は、選挙人団の大多数が普通選挙によって選ばれた議員であることにより保たれているからである(11)」。

㈢　同一県内の市町村間での選挙人数の不均衡

右に見た市町村間での選挙人数の不均衡は、県が選挙区となっているので、同一県内の市町村間での選挙人数の不均衡として考えると、選挙結果そのものに大きな影響を及ぼしていると言える。もちろん、同一県内の市町村が同質的であれば、すなわち、小規模な農村部の市町村が大多数を占めているとか、反対に人口の多い都市部の市町村が大多数を占めているならば、同一県内の市町村間での選挙人数の不均衡は小さくなるだろう。しかし、それは例外的であり、一般的に各県は規模の異なる市町村から構成されている。かくして、本土の県の八五％が大きな不均衡を被っていると指摘されている[12]。また、本土の九六県のうち二六県では人口千人未満の市町村の人口が県全体の人口の半分にも満たないにもかかわらず（さらには三分の一にも満たないこともある）、これらの市町村の選挙人が当該県の選挙人団の多数派をなしている。たとえば、Haute-Marne や Hautes-Pyrénées では人口千人未満の市町村の人口が県の人口のそれぞれ三七％、三五％であるにもかかわらず、それらの市町村代表がともに選挙人団の六二％を占めている。反対に、人口二万人以上の市町村の人口が県の人口の過半数を占めているのに、その市町村代表が県の選挙人団の中では少数派である県が五つある。たとえば、Rhône では人口二万人以上の市町村の人口が県の人口の六五％であるのに、その市町村代表は選挙人団の四五％に過ぎない[13]。ともあれ、小規模な市町村、つまり農村部の優遇は否めないところであり、現行の選挙制度がそこに地盤を持つ候補者、政党に有利に働くことは確かである。

㈣　投票方式の問題点

元老院選挙の投票方式および市町村会代表の選出方式（市町村会選挙と市町村会内での代表選出方式）[14]が、農村部に地盤を持つ候補者、政党（中道右派・右派）に有利に働くことも見逃すことができない。

すでに見たように、元老院議員の選挙は、定数四名以下の選挙区、つまり人口の少ない県では多数代表連記二回投票制で行われる。第一回投票では、有効投票の過半数かつ登録選挙人数の四分の一の得票数を獲得した者が当選する。第二回投票は相対多数で決まる。この投票方式は本土の九六県のうち八一県で適用され、本土の定数二九六名のうち一九八名、六六・九％が選出される。多数代表制は支配的な政治的傾向を増幅するので、農村部の市町村選出の市町村会代表の投票が選挙結果を左右することになる。したがって、農村部に地盤を持つ候補者、政党が議席を独占することが可能となる。これに対して、定数五以上の人口の多い県では拘束名簿式の比例代表制（最大平均法）で選挙が行われる。この方式は本土の九六県のうち一五県で適用され、本土の定数二九六名のうち九八名、三三・一％が選出される。農村部に地盤を持ち都市部には弱い候補者、政党も比例代表制のおかげでそれなりの議席を得ることが可能である。[15] したがって、農村部に地盤を持つ候補者、政党が不利になることはないと言える。

また、市町村会代表の選出方式も農村部に支持地盤を持つ政治勢力に有利である。第一に、市町村会代表の選出母体である市町村会議員の選挙は、人口三五〇〇人未満の市町村では多数代表連記二回投票制で行われ、人口三五〇〇人以上の市町村では拘束名簿式比例代表制（最大平均法）で議席の半数が付与される多数代表制で行われる（L二六二条）。第二に、人口九千人未満の市町村での市町村会代表の選出は、すでに見たように多数代表連記三回投票制で行われる。第三に、人口三万人以上の市町村での補充代表は拘束名簿式比例代表制（最大剰余法）で行われる。したがって、ここでも、農村部に支持地盤を持つ政治勢力が不利になることはないと言える。

(五)　元老院選挙制度の機能的特質

右に見たことから元老院の選挙制度は、農村部を基盤とする政治勢力を過大に代表するといった機能的特質を有すると考えられる。すでに示した国民議会選挙についての［表1］と元老院の議席分布に関する［表12］を比

［表12］　元老院の議席分布

	共産党		社会党		中道左派		中道右派		右派		ゴーリスト		計
1947年	87	28%	63	20%	45	14%	74	24%	45	14%		−	315
1949年	21	7%	61	19%	86	27%	22	7%	72	22%	58	18%	320
1952年	17	5%	56	18%	75	23%	28	9%	89	28%	55	17%	〃
1955年	14	4%	57	18%	78	24%	25	8%	103	33%	43	13%	〃
1958年	16	5%	59	19%	74	23%	26	8%	104	33%	41	12%	〃
1959年	14	5%	53	17%	67	22%	35	11%	99	32%	40	13%	308
1962年	14	6%	53	19%	50	18%	35	13%	88	32%	34	12%	274
1965年	14	6%	52	19%	53	19%	39	14%	84	30%	32	12%	〃
1968年	18	6%	52	18%	43	15%	47	16%	73	26%	36	13%	283
1971年	18	6%	49	17%	38	13%	46	16%	75	26.5%	38	13%	〃
1974年	20	7%	52	18%	35	12%	55	19%	76	27%	30	11%	〃
1977年	23	7.5%	62	21%	40	13.5%	60	20%	69	23%	32	11%	295
1980年	23	7.5%	69	23%	39	13%	67	22%	52	17%	41	13%	305
1983年	24	8%	70	23%	39	12%	72	22%	49	15%	58	18%	318
1986年	15	4%	64	20%	35	11%	70	22%	54	17%	76	24%	320
1989年	16	5%	66	21%	23	7%	67	21%	51	16%	91	28%	321
1992年	15	5.5%	68	21%	26	8%	64	20%	48	15%	91	28%	〃
1995年	14	4%	75	23%	24	7%	59	18%	50	16%	94	29%	〃

F. Chevalier, op. cit. , p.237.

較しながら、その特質をさらに検討しておこう。

第五共和制憲法下の一九五九年の選挙以降、元老院の議席分布にあまり大きな変動がなく安定していることが指摘されうる。もちろん、緩やかな変化であるが多少の変動はある。たとえば、国民議会では中道左派政党（急進派）は解体し、社会党と中道・右翼政党に吸収されていったが、元老院では現在もヨーロッパ民主社会連合（ＲＤＳＥ）として命脈を保っている。ただし、議席占有率は一九五九年の二二%から九五年の七%へと長期低落の傾向を見せている。社会党と中道右派政党（ＭＲＰおよびその後継者）は、中道左派政党の勢力を吸収しつつ徐々に党勢を拡大している。社会党の議席占有率は一九五九年の一七%から九五年には二三%となっており、中道右派政党の議席占有率も同様に一一%から一八%となっている。なお、中道右派政党は国民議会ではＵＤＦに組み込まれているが、元老院ではその独立を保っている。保守勢力の中では新旧の逆転が起きている。伝統的な保守勢力である右派政党は地方に確固たる基盤を持ち、一九五九年には三二%の議席占有率を誇っていた。これに対して、新保守勢力であるゴーリスト政党は国民議会では中心的な政党となっていたが、地方では基盤を確立することができず党勢が停滞していた。しかし、一九八三年の選挙以降、両者の議席占有率は逆転し、一九九五年では右派政党一六％、ゴーリスト政党二九％となっている。共産党は近年、国民議会でも党勢を低下させているが、元老院でも同様の傾向を示している(16)。

このように元老院での各政党の議席分布は変動しているが、それはかなり緩やかな変化である。しかし、この間、世論の変化がなかったのかというとそうではない。その証拠に、大統領の所属政党は、ゴーリスト政党（ド・ゴール、ポンピドゥ）、右派政党（ジスカール・デスタン）、社会党（ミッテラン）、ゴーリスト政党（シラク）と変動してきたし、国民議会でも一九八一年、一九八六年、一九九七年に多数派の入れ替えが生じてきた。もちろん、国民議会選挙は小選挙区制（多数代表二回投票制）であり、大統領選挙は独任機関の選挙（その意味では小選挙区制と同じ）であるから、世論の変動を敏感に反映しやすいと言える。だが、少なくとも、元老院選挙は世論の動きを敏感に反映するものではないということは言えそうである。このことは先述したように元老院議員選挙人の選出と元老院選挙自体のしくみに農村部の意向を過大に反映する効果があることや、元老院選挙と元老院議員選挙人の大部分を占める地方議会選挙の時期が一致していないこと、三年ごとの三分の一改選が全国的に行われるのではなく、A、B、Cの三つのグループに分けられた選挙区で三年ごとに順次行われること（一回の部分改選では全国の三分の一の世論しか反映されないし、Cグループに人口の多い県が多数含まれているので、比例代表で選出される議席が多いが、他のグループでは比例代表選出議席は少ない(17)）などから説明できよう(18)。

結局、元老院での各政党の議席分布の変動が緩やかであることは、元老院選挙が世論の変動を敏感に反映しないことと、これに加えて、三分の一の部分改選であるから各選挙時に各政党の議席分布に変動が起きたとしても元老院全体の議席構成にはあまり大きく反映しないこと（単純に言うと、連続して三回の部分選挙で議席の変動がないと全体の議席構成の変化は見られず、そのような変化が見られるようになるには九年かかる）から説明できる。

（7）Rapport Sénat n° 427(1998-1999), p.57. なお、この報告書は元老院選挙制度の改革に関する政府法案に関するものである。

（8）J.Grangé,"Les déformations de la représentation des collectivités territoriales et de la population au Sénat", Revue française de science politique, 1990, pp.7-8. も参照。

（9）元老院自身は、憲法三条の平等選挙の原則は元老院が地方公共団体の代表を確保するとする憲法二四条に照らして解釈されなければならないとしている(Rapport Sénat n° 427(1998-1999), p.47.)。そうすると国民議会の場合よりもさらに緩やかな基準が適用されることになろう。

（10）F.Chevalier, op.cit., pp.218-219.

（11）只野・前掲論文二四一―二四二頁。

（12）J.Grangé, op.cit., p.16.

（13）ibid., pp.17-19.

（14）ibid., p.34.

（15）只野・前掲論文二四三頁も参照。

（16）F.Chevalier, op.cit., pp.233-265.

（17）比例代表で選出される議席は、Ａグループでは一二・一％、Ｂグループでは二九％、Ｃグループでは五一％である(J.Gicquel et A.Hauriou, Droit constitutionnel et institutions politiques, Montchrestien, 1985, p.842.)。

（18）山崎「二院制に関する一考察」前掲二〇〇頁以下も参照。

三　統治機構における元老院の位相

すでに見たように、元老院は憲法上、地方公共団体の代表を確保するとされている。このことは、県が選挙区とされ、元老院議員の選挙人団が国民議会議員を除けば、地域圏議会議員、県会議員、市町村会代表から構成さ

［表13］　元老院議員の兼職状況（1996年）

政　党　名	CRC	SOC	RDSE	UC	RPR	RI	NI	計
員　　　数	15	75	24	59	92	45	9	319
市町村の公選職								
－市町村長	4	37	9	29	48	26	2	155
－政党ごとの割合	27%	49%	38%	19%	52%	58%	22%	49%
－市町村議会議員	5	20	2	10	14	7	－	58
計	9	57	11	39	62	33	2	213
県の公選職								
－県会議長	－	6	4	11	8	9	1	39
－県会副議長	2	8	2	8	21	14	2	57
－県会議員	2	21	6	11	21	9	1	71
計	4	35	12	30	50	32	4	167
地域圏の公選職								
－地域圏議会議長	－	－	－	－	3	－	－	3
－地域圏議会副議長	－	－	1	1	5	2	－	9
－地域圏議会議員	1	6	2	5	4	1	2	21
計	1	6	3	6	12	3	2	33

＊CRC＝Communiste, SOC＝Socialiste , RDSE＝Rassemblement Démocratique et Européen,
UC＝Union Centrise, RPR＝Rassemblement pour la République,
RI＝Union des Républicains et des Indépendants, NI＝Non-Inscrits
F. Chevalier, op. cit. , p. 302.

れることで制度的に担保されている。ただし、この点について、M・デュヴェルジェが、元老院選挙人団における地域圏と県の軽視、市町村の圧倒的な重視をもって現行選挙制度は地方公共団体の代表を確保するものではなく、憲法二四条にも違反すると指摘していることは重要である（同時に、彼は現行制度が平等選挙を定めた憲法三条にも違反するとしている）[19]。

地方公共団体の代表ということに関して看過してはならないのは、元老院議員が人的にも地方公共団体と国政を結びつけていることである。すなわち、このことは元老院議員職と地方公選職の兼職により担保されている[20]。［表13］、［表14］および［表15］を見ると、このことが理解されよう。たとえば、市町村の公選職を兼職している元老院議員は二一三人、六六％にもなり、そのうち、市町村長との兼職者は一五五人、四九％である。県の公選職を兼職している元老院議員は一六七人で五二％である。二つ以上の地方公選職を兼職にしている元老院議員は一四四人、さらに、一つの地方

［表14］　元老院議員の複数の兼職状況（1996年）

政　党　名	CRC	SOC	RDSE	UC	RPR	RI	NI	計
員　　数	15	75	24	59	92	45	9	319
元老院議員・市町村長と								
－県会議長	－	4	3	7	6	6	－	26
－県会副議長	1	5	1	5	12	12	2	38
－県会議員	－	13	1	8	12	4	－	38
計	1	22	5	20	30	22	2	102
元老院議員・市町村長と								
－地域圏議会議長	－	－	－	－	1	－	－	1
－地域圏議会副議長	－	－	－	－	4	－	－	4
－地域圏議会議員	－	1	1	4	－	－	－	6
計	－	1	1	4	5	－	－	11

F. Chevalier, op. cit. , p. 302.

［表15］　元老院議員と国民議会議員の兼職状況（1996年）

	元　老　院		国　民　議　会	
兼職		93.15%		84%
非兼職	22	6.85%	91	16%
国会議員＋一つの地方公選職	117	36.5%	307	53%
国会議員＋二つ以上の地方公選職	144	45%	168	30%
国会議員＋一つの地方公選職＋県会議長または地域圏議会議長	27	8.5%	15	2.6%

＊国民議会議員は1995年の数字
F. Chevalier, op. cit. , p. 302.

公選職と県会議長ないし地域圏議会議長という要職を兼職している元老院議員は二七人いる。結局、少なくとも一つの地方公選職を兼職している元老院議員は九三・一五％にもなり、非兼職者は二二人、六・八五％にとどまる。ただし、地方公選職との兼職は元老院議員にのみ見られるわけではなく、元老院議員よりも比率は低くなるが国民議会議員にも見られる。ともあれ、国会議員と地方公選職の兼職により国政と地方の結びつきが確保され、地方の利益が国政に反映されると評価できるとしても、このような兼職が議員の欠勤の主な原因となっており、また、政治腐敗の原因の一つともなっていると批判されていることは留意されなければならないだろう[21]。

次に、統治機構における元老院の位置や役割について考えてみよう。従来、元老院は、その独特な選挙制度、つまり、間接選挙、三年に一度の部分改選[22]および主に地方公選職からなる選挙人団、九年というかなり長い任期、三五歳という被選挙年齢などが要因となって、地方政治の経験を積んだ人物が元老院議員となり、その立法活動において専門的な能力を発揮し、時々の政治的傾向を敏感に反映する国民議会に対して、熟慮院 (Chamble de réflexion)として、また、国政の調整機関として機能してきたと言われてきた[23]。

この点、元老院自身も、選挙制度のあり方を含めて、以下のように自身の立場を説明している。すなわち、国民議会議員の選挙は、政府が安定した議会多数派を持つ必要があるので、有権者が政府を支持する議会多数派を生み出せるような選挙制度が求められる（これは原則的に人口に基づいて形成されるが、一定限度でカントンの境界の尊重や過疎県への最少議席の保障といった一般的利益の要請が考慮されうる）。これに適合的な制度は小選挙区多数代表制である。これに対して、元老院選挙制度の目的は、地方の民主主義に根ざした代表を確保することにある。したがって、元老院選挙制度は政府を支持する多数派を生み出すものでなくてよい。そもそも、国民議会と元老院では本来の職務が異なっている。政府は国民議会で政府を支持する多数派を保持していれば、国民議会に立法の最終議決権を行使させることにより、元老院の支持がなくても自己の政策を実施することができる。執行権が優位する現代議会政においては、政府—国民議会多数派と異なる別の見解があることが必要である。それは元老院だけが示すことができる。また、元老院は国政の安定装置という側面を有する。そこから解散がないこと、九年と任期が長いこと、間接選挙で選出されること、三年ごとの三分の一の部分改選といったことが説明される。したがって、国民議会議員の選挙が国民が選択した基本方針を示し、その多数派の変動が国民意思の変化を表すものであるとしても、元老院議員の選挙は国民意思の変化を直ちに表さなくてもよく、徐々に反映していけばよ

いのである。元老院は国家の継続性を表し、時々のモードに隠された国民の基本的な指標を保持するのである、と。(24)

しかしながら、このような言明には直ちに首肯しえないところがある。たとえば、J・グランジェが指摘するように、選挙制度に不平等さが残り、常に中道・右派が元老院の多数派を形成してきたためその代表性に疑問が残る元老院は「ぶれた振り子」である。左翼政党が多数派であるときには政治システムを止めてしまい、右派政党が多数派であるときにはそれを補強するからである。よって、元老院が真の対抗権力であるとか調整機関であるとか単純には言えない。(25)要するに、元老院が「地方公共団体の代表」、「熟慮院」または「対抗権力」であると言っても、不平等な選挙制度のためにそこに民意が公正に反映していない以上、それは特殊利益を擁護する圧力団体と等価であり、対抗権力ではなく国政の円滑な運営を妨げる厄介者に過ぎないだろう。やはり、間接選挙であるにしても、民意を公正に反映した存在でなければ、「政府―国民議会多数派」に対する真の対抗権力とは言えないだろう。この点、J・グランジェが、元老院の選挙制度として比例代表制を採用することを示唆していることは留意されてよい。(26)

(19)　M.Duverger, Le système politique francais, 18e éd., 1985, pp.222-224.

(20)　兼職については、以下の文献を参照。佐川泰弘「フランス政治・行政システムにおける兼職についての一考察」明治大学大学院紀要三〇集（一九九三年）、同「フランスの中央―地方関係―公職兼任を中心にして」桜井陽二編『フランス政治のメカニズム』（芦書房、一九九五年）、久邇良子「フランスにおける公職兼任制度―中央対地方の拮抗関係の一考察」、片岡寛光編『現代行政国家と政策過程』（早稲田大学出版部、一九九四年）、岡村茂「フランス地方分権化政策と公選職兼任―ミッテラン改革の評価をめぐって―」社会科学研究年報二一号（一九九一年）。一九八五年の二つの兼職制限法の下、国会議員、欧州議会議員、地域圏議会議員、県会議員、パリ市会議員、人口二万人以上の市町村の長、人口一〇万人以上の市町村の助役のうち兼職は二つまでに制限されている。さらに、地域圏議会と県会の議長職の兼任も禁止されている。

(21)　F.Chevalier, op.cit., p.297.

(22) 元老院議員と国民議会議員の平均年齢を比較してみると、一九九五年でそれぞれ六一歳、五四歳である(F.Chevalier, op.cit., p.311.)。
(23) J.Grangé, op.cit., pp.39-40.
(24) Rapport Sénat n° 427(1998-1999), pp.9-25.
(25) J.Grangé, op.cit., p.41. なお、グランジェは、真の対抗権力は憲法院だと主張しているが(ibid., p.41.)、違憲審査機関である憲法院は法的な対抗権力であるとしても、政治的な対抗権力とは言えないだろう。
(26) J.Grangé,"L'efficacité normative du Sénat", Revue française de science politique, 1984, p.985.

むすびにかえて

最後に、元老院が政府―国民議会多数派に対する対抗権力となるという考え方をヒントとして、日本の状況を念頭に置きながら若干付言することでむすびにかえたい。現代の権力分立が、「政府」対「議会」の図式ではなく、「政府―議会多数派」対「議会反対派（少数派）」の図式になっていることは周知のところであるが、このコンセプトを二院制を視野に入れて組み直して、「政府―第一院多数派」対「第二院」の権力分立として把握することも可能であろう。とりわけ、第一院の選挙制度が、多様な民意がその大きさに応じて議席に反映される選挙制度ではなく、民意の主な傾向が議席に拡大されて反映し、政府を支持する安定した多数派が形成されることを目指す選挙制度である場合、第一院の反対派（少数派）にだけ「政府―議会多数派」の対抗権力となることを期待することは、無意味ではないとしても、荷が重過ぎよう。第一院とは異なる時期に異なる（もちろん平等選挙が保障された、そして第一院に適切に反映されず、いわば切り捨てられた民意も拾い上げるような）選挙制度で選出された第二院にその役割が期待されよう。もちろん、第二院の多数派が第一院の多数派と一致することになれば、その限りでは第二院が対抗権力になりえないと言えるが、それでも異なる選挙制度で選出された両院が一致しているのであるから、第二院の存在理由が薄まるとしても（とはいえ、それでもなお、第一院より任期の長い第二院が長期的な視点から政策形成に寄与しうることを看過してはならない）、取り立てて問題はなかろう。ここでのポイントは両院が異なる時期に異なる選挙制度で選出されているか否かである。ここで確認しておくべきことは、第一院と第二院の政党構成が異なり、国政が「政府―第一院多数派」の思惑通りに立ち行かないとしても、それは決して病理現象ではないということではなかろうか。

第八章　経済社会評議会

はじめに

現在の日本において、諮問機関が政治・行政の領域、あるいは政策形成・政策執行の領域において、大きな役割を果たしている。このような諮問機関の効用としては、①行政の民主化、②専門知識の導入、③公正の確保、④利害の調整、⑤各種行政の総合調整等が挙げられ、これに対して、その負の側面として、①行政当局の原案を追認するための「御用機関」となっていること、②世論の批判（反対）をかわし行政当局の責任を転化するための「カクレミノ」となっていること、③審議会が国会の代役を果たし国会を形骸化していること等が指摘されている。(1)

本章では、現代型行政国家の典型であり、諮問行政の先進国であるフランスに素材を求め、憲法上の諮問機関という特異な性格を持つ経済社会評議会について考察することにより、日本の諮問機関に関する研究の手掛かりを得たいと思う。

（1）　金子正史「審議会行政論」『現代行政法大系第七巻行政組織』（有斐閣、一九八八年）一一八頁―一二〇頁。また、手島孝教授も、「審議会制度には、一方で、現代国家における政治的統合の公式機関たる議会ないし―実力的ではあるが―すぐれて非公式の機関としての政党による地理的・政治的な代表のみではもはやカバーできない

―なかんずく職能代表・利益代表など―多元的な民意調達にルートを開く民主化的可能性、他方、政府官僚制の能力を超える専門的な知見・経験を民間から吸収し活用するパイプとなる専門化的可能性があり、これらこそ、この制度の二大メリットというべきであろう。他に、公正の確保、利害の調整、各種行政の総合調整などにも論及されるが、それらは制度の本質には周辺的にとどまると思われる」としつつ、審議会の利用へと強く誘惑する「隠れたる働き」として、民主性ないし専門性を「錦の御旗」とする政策「権威づけ」「正当化」の作用、責任転嫁の「かくれみの」作用、世論誘導・操作の作用、政府の政策原案に「喝采」を送る「御用機関」的作用などがあると述べる（同『ネオ行政国家論』（木鐸社、一九九一年）一四〇―一四一頁）。

一　前史

第五共和制の経済社会評議会を考察する前に、それに先行する種々の利益代表的諮問機関、第三共和制の全国経済評議会（Conseil national économique）、第四共和制の経済評議会（Conseil économique）および第五共和制憲法の制定過程における経済社会評議会をめぐる議論について簡単に触れておこう。

(一)　全国経済評議会創設まで

フランスでは、すでにアンシャン・レジームにおいて、経済委員会（一六〇一年設置。一六〇四年、商業会議に改組された）、商業一般会議（一七〇〇年設置）、より一般的なものとして全国三部会（一三〇二年の集会が最初とされる）といった職能身分代表的な組織が存在した(2)。

しかし、個人主義を指導原理とする大革命により、職能代表制の土台は崩された。国家機関への経済的社会的利益の代表という観念は、「すべての主権の淵源は、本質的に国民にある。いかなる団体も、いかなる個人も、国民から明示的に発しない権威を行使することはできない」とする人権宣言三条と矛盾する。かくして、一七九一年のル・シャプリエ法は、あらゆる被用者あるいは使用者の結社を禁じたのである。(3) ただし、シェイエスがこの時期、農村の産業、都市の産業および全国の文化的産業のほぼ同数の代表者からなる議会を提唱していたことは留意されてよい。(4)

一八四八年の二月革命後、いわゆるリュクサンブール委員会（政府労働委員会）が設置された。これは労働者の代表と使用者の代表を含む諮問機関であったが、ごく短命に終わった。革命が反動期に入り、第二帝政期になると、職能代表制は葬られた。その後、第三共和制成立時に、元老院に関連して職能代表制の論議が再燃したが、実現はしなかった。(5) だが、市民社会の変容は各種の職能利益団体を生み出し、一八六七年以降、それらは法認されていった。これに応じて、中央農業審議会（一八八二年改組設置）、中央商工業審議会（一八八二年設置）、中央労働審議会（一八九一年設置）等の職能利益代表的諮問機関が創設された。当初、これらの審議会の構成員については大臣の自由選任制を原則としていたが、その後、職能別選挙制が採用されるようになった（たとえば、中央労働審議会の場合、一八九九年から）。さらに、この種の審議会が急増し、また、種々の職能利益団体が組織されるにつれて、一九二五年頃からは、最も代表的な団体による指名制がとられるようになった。(6)

このようにして、職能利益代表的諮問機関が整備されていったのであるが、この動きを加速したのが第一次世界大戦の勃発であった。すなわち、戦争遂行のための戦時経済体制下で国家は生産の再編のために各産業部門の協力を必要としたからである。「中間団体は再評価され、それゆえ、同時に、もはや個別的利益の単なる擁護者ではなく、一般的利益の正当な奉仕者とみなされた」のである。(7)

(二)　第三共和制の全国経済評議会

第一次世界大戦後、より一般的な職能利益代表に基づく制度創設への動きが活発になる。特に注目されるのは、一九二四年にCGT（労働総同盟）が提案した「経済会議」案である。これは、政府・生産者・消費者・専門家の代表からなる調査立案機関であり、いっさいの経済問題につき政府の諮問を受けるというものであった。(8) エリオ（E.Herriot）が率いる左翼連合内閣はこれに刺激され、一九二五年一月一六日のデクレにより首相の下に全国経済評議会を創設した。(9)

当初の全国経済評議会は、住民および消費（九名）・労働（三〇名）・資本（八名）の各部門を代表する四七名の正評議員からなる（各評議員は二名の代理を持つので、代理は九四名であり、これを入れると総数一四一名）。(10) 評議員は次のような社会的職能的カテゴリーから選任されるが、農業と商業の代表があまり考慮されていない。

Ⅰ　住民および消費
(a)　消費組合および購買連盟　三名
(b)　市町村長協会および市町村　二名
(c)　公役務利用者　二名
(d)　家族団体および相互扶助組合　二名

Ⅱ　労働
A　知的労働および教育　三名
B　管理的労働
(a)　工業　三名
(b)　農業　三名
(c)　商業　二名
(d)　運輸　一名
(e)　協同組合　一名

(f)　公役務　一名

C　賃労働

(a)　官吏　二名

(b)　技術者　二名

(c)　労働者①工業　五名　②商業　二名　③農業　一名　④運輸　二名

D　都市および農村の手工業　二名

Ⅲ　資　本

A　工業資本および商業資本　三名

B　不動産資本　二名

C　銀行、取引所、保険、貯蓄銀行　三名

評議員は消費・労働・資本の各部門の「最も代表的な団体」と政府が指定した団体から選ばれる。たとえば、「労働―賃労働―労働者―工業」のカテゴリーでは、五名の正評議員と一〇名の代理がCGT（労働総同盟）から任命されていた。また、専門家、政府関係者、両議院の関連委員会は議事に参加できる。

全国経済評議会は首相直属の機関であり、首相が議長となる。その下に副議長、事務局、常任委員会が置かれる。それは政府により諮問された事項（経済関係法律案については、議会提出後、義務的に諮問される）および自発的にとりあげた事項について、答申および調査研究を行う。実際の活動は、小委員会でなされ、これを受けて常任委員会が報告書を総会に提出し、総会は報告あるいは勧告の形式で議決をなし、政府にこれを伝達する。報告と勧告は官報で公表される。

その後、三〇年代の経済危機の下、労働組合や産業界がさらなる経済的社会的利益の表明を求めたため、これに応えるかたちで一九三六年三月一九日法律により改革がなされた。評議員は一七三名に増員された（さらに、一九三八年六月一四日のデクレ・ロワにより、評議員は二六〇名に増加した)。以前の住民および消費・労働・資本という三者構成が取り払われ、評議員は二〇の職業グループに分割され(一九三八年には、職業グループは二五になる)、各職業グループに対応した形で以前の小委員会に相当する職業別部会が設置され、これは労使同数の代表を含むことになった。全国経済評議会は、諮問機関であることに変わりはないが、政府の諮問機関であると同時に議会の諮問機関ともなり、また、当事者の要請により、経済的な紛争を仲裁する権限と労働大臣と協力して団体協約の作成に関与する権限が付与された。

しかし、この改革から程なくして第二次世界大戦が勃発したため、一九三九年一〇月一六日のデクレにより、全国経済評議会の活動は停止され、代わりにこれを縮小したような定員二一名の経済常任委員会(Comité permanent économique)が設置された[11]。その後、ヴィシー政府は、一九四〇年一二月三〇日の法律により、全国経済評議会と経済常任委員会を廃止した[12]。

ともあれ、第三共和制の全国経済評議会に対する評価は、その有用性がもはや疑われるものではなかったにせよ、総じて消極的である。労働組合はその権限の不十分さ、非効率、アカデミズムを批判していた。また、自己の権威に執着する議会は、普通選挙で選ばれていない機関が政治的決定に影響力を持つことを認めたがらず、全国経済評議会にほとんど諮問することもなく、その意見に耳を傾けることもなかった。この点、政府がしばしばこれに諮問したのとは対照的である[13]。要するに、専門的な能力の高さにもかかわらず、伝統的な議会—政府の統治機構の枠外にあったといえる。その意味で、「強力だが空回りするモーター」という比喩があてはまろう[14]。

(三) 第四共和制の経済評議会

第四共和制憲法の第一次草案の審議の際、M・R・Pは、国民議会の対重をなすものとして、地方公共団体、労働組合、経済団体、家族団体が代表される第二院の設置を主張したが、左翼からの批判にさらされ、この考えを放棄した。その代わり、国民議会の対重をなすものとして経済的社会的利益を代表する諮問機関が憲法に書き込まれることになった。第二次制憲議会でM・R・Pは、二院制の復活を図るために第二院から社会的職能的代表を取り除くことに同意したが、第二次草案でも経済的社会的利益を代表する諮問機関の規定は維持された。(15)この第二次草案が一九四六年一〇月一三日に国民投票で承認された。かくして、第三共和制において最初はデクレにより、次いで法律により根拠を与えられた経済評議会は憲法上の諮問機関となったのである。(16)

第四共和制憲法二五条は、「経済評議会は、その地位が法律により規律され、その権限に属する政府法案および議員法案を審議する。この政府法案は、国民議会が討議する前に、これにより経済評議会に提出される。さらに、経済評議会は、内閣により諮問されうる。それは完全雇用や物的資源の合理的利用を対象とする経済計画の作成について義務的に諮問される」と定めるのみである。当初の経済評議会の構成、権限および組織は、一九四六年一〇月二七日法律、一九四七年二月二四日のデクレ、一九四七年八月二〇日法律により具体化された。これらによれば、経済評議会の定員は一六四名であり、それは以下のようなカテゴリーに配分されていた。

①　ブルー・カラー労働者、ホワイト・カラー労働者、技術者、技師および幹部職員の代表　四五名
②　工業的企業の代表　二〇名
③　商業的企業の代表　一〇名
④　手工業者の代表　一〇名
⑤　農業組織の代表　三五名
⑥　協同組合の代表　九名
⑦　海外領土の代表　一五名
⑧　家族団体の代表　八名
⑨　パンセ・フランセーズにより適任とされた代表　一〇名

⑩　罹災者協会の代表　二名

これらの評議員は大部分がそのカテゴリーの最も代表的な団体の提案により任命され、残りが政府により任命された。

経済評議会の権限は、①経済的社会的性格の政府法案および議員法案を諮問に応じて審議すること、②国民経済に関するデクレ案について諮問に応じて意見を述べること（義務的に諮問されるのは、デクレの根拠となっている法律がすでに経済評議会に諮問されている場合である）、③自ら経済的、社会的および財政的問題を審査し、そのために必要な調査を行い、答申および提案を行うこと、④経済的社会的対立に関するあらゆる問題を付託され、当事者の請求と関係大臣の同意にもとづいてそのような対立を仲裁することである。

経済評議会の内部組織は議会に類似している。すなわち、経済評議会により選挙された理事部（議長、副議長、会計、書記からなる）、議会の本会議のような公開の総会（議員、大臣、政府委員は出席しうる）、議会の会派のように組織された職能会派（これは経済評議会に代表者を提案しうる諸団体を評議会内部で代表するものである）、議会の委員会のような研究委員会からなる。この研究委員会は、①国民経済委員会、②財政・金融・税制委員会、③工業生産委員会、④農業委員会、⑤商工委員会、⑥公土木・復興・都市計画委員会、⑦運輸・郵便電信電話・観光委員会、⑧労働・厚生・人口委員会、⑨フランス連合経済委員会の九つである。また、特別委員会も設置されうる。

一九五一年三月二〇日法律は、当初の経済評議会の構成と権限に修正を加えた。

構成については、新たに六つのカテゴリーを加えた。すなわち、貯蓄銀行代表（一名）、家主代表（一名）、観光事業代表（一名）、貿易業代表（一名）、中産階級代表（二名）、住宅代表（一名）である。また、パンセ・フランセーズ代表を二名減じて八名とし、海外領土代表を海外県・海外領土代表に名称を変更した。したがって、評議員の総数は一六九名となった。

権限について、一九五一年法律は限定を加え、経済評議会がその権限を行使するのは、経済的社会的事項にかかわる技術的権能の範囲内においてのみであるとしている。それゆえ、経済評議会は経済的、社会的および財政的な問題の審査を自ら付託し、このために「有益と思われる」調査を行い、「専門的かつ必要な」協議を行い、最終的に答申および提案を行うとされた（同法一条。一九四六年法律には、カギカッコ内の語句はなかった）。デクレ案に関する諮問は、その根拠となる法律がそれを明示的に要求している場合に限定された。経済的対立につき付託され仲裁を行う権限は、一度も行使されなかったこともあって廃止された。

第四共和制下での経済評議会の活動の実績をみてみると、三九九の答申を出していたが、そのうち政府の要請によるものが二六件、国民議会の要請によるものが四五件、自ら付託したものが三二八件であった。これらの答申やそれに先立つ報告書の内容は高い水準にあったといわれる。しかし、実際にはそれほど多くの反響を得ることはなかった。その理由のひとつは、経済評議会に対する議会の不信である。議会は経済評議会に干渉されたり、それと競合したりすることを怖れていたのである。議会が一九四九年以後、経済評議会に一度も諮問しなかったことはこの間の事情を物語っているといえよう。もうひとつの理由は、政府の不熱心さである。政府は他の個別的専門的な諮問機関から十分に情報を提供されていると考えていたのである。他方、経済評議会の政治化も非難されていた。つまり、経済評議会が専門的な審議会というよりもそこに議席を有する団体の利益を代表する機関となり、しばしば妥協的な答申を採択することがあったといわれる。かくして、経済評議会は議会のような外観を持ちながらも議会に劣り、諮問的な権限を持つにしても専門的な審議会に劣るものであるという評価が下されうるのである。(17)

(四)　第五共和制憲法制定過程における経済社会評議会

アルジェリア危機にともない一九五八年六月、ド・ゴールが首相に就任し、その政府に憲法草案作成の全権が付与された。この憲法草案作成において、経済評議会の改革が憲法制定者の主要な関心事であったとはいえない。しかし、ド・ゴールは社会的職能代表に関する独自の考えを持っていた。すでに彼は一九四六年六月のバイユー演説において、第二院に経済団体、家族団体および知的団体の代表が入れられるべきだと述べていた[18]。かくして、ド・ゴールは、憲法制定作業の中心人物であったミシェル・ドブレに、地方公共団体の代表と職業や労働組合の代表が同じ議院に議席を有するような改革を指示した。だが、経済的諸力の政治化を怖れていたドブレ等は、立法権は普通選挙にのみ由来し、また、選挙人団は市民の団体であり、労働者、農民、官吏、技術者、あるいは学者の団体ではないとして、これに反対した。とはいえ、あらゆる社会職能代表を憲法制度から排除することが問題ではなかったので、制憲過程における議論は第四共和制の経済評議会の枠組みの中での改良へと収斂していった[19]。憲法草案を作成した政府の考えは、新しい評議会を政府の諮問機関とすることであった。すなわち、一九五八年七月二九日に憲法諮問委員会(Comité consultatif constitutionnel)に提出された政府草案三六条は以下のように規定していた[20]。

「経済社会評議会は、その構成および権限が組織法律により定められ、政府法案、オルドナンス案、デクレ案ならびに政府によりそれに提出される議員法案について答申を行う。

本評議会は、前段で対象とされた政府法案もしくは議員法案の審議の際に、いずれかの議院でその答申を報告するためにその構成員のうち一名を任命する。

本評議会は、同様に経済的もしくは社会的性格を有するあらゆる問題について政府により諮問されうる。」

憲法諮問委員会での議論は二つの傾向に分かれていた。ひとつは第四共和制の経済評議会の効率性を改善すれば十分であるとするものであり、もうひとつは経済評議会をより強力にしようとするものであった。最終的には、前者が優勢であった[21]。八月一四日に公表された憲法諮問委員会の修正案三六条は以下のように規定していた。

「経済社会学術評議会は、その能力の故に、とりわけ共和国ならびに共同体の他の構成国の最も代表的な労働団体、職能団体および社会的団体により任命された者を含む。

本評議会の構成および権限は組織法により定められる。

本評議会はフラン圏として結合した構成国を受け入れることができる。

経済社会学術評議会は、その権限に属する政府法案、オルドナンス案、デクレ案ならびに政府によりそれに提出される議員法案について答申を行う。

本評議会は、前段で対象とされた政府法案もしくは議員法案の審議の際に、いずれかの議院でその答申を報告するためにその構成員のうち一名を任命する。

本評議会は、同様に経済的および社会的性格を有するあらゆる問題について政府により諮問されうる。それは経済的および社会的計画の策定について義務的に諮問される。」

この修正案の特徴は、評議会の名称を経済社会学術評議会としていること、評議員の任命に関する原則を明示していること、および経済的社会的計画の策定に関する義務的諮問を要求していることである。(22)

以上の議論を踏まえて八月一九日に関係閣僚会議（Conseil interministériel）で採択された憲法草案三六条は以下のように規定していた。(23)

「経済社会評議会は、その構成および権限が組織法律により定められ、政府法案、オルドナンス案、デクレ案ならびに政府によりそれに提出される議員法案について答申を行う。

本評議会は、同様に共和国もしくは共同体に関する経済的もしくは社会的性格を有するあらゆる問題について政府により諮問されうる。あらゆる経済的もしくは社会的計画は、答申のためそれに義務的に付託される。

本評議会は、前段で対象とされた政府法案もしくは議員法案の審議の際に、共和国のいずれかの議院もしくは共同体の元老院でその答申を報告するためにその構成員のうち一名を任命する。」

この草案は、八月二〇日に閣議（Conseil du cabinet）でも採択され、八月二一日にコンセイユ・デタの議に付された。コンセイユ・デタは、八月二八日に答申を行った。これまでの草案では経済社会評議会に三六条があてられていたが、この答申の案では四九条があてられている。その内容は以下の通りである。(24)

「経済社会評議会は政府により付託され、政府法案、オルドナンス案もしくはデクレ案　ならびにそれに提出される議員法案について答申を行う。

経済社会評議会の一名の構成員が、それに提出された政府法案もしくは議員法案についての本評議会の答申を所管の議院の委員会で説明するためにそれにより任命される。

経済社会評議会は、同様に共和国もしくは共同体に関する経済的もしくは社会的性格を有するあらゆる問題について政府により諮問されうる。あらゆる経済的もしくは社会的計画は、答申のためそれに義務的に付託される。

経済社会評議会の構成およびその運営の準則は組織法律により定められる。」

その後、政府内で調整がなされ、九月三日に最終的な憲法草案が確定した。(25)それまで、経済社会評議会の規定は、「議会と政府の関係」という章に含まれていたが、この草案では、第一〇章「経済社会評議会」という形で独立し、六九条から七一条があてられた。この草案は九月四日に公表され、九月二八日に国民投票に付され承認された。一〇月四日に審署され、翌日、公布・施行された。経済社会評議会に関する規定は、以下の通りである。

第六九条「経済社会評議会は、政府により付託され、政府法案、オルドナンス案もしくはデクレ案ならびにそれに提出される議員法案について答申を行う。

経済社会評議会の一名の構成員が、それに提出された政府法案もしくは議員法案についての本評議会の答申を両議院で説明するためにそれにより任命されうる。」

第七〇条「経済社会評議会は、同様に共和国もしくは共同体に関する経済的もしくは社会的性格を有するあらゆる問題について政府により諮問されうる。あらゆる経済的もしくは社会的性格を有する計画もしくはプログラム法律案は、答申のためそれに提出される。」

第七一条「経済社会評議会の構成およびその運営の準則は組織法律により定められる。」

その後、一九九三年七月二七日の憲法改正により、経済社会評議会にかかわる第一〇章は第十一章に変更された(条文番号の変更はなし[26])。

(2) 中井淳『デュギー研究』(関西学院大学法政学会、一九五六年)一五七頁以下、佐藤立夫『職能代表制度論』(一九四六年)二七七頁以下参照。全国三部会については、A・R・マイヤーズ(宮島直機訳)『中世ヨーロッパの身分制議会』(刀水書房、一九九六年)七二頁。なお、以下の指摘には留意すべきである。「現代の利益代表的諮問行政は、アンシャン・レジーム下の等族代表的ないし身分的職能代表による諮問行政とは、法原理的基礎および具体的法制内容において全く異なるのであるから、アンシャン・レジームに遡及する前史までも過大評価することは妥当ではないであろう。そして、同様のことが、革命後第二帝政までを支配したナポレオン行政体制における諮問行政についても、かなり言えるであろう」(兼子仁『現代フランス行政法』(一九七〇年)二五八頁)。

(3) J.Frayssinet, Le Conseil économique et social, 2e éd., Documentation française, 1996, p.7., ル・シャプリエ法については、中村紘一「ル・シャプリエ法研究試論」早稲田法学会誌二〇巻(一九六九年)一頁以下、高村学人「フランス革命期における反結社法の社会像—ル・シャプリエによる諸立法を中心に—」早稲田法学会誌四八巻(一九九八年)一〇五頁以下参照。

(4) J-P.Beurier, "Le rôle du Conseil économique et social", R.D.P., 1982, p.1628.

(5) 中井・前掲書一七七頁以下、佐藤・前掲書二八六頁以下参照。

(6) 兼子・前掲書二五九頁以下参照。

(7) Pierre Rosanvallon, Le peuple introuvable : Histoire de la représentation démocratique en France,Gallimard, 1998, pp.268-269.

(8) 中井・前掲書一九二頁以下参照。

(9) 全国経済評議会については、Camille Lautaud et Andre Poudenx, La représentation professionnelle : Les conseils

économiques en Europe et France, Librairie des sciences politiques & sociales,1927,pp.130 et s., Frayssinet,op.cit.,pp.13-16., A.de Laubadere et P. Delvolé, Droit public économique, 5e éd.,1986,pp.349-351., 中井・前掲書二一〇頁以下、佐藤・前掲書二九九頁以下、俵静夫「フランスの国家経済会議」国民経済雑誌五四巻一号（一九三三年）九四頁以下、古賀和文「経済評議会（Conseil National Economique）に関する立法（一九三六年）」佐賀大学経済論集二〇巻二号（一九八七年）八一頁以下参照。

(10) Pierre Bodineau, Les conseils économiques et sociaux, P.U.F, 1994, p.9.

(11) M.Aubry, "Le Conseil économique", R.D.P.,1951, pp.423-424., Bodineau, op.cit., p.11.

(12) しかしながら、社会的職能的議会の考えは、ペタン元帥とコーポラティズムに好意的な彼の取り巻きの一部を魅了していた。一九四三年の憲法草案の元老院には、職能団体により選ばれ国家元首により任命される議員が一部含まれていた(Bodineau, op.cit., p.11.)。

(13) Frayssinet, op.cit., p.15., Bodineau, op.cit., p.10., Beurier, op.cit., p.1631.

(14) M.Prelot et J.Boulouis,Institutions politiques et droit constitutionnel, 11e éd., 1990, pp. 515 -516.

(15) C.L.Vier, "Articles 69,70,71", dans La Constitution de la Republique française,sous la direction de F.Luchaire et G.Conac, Economica, 2e éd.,1987, pp.1189-1190.

(16) 経済評議会については、Aubry, op.cit.,pp.414 et s., 高木武「フランスにおける経済会議」法学新報六五巻八号（一九五八年）一二三頁以下参照。

(17) Vier, op.cit., pp.1191-1192., Frayssinet, op.cit., p.18., Beurier, op.cit., p.1634-1635.

(18) バイユー演説については、M.Duverger, Constitutions et documents politiques, 12e éd., 1989, pp.261 et s. を参照。

(19) Vier, op.cit., p.1194. ドブレは、経済社会評議会をコンセイユ・デタのような執行権に属する行政機関型の制度にしようとしていた。彼は、第四共和制の経済評議会は独立性が強すぎ、その議会型の組織が結局その活動を阻害していたと考えていたからである(Frayssinet, op.cit., p.45.)。

(20) Comité national chargé de la publication des travaux préparatoires des institutions de la Ve République,

Documents pour servir à l'histoire de l'élaboration de la constitution du 4 octobre 1958,vol. Ⅱ, 1988, p.28.

(21) ibid., pp.585-587.

(22) Vier, op.cit., p.1195.

(23) Comité national chargé de la publication des travaux préparatoires des institutions de la Ve République, op.cit., p.648.

(24) Comité national chargé de la publication des travaux préparatoires des institutions de la Ve République, Documents pour servir à l'histoire de l' elaboration de la constitution du 4 octobre 1958, vol. Ⅲ, 1991, p.479.

(25) ibid., pp.621-622.

(26) 一九九三年七月二七日の憲法改正は、司法官職高等評議会に関する六五条の改正、司法高等法院に関する第九章の改正、共和国司法院に関する新一〇章の新設などである。

二　経済社会評議会の構成

(一)　憲法制定当初の構成

議会は普通選挙により民主的な正当性を獲得しうるが、経済社会評議会はその社会的経済的利益の代表の質によってしか正当性を獲得しえない[27]。したがって、経済社会評議会の議席を種々の社会的職能的なカテゴリーにどのように配分し、評議員をどのような手続によって任命するかということは、経済社会評議会にかかわる問題のうち最も重大なものであるが、反面、最も解決しがたいものでもある。すなわち、「経済的社会的現実の多様性と複雑さを明確かつ安定して代表することができる合理的で客観的基準が存在しない」[28]ので、完全な解決はありえず、実際にとられた解決は必ず批判されうるものである。

これについて、第五共和制憲法七一条は、「経済社会評議会の構成およびその運営の準則は、組織法律により定められる」と規定するにとどまる。制憲者は立法者に具体的な立法措置を委ねたわけである。ただし、それは、実際には、組織法律ではなく、憲法九二条の法律の効力を有する行政立法であるオルドナンスの形式で定められている（もちろん、これは憲法制定当初の過渡的措置であるから、その改正は組織法律によりなされうる）[29]。このオルドナンスが、一九五八年一二月二九日のオルドナンス（Ordonnance n° 58-1360）である（以下、一九五八年のオルドナンスと略す）。

二　経済社会評議会の構成

制憲者は、第五共和制の経済社会評議会が以前の経済評議会よりも広く国民各層を代表することを望んでいたので、同オルドナンスは社会的階層の代表と社会的職能的カテゴリーの代表を結び合わせることによりそれに応えようとした[30]。その結果、経済社会評議会の構成は、「論理的というよりも経験的な構成」[31]となり、二〇五の議席は以下のように、一〇のカテゴリーに配分された。

①　勤労者代表　四五名
②　企業代表　四一名
③　農業代表　四〇名
④　経済・社会・学術・文化分野の有識者　一五名
⑤　社会活動代表　一五名
⑥　その他の活動の代表　七名
⑦　中産階級代表　二名
⑧　海外関係有識者　一〇名
⑨　アルジェリア・サハラの経済・社会活動代表　二〇名
⑩　海外領土・海外県の経済・社会活動代表　一〇名

ここで、若干、補足しておくと、①の勤労者代表には、農業賃金労働者は含まれず、それは③に五名含まれている。また、④の有識者には、労働組合の代表が三名含まれている。したがって、勤労者代表は実質的には五三名いるといえる。

②の企業代表は、国有企業代表六名、工業にかかわる私企業代表一六名、商業にかかわる私企業代表九名、職人代表一〇名からなる。

③の農業代表は、農業会議所や農業経営者組合全国同盟（ＦＮＳＥＡ）といった代表的な農業団体や農業共済組合、農業信用金庫、農業協同組合といった農業共済組織および農業賃金労働者等の代表からなる。

⑤の社会活動代表は、住宅、貯蓄、公衆衛生、生活協同組合等の代表からなるが、これには家族にかかわる団体の代表も八名含まれる。

⑥のその他の活動の代表には、生産者組合、観光業、輸出業、地域経済団体の代表が含まれる。

㈡　一九六二年の改革

当初、二〇名の定員があてられていたアルジェリア・サハラの経済・社会活動代表というカテゴリーは、アルジェリアの独立にともなって、一九六二年八月八日のオルドナンス（Ordonnance n°62-918）により廃止され、これにともない⑧の海外関係有識者の枠が一〇名から二五名に拡大された。したがって、経済社会評議会の議席は、二〇五から二〇〇に減少した。

かくして、この一九六二年改正により、二〇〇の議席は以下のように、九つのカテゴリーに配分されることとなった。

①　勤労者代表　四五名
②　企業代表　四一名
③　農業代表　四〇名

④　経済・社会・学術・文化分野の有識者　一五名
⑤　社会活動代表　一五名
⑥　その他の活動の代表　七名
⑦　中産階級代表　二名
⑧　海外関係有識者　二五名
⑨　海外領土・海外県の経済・社会活動代表　一〇名

しかしながら、このような議席の配分のしかたは様々な批判にさらされた。まずは、農業代表の過剰代表と勤労者代表の過少代表といった社会的職能的カテゴリー間での代表の不均衡が指摘されうる。また、同一の社会的職能的カテゴリー内でも、後述するように代表的な団体による代表の指名制がとられるため代表的団体間での代表の不均衡も指摘されうる。さらに、一定の利益、たとえば、高齢者、消費者、経済的弱者、地域などの利益が経済社会評議会に代表されていないという代表の不十分さも指摘されうる。[32]このためにいくつかの改革案が示されてきたが、[33]実現されることはなかった。

㈢　一九八四年の改革

一九八一年の政権交代後、社会党政権は経済社会評議会への付託や政府関係者の出席を増やし、好意的な態度を示した。モーロワ内閣は、経済社会評議会が政府の政策と一致する積極的な役割を果たすには、その構成を改革することが必要であると考え、関係団体との協議を行った。当初、政府は労働団体に有利になるよう勤労者三分の一、企業三分の一、その他の社会的団体三分の一という三者構成を考えていたが、そのような改革は難しいと考え、慎重かつ限定的な改革に方針を転換した。それでも議会反対派からは勤労者が過剰に代表され他のカテゴリーが過小に代表されているといった批判もあったが、政府原案はほとんど修正されず、両議院で全会一致で採択され、一九八四年六月二七日の組織法律が制定された[34]。

政府は大幅な定員増を考えていたが、制度の運営が鈍重になり効率が低下すること、緊縮財政下での財源不足、経済社会評議会に当てられていたイエナ宮の議場が二三〇人ほどしか収用できないこと等の理由からそれは見送られ、定員は二〇〇名から二三〇名へと三〇名増にとどめられた。二三〇の議席は以下のように一〇の社会的職能的カテゴリーに配分されたが、「継続の中の変化」にとどめられている[35]。

① 勤労者代表　六九名
② 企業代表　七二名（そのうち、非農業的私企業の代表二七名、職人の代表一〇名、公企業の代表一〇名、農業経営者の代表二五名）
③ 自由業の代表　三名
④ 農業共済組合、農業協同組合、農業信用機関の代表　一〇名
⑤ 非農業的協同組合の代表　五名
⑥ 非農業的共済組合の代表　四名
⑦ 社会的活動の代表　一七名（そのうち、家族団体の代表一〇名、住宅団体の代表一名、貯蓄団体の代表一名、他の団体の代表五名）
⑧ 海外県・海外領土の経済的社会的活動の代表　八名
⑨ フランス国外に定住するフランス人の代表　二名
⑩ 経済的、社会的、学術的および文化的領域の有識者　四〇名

主な改正点について見ておくと、①の勤労者代表が四五名から六九名に増加しているが、先に触れたように従来から勤労者代表は実質的には五三名いたので、定員増は見かけほどではない。②の企業代表のうち、非農業的私企業代表は二七名であるが、従来、工業にかかわる私企業代表一六名、商業にかかわる私企業代表九名であっ

たので、二名増である。公企業の代表は六名から一〇名に増加しているが、これは国有化のためである。これまでその過剰代表が批判されていた農業部門の代表は、定員増を考慮すると相対的に減少している。これは農業就労者が一九五八年に全就労者中一一・九％であったものが、一九八二年には五・二％にまで減少したことによる。農業経営者は企業者とみなされて、企業代表に二五名含まれ、④の農業共済組合、農業協同組合、農業信用機関の代表のカテゴリーが新設され、一〇名が当てられている。かつて五名いた農業労働者代表は、①の勤労者代表に実質的に四名含まれている。したがって、農業部門の代表は三九名であり、かつての四〇名からわずか一名減少したにすぎない。かつての中産階級代表二名が廃止され、③の自由業代表が新設され、三名が当てられた。これは自由業就労者が一九六二年の一二万五千人から一九八二年には二三万三千人とほぼ倍増したことを反映している。⑤の非農業的協同組合の代表五名と⑥の非農業的共済組合の代表四名が新設された。このカテゴリーは従来の社会活動代表一五名に一名含まれていただけであった。⑦の社会的活動の代表一七名には、家族団体の代表一〇名が含まれているが、これはかつて社会活動代表に八名含まれていたので二名の増加である。⑧の海外県・海外領土の経済的社会的活動の代表八名はかつて一〇名であったので二名の減少である。⑨のフランス国外に定住するフランス人の代表二名が新設されているが、このカテゴリーは政府原案にはなく、元老院の修正により追加された。⑩の経済的、社会的、学術的および文化的領域の有識者四〇名は、かつての経済・社会・学術・文化分野の有識者一五名からすると大幅に増加したように見えるが、非植民地化の進展から廃止された海外関係有識者二五名の枠を吸収したものであり、実質的に定員は変化していない。しかし、相対的に比重の高いこの有識者枠は従来から政府よりの人物が任命される傾向があり、勤労者枠の増加とあわせると、政府は経済社会評議会の政治的バランスを政府よりに変えようとしていると批判されたところである(36)。

ともあれ、一九八四年の改革は、確かに就労者数の変化をある程度考慮して職能カテゴリー間の定数を入れ替え、また、経済的社会的政策との関連で重要性を増した社会的カテゴリーの定数を増加させている。しかしながら、従来から指摘されていたところでもあるが、新しく登場してきたカテゴリー（消費者、移民労働者、環境団体など）や利益代表のシステムにうまく統合されていないカテゴリー（高齢者、退職者など）の代表は切り捨てられている。[37]その意味で、「革命からはほど遠かった。真の改革でさえない。まさに小手先の手直し（réformette）である」[38]との指摘は的を射ていると言えよう。

なお、⑧の海外県・海外領土の経済的社会的活動の代表は、一九九一年にマイヨット（Mayotte）の代表が新設され、八名から九名になった。これにより経済社会評議会の定員は二三一名となった。

(四)　評議員の任命方式

一九五八年のオルドナンスは、賃金労働者の代表と企業の代表（公企業の代表を除く）について、「最も代表的な職能団体により、それぞれのカテゴリーごとに任命される」（七条二項）とし、包括的に、「コンセイユ・デタの議を経たデクレが、経済社会評議会の構成員の配分および任命条件を規定する」（同条三項）と定め、細目はデクレに委ねている。これに関するデクレとして、一九八四年七月四日のデクレ（n° 84-558）が制定されている。これによれば、評議員の任命には、大別して二つの方式がある。一つは社会的職能的団体による任命であり、もう一つは政府による任命である。二三一名の評議員のうち、前者の方式によるものが一六三名、後者の方式によるものが六八名である。その比率はおよそ七対三である。いずれの場合も、任期は五年である（一九五八年オルドナンス九条一項）。

まず、社会的職能的団体による任命方式であるが、評議員を任命できる団体は最も代表的な団体としてデクレにより指定された団体である。一九八四年のデクレによれば以下の通りである。

① 二条「賃金労働者の代表六九名は、以下のように任命される。

―フランス民主労働連合（ＣＦＤＴ）により任命される代表一七名、うち、少なくとも技術者・幹部連合組合の提案に基づく一名を含む。
—フランスキリスト教労働者連合（CFTC）により任命される代表六名
—労働総連合（CGT）により任命される代表一七名、うち、少なくとも技術者・幹部・専門職総連合の提案に基づく一名を含む。
—労働総連合・労働者の力（FO）により任命された代表一七名、うち、少なくとも幹部・技術者連合の提案に基づく一名を含む。
—フランス幹部連合・CGCにより任命された代表七名
—国民教育連合（FEN）により任命された代表四名
—農業労働者の代表的団体と農業および農産物加工業の団体のうちコンセイユ・デタの議を経たデクレにより選ばれた団体の代表一名」。

② 三条「青年企業経営者センターの提案に基づく一名を含む非農業私企業の代表二七名は、フランス経営者全国評議会、中小企業総連合およびフランス商工会議所常任会議の同意により任命される」。

③ 四条「職人の代表一〇名は、以下のように任命される。
—手工業会議所常任会議により任命された代表五名
—職人組合内部で再編された職能諸団体、すなわち、全国職人手工業者連合、職人小建築業者連合、食品小売業総連合（職人部会）間の合意により任命された代表五名」。

④ 六条「農業経営者の代表二五名は、以下のように任命される。
—農業会議所常任会議により任命された代表八名
—全国農業経営者組合連合により任命された代表一二名
—全国青年農業者センターにより任命された代表二名

—農民連合により任命された代表一名
—全国家族経営者組合連合（ＭＯＤＥＦ）により任命された代表一名
—全国農業共済組合・協同組合・金融機関連合により任命された代表一名」。
⑤　七条「自由業の代表三名は、以下の者を含む。
一．保健衛生業の代表一名
二．法律職の代表一名
三．その他の自由業の代表一名
二項　これらの者は、全国自由業団体連合により任命される」。
⑥　八条「農業共済組合、協同組合および金融機関の代表一〇名は、以下のように任命される。
—全国農業共済組合連合により任命された代表三名
—フランス農業協同組合連合により任命された代表五名
—全国農業金融機関連合により任命された代表二名」。
⑦　九条「農業以外の協同組合の代表五名は、以下のように任命される。
—製造業労働者協同組合総連合により任命された代表二名
—全国消費者協同組合連合により任命された代表二名
—全国低家賃住宅協同組合連合により任命された代表一名」。
⑧　一〇条「農業以外の共済組合の代表四名は、フランス共済組合全国連合により任命される」。
⑨　一一条「社会活動の代表一七名は、以下のように任命される。
—社会的団体の代表一〇名、うち、全国家族団体連合により直接任命される六名、全国家族団体連合により
このために資格があるとされた家族運動団体により公募で任命された四名」（残りの七名は政府による任命で

ある）。

このように社会的職能的団体による任命といっても、デクレにより指定された団体のみが評議員の任命権を持つので、そこには政治的な配慮が入り込みやすく、同一のカテゴリー内での各団体間で議席の不均衡が見られる。たとえば、一九八四年法律の元老院での報告者であったF・コレは、約三千万人の労働者が参加した一九八三年末の社会保障選挙の結果からすれば、CGT、FO、CFDTという三大労働団体の議席を同数にすることを前提にして、FENの議席を四、農業労働者の議席を一とすれば、CGT、FO、CFDTは、それぞれ一七議席ではなく一五議席、CGCは七議席ではなく一〇議席、CFTCは六議席ではなく八議席となるはずであり、そもそも三七五万人の労働者を代表し、一二・五％の投票を得たCFTCが六議席であり、八〇万人の教員しか代表しないFENが四議席を得るのは不公平であると述べていた[39]。

次に、政府による任命方式についてであるが、これは代表的団体への諮問の後に政府により任命される場合と政府の自由裁量で任命される場合に分かれる。

代表的団体への諮問の後に政府により評議員が任命されるのは、一九八四年七月四日のデクレによれば、以下の通りである。

① 五条「公企業の代表一〇名は、公的部門高等評議会の提案に基づき、監督大臣の報告に基づいて制定されたデクレにより任命される」。

② 一一条「社会活動の代表一七名は、以下のように任命される。

—住宅大臣の報告に基づいてとられたデクレにより任命される住宅に関する代表一名

—財務大臣の報告に基づいてとられたデクレにより任命される貯蓄に関する代表一名

—全国非営利団体活動評議会の提案に基づいてデクレにより任命される他の団体の代表　五名」（社会的団体の代表一〇名は除く）。

③　一二条「特別な地位にある海外の県、領土および地方公共団体の経済的社会的活動の代表九名は、代表的な地方の職能団体に諮問した後、海外県・海外領土大臣の報告に基づいてとられたデクレにより任命される。代表的な団体のリストとこの諮問の方式は、海外県・海外領土大臣のアレテにより定められる」。

④　一三条「フランス国外に居住するフランス人の代表二名は、在外フランス人高等評議会に諮問した後、外務大臣の報告に基づいてとられたデクレにより任命される」。

この場合、代表的な諮問機関の提案を受けまたは職能団体に諮問した後に、所管の大臣の報告に基づいて、政府により任命されるので、政府の裁量は部分的に限定されることになる。もちろん、複数の団体が競合する場合、政府にとって有利な選択をすることは可能である。

政府の自由裁量で評議員が任命されるのは、有識者のカテゴリーだけである。一九八四年七月四日のデクレは、「経済、社会、学術または文化の領域での有識者四〇名は、首相の報告に基づいて大臣会議の議を経たデクレにより任命される」（一四条）と定めている。有識者のカテゴリーで任命される評議員の顔ぶれはかなり雑多である。政府は政治的立場にこだわらずに専門的能力に応じて有識者枠の評議員を任命している場合もあるが、内閣改造で解任された閣僚や選挙で落選した議員を任命する場合もある。当然、後者の場合に批判が向けられており、有識者枠の評議員の任命は、大学や学会等により作成された名簿から政府が任命するという方式をとるべきであるとの提案も見られる(40)。

(五)　部会構成員

これまで経済社会評議会の構成員としての評議員について見てきたが、経済社会評議会には後述する内部組織としての部会があり、部会のみに属する部会構成員が存在する。これについて一九五八年のオルドナンスは、「デクレによりそれぞれの場合に決定される条件で、政府は、その能力により選ばれた者を一定期間、部会で議席を占めさせることを要求できる」と規定している（一二条二項）。細目は一九八四年九月六日のデクレが定める。部会構成員は二年の任期で政府により任命され、一年ごとに半数が改選される。連続して再任されることができない。部会構成員は各部会ごとに八名を超えることができず、現在、部会は九つあるので、部会構成員の定員は最大七二名である。部会構成員は、評議員と同様の情報収集権と審議権を持ち、部会内で研究について表決できるが、報告案や答申案については表決できない。研究が答申に切り替えられる場合、研究を担当した部会構成員は総会の報告者になることができるが、表決権は認められていない。[41] この場合以外に、部会構成員が総会に参加することはない。部会構成員の活動は、原則として部会内にとどまる。

部会構成員を置く目的は、多様な経歴を持つ外部の人材を登用することにより、経済社会評議会の専門的能力を向上させることである。実際には、たいてい評議員を有する社会的職能的団体から選ばれるが、教育研究職から選ばれることもある。また、その選任については有識者枠の評議員と同じ問題がある。ただし、一九九五年の大統領選挙に際し、シラクが経済社会評議会にすべての社会的カテゴリーを参加させるとの公約を掲げたために、その後、部会構成員に全国高齢者代表評議会から三名、在郷軍人団体から三名が任命された。[42]

(27)　Frayssinet, op.cit., p.43.
(28)　ibid., p.43.
(29)　憲法九二条一項は、「諸制度の設置のために必要な立法措置、およびその措置までに公権力の運営のために必要な立法措置は、コンセイユ・デタの意見を聴いた後、法律の効力を持つオルドナンスによって、閣議で定められる」と規定している。
(30)　Vier, op.cit., p.1196.
(31)　ibid., p.1196.
(32)　ibid., p.1198., Dominique Turpin, "La réformette du conseil économique et social", R.D.P., 1985, pp.19-20.
(33)　Vier, op.cit., pp.1198 et s., Georges et Anne Merloz, "Le conseil économique et social en France sous la Vᵉ

Republique", Droit social, n° 11, 1976, pp.422 et s.

(34) Frayssinet, op.cit., pp.48-49. 一九八四年の改革については、Turpin, op.cit., pp.16 et s.,Thierry Renoux,"La rénovation du Conseil économique et social", A.J.D.A.,20 janvier 1985, pp.21 et s.

(35) ibid., p.50.

(36) ibid., pp.50-53., Turpin, op.cit., pp.22-26.,Vier, op.cit., pp.1199-1201.

(37) Turpin, op.cit., p.26.,Vier, op.cit., p.1201.

(38) Turpin, op.cit., p.27.

(39) Frayssinet, op.cit., p.58.

(40) ibid., pp.64-65.

(41) ibid., pp.70-71.

(42) ibid., pp.71-72.

三　経済社会評議会の権限

(一)　政府の諮問機関

憲法六九条および七〇条から見て、経済社会評議会は諮問機関である。これを確認するかたちで、一九五八年のオルドナンス一条一項は、「経済社会評議会は、公権力に対する諮問機関である」と規定する。かつては、経済的社会的代表または職能代表に基づく立法議会の構想も盛んに提案されていたが、現在ではそのような主張は見られない。[43] 一九六九年にド・ゴールにより国民投票に付され否決された元老院と経済社会評議会を合併する提案も、それを立法議会ではなく諮問機関とするものであった。[44]

憲法六九条一項が、「経済社会評議会は、政府により付託され、政府法案、オルドナンス案もしくはデクレ案ならびにそれに提出される議員法案について答申を行う」とし、一九五八年のオルドナンスが、「経済社会評議会は、公権力に対する諮問機関である」（一条一項）としていることからすると、経済社会評議会は政府の諮問機関にとどまらず、議会の諮問機関でもあり、議会により直接意見を求められることがありうるとも解する余地がある。しかし、実際には、経済社会評議会は政府の諮問機関とされている。議会と経済社会評議会との関係について、憲法六九条二項は、「経済社会評議会の一名の構成員が、それに提出された政府法案もしくは議員法案についての本評議会の答申を両議院で説明するためにそれにより任命されうる」と定めるにとどめ、また、一九五八年オルドナンスは、「経済社会評議会は、答申または研究を要求して、政府の名により、首相によって付託される」（二条一項）としている。このように経済社会評議会を政府の諮問機関としたことは、第三・第四共和制の経済評議会が政府と議会の諮問機関とされたが、議会の諮問機関としてはうまく機能しなかったことが原因であると思われるが、第五共和制憲法が執行権の強化を図ったこともその理由の一つとして挙げられよう。

(二)　研究と答申

一九五八年のオルドナンス一条は、公権力の諮問機関として、「主な経済的社会的活動の代表によって、それらのうちの様々な職業的カテゴリーの協力を促進し、政府の経済的社会的政策へのそれらの参加を確保する」ことと「特に新技術により必要となった経済的社会的適応を審議し、提案する」ことを経済社会評議会の職務とする。この職務を遂行するために経済社会評議会に種々の権限が与えられている。すなわち、経済社会評議会は政府の要請により政府法案、オルドナンス案、デクレ案、議員法案、あらゆる経済的社会的性格の問題、あらゆる経済的社会的性格の計画またはプログラム法律案について答申を行う（憲法六九条、七〇条）。同様に、政府の要請により研究を行う（一九五八年オルドナンス二条一項）。また、「経済社会評議会は、その権限に属するあらゆる問題の審査を自ら付託することができる」（内部規則二九条）。

研究は主に部会で行われる。研究は一定の結論や勧告を含むものではなく、資料的性格が強い。それは部会で利用された資料や聴聞の記録を付録として含む報告書として政府に提出される。研究には質の高いものが含まれており、そのような研究は答申の代替物となっている[45]。

次に答申についてであるが、答申を求められると経済社会評議会の理事部は所管の部会に当該案件を付託する。付託された部会はそれに関する報告と答申案を作成する。それらは総会に提出され、答申案に関する審議と修正案の表決を経て、答申案の表決をする。答申は政府に提出される。

答申は研究よりも政府にとって効用が大きい。すなわち、それは、一定の経済的社会的問題を種々の観点から分析できること、諮問した法案の質を判断できること、産業界や労働界などの各経済的社会的カテゴリーの態度を踏まえて立法や政策決定の戦略を立てることができることなどである。政府が経済社会評議会に研究を求めることがほとんどなく、もっぱら答申を求めているのは、こうした事情からである（なお、［表1］を参照[46]）。

㈢　政府による義務的付託

右の研究や答申に関する活動は付託をもって開始される。経済社会評議会への付託には、①政府による義務的付託、②政府による任意の付託、③経済社会評議会の自己付託の三種類がある。一九五八年のオルドナンス二条二項は、「経済社会評議会は、財務法律を除いて、経済的社会的性格を持つプログラム法律案または計画について意見を聴取するために義務的に付託される。評議会は、事前に、それらの作成に関与させられることができる」と規定する（なお、憲法七〇条には「財務法律を除いて」という文言はない）。このため、経済社会評議会には「計画化特別委員会」が設置されうる。計画化特別委員会は臨時の委員会であり、その委員には各会派の代表、各部会の部会長または代表が当然に含まれ、その他の委員は各会派の員数に応じて選ばれる（内部規則二〇条）。計画の策定過程に経済社会評議会のような諮問機関の関与が求められるのはいわば自明のことである。計画化

［表１］　付託者別の研究と答申の件数

	答申			研究			全体		
9－7月	自己付託	政府の付託	合　計	自己付託	政府の付託	合　計	自己付託	政府の付託	合　計
1974-1975	9	4	13	0	0	0	9	4	13
1975-1976	13	6	19	4	0	4	17	6	23
1976-1977	12	6	18	2	0	2	14	6	20
1977-1978	13	5	18	2	0	2	15	5	20
1978-1979	13	11	24	4	1	5	17	12	29
1979-1980	9	2	11	2	0	2	11	2	13
1980-1981	15	5	20	1	0	1	16	5	21
1981-1982	17	7	24	1	0	1	18	7	25
1982-1983	12	8	20	0	1	1	12	9	21
1983-1984	17	8	25	3	1	4	20	9	29
1984-1985	8	4	12	0	0	0	8	4	12
1985-1986	14	4	18	1	0	1	15	4	19
1986-1987	11	7	18	2	3	5	13	10	23
1－12月									
1987	14	6	20	2	3	5	16	9	25
1988	12	1	13	2	1	3	14	2	16
1989	18	4	22	2	0	2	20	4	24
1990	13	2	15	1	0	1	14	2	16
1991	11	13	24	1	0	1	12	13	25
1992	13	3	16	2	0	2	15	3	18
1993	12	10	22	6	0	6	18	10	28
1994	12	7	19	6	0	6	18	7	25
1995	9	2	11	3	0	3	12	2	14

Frayssinet, op. cit. , p. 117.
1974-1987年と1987-1995年では統計をとる期間が変更されている。

の改革に関する一九八二年七月二九日の法律によれば、「計画は、戦略的選択、国家の経済的社会的および文化的発展に関する中期目標、ならびにそれを達成するのに必要な手段を」五ヵ年にわたって「決定する」ものである。[47]もし、このような計画が政府内部のテクノクラートによってのみ策定されれば、必ず種々の経済的社会的団体からの異議や反対に遭遇し、うまくいかないことは容易に想像される。[48]

ここで、計画化の改革に関する一九八二年

七月二九日の法律による計画制度における経済社会評議会の位置づけを見ておこう。同法によれば、計画の策定は二段階からなり、それぞれの段階で計画法律が制定される。

第一次計画法律は、戦略的選択、目標および期待された結果に達するために提案される主要な行動を規定する。この法律は計画が発効する前年の春に議会に提出されるが、その前に、諮問機関である計画化全国委員会は、計画が発効する少なくとも一年前に報告を政府に提出しなければならない。この報告に基づき政府は議会に提出される第一次計画法律案を作成する。同法八条は、その前に、この計画法律案は経済社会評議会に意見を聴くために提出されると規定する。

第二次計画法律は、第一次計画法律の目標を達成するために実施されるべき法的、財政的および行政的措置を定める。経済社会評議会の関与は、同法九条により規定されている。「計画化全国委員会の諮問の後、…また、地域圏への照会の後、政府は第二次計画法律案を作成し」、意見を聴くためにそれを「経済社会評議会に付託する」。ついで、第二次計画法律案は計画が発効する前年の秋に議会に提出される。

さらに、第二次計画法律の執行中に、再び経済社会評議会は関与しうる。計画執行から二年経過した後、第二次計画法律は、修正計画法律により修正されうる。その際、「部門別のあらゆるプログラム法律は、直近の第二次計画法律または場合によっては直近の修正計画法律に統合される」（同法五条）が、このプログラム法律案は経済社会評議会に義務的に諮問される（一九五八年オルドナンス二条二項）。なお、一九五八年オルドナンス三条二項により、経済社会評議会は、「経済的社会的性格を持つ計画や行動計画の執行に関するその意見を政府に通知することができる」[49]。

このように計画の策定と執行の節目ごとに経済社会評議会の関与が認められているわけであるが[50]、実は計画の策定過程には経済社会評議会に類似した諮問機関である計画化全国委員会も関与している[51]。このような諮問機関の重複については、手続を重くしてしまい、機能不全に陥ってしまうとの批判がある。

(四)　政府による任意の付託

右に見た計画に関する場合を除いて、政府は任意に、つまり必要に応じて経済社会評議会に付託することが認められている。これには二つの場合がある。

第一に、政府が、政府法案、オルドナンス案、デクレ案および議員法案について経済社会評議会の答申を求める場合である（憲法六九条）。この場合、政府は任意に付託し、経済社会評議会は決定権を持たずに答申を行うだけであるから、経済社会評議会の執行権への従属性が端的に現れる。政府は、法案が深刻な対立をもたらしている場合、経済社会評議会に付託することにより時間稼ぎをすることができる。(52)

第二に、政府は法令の制定とは関係なく、必要に応じてあらゆる経済的社会的問題について経済社会評議会に付託できる（憲法七〇条）。この場合、政府は法令の制定といった比較的時間の限られた問題ではなく、時間的余裕のある問題を付託することができる。たとえば、地域整備政策の指針に関する答申（一九九四年）や欧州連合のエネルギー政策に関する答申（一九九五年）などがその例である。反対に、迅速な対応が求められる問題を付託されることもある。たとえば、一九九五年一二月に起きた国鉄問題について即座に付託され、経済社会評議会は一九九六年四月に答申を行った。また、経済社会評議会内の少数派の要求に応じるかたちで政府が付託することもある。たとえば、自由業団体全国連合の要求に応えて、政府は一九九二年に個人企業に関する答申を求めた。さらに、政府は、法令について経済社会評議会に諮問すると議会が既成事実を作られたと感じるのを避けるために、法案作成のかなり早い段階で経済社会評議会に付託することがある。たとえば、アルコール依存症高齢者の自立手当に関する答申（一九九五年）がその例である。(53)

政府による任意の付託はそれほど多くはなく、平均して付託全体の四分の一から三分の一にとどまる。したがって、付託の大部分は経済社会評議会の自己付託である。

(五)　経済社会評議会の自己付託

通常の諮問機関にはあまり見られない経済社会評議会の自己付託権は、政府に対する経済社会評議会の活動の自律性を確保するものである。自己付託権は憲法上のものではなく、一九五八年のオルドナンス三条に根拠がある。それは、「経済社会評議会は、自らの発議により、本オルドナンス一条に定められた目的の実現を促進することができると思われる改革について政府の注意を要求することができる」と定める曖昧な規定であるが、経済社会評議会は自己付託権に有利なようにこれを解釈し、その内部規則二九条一項で「経済社会評議会は、その権限に属するあらゆる問題の審査を自ら付託することができる」と自己付託権を明文化している。ただし、経済社会評議会の内部規則はデクレにより承認されるものであるから、政府もこれを認めていると言える。

内部規則上、評議会の自己付託は、会派または部会が理由を付した書面を理事部に提出することによって行われるが（同二九条二項）、付託されるテーマ自体は、議長、理事部、部会、会派、事務総局などが要求したものでありうる。付託された提案の採否は理事部の判断にかかっている。重要性、独自性、時宜性のあるテーマを選択すること、経済社会評議会の会派間の深刻な対立を惹起しないテーマを選択することが考慮される。実際、テーマの選択は多くの場合、適切であるといわれている（たとえば、一九九四年の人道目的の結社の状況と将来）[54]。なお、理事部は提案内容を修正することもでき、また、答申にするか研究にするかも決定できる。ともあれ、経済社会評議会が政府の助言者としての役割を有効に果たしてきたのは自己付託権のおかげであり、政府による付託が相対的に少ないことからすれば、自己付託権が経済社会評議会の「冬眠」を回避してきたといえよう[55]。

最近のテーマを付託別に示すと以下の通りである[56]。自己付託により、経済、文化、地域整備、教育、国際関係などの多様なテーマが扱われていることがわかる。

〈一九九三年〉

・自己付託

①住宅への公的助成の経済的社会的効果の評価、②各種貯蓄機関の顧客の情報、③高速中性子炉研究の科学技術的総括、④地域整備における供給網の役割、⑤都市における機能のバランス：生活のよりよい質のために、⑥養禽、⑦自殺、⑧フランスの農業と地中海沿岸諸国の農業：補完性と競合、⑨第三世界の発展とフランスの発展、⑩フランスにおける外国人労働者の職業活動、⑪住宅需要と返済能力の定量定質アプローチ、⑫国家の安定に対する農業の寄与、⑬炭化水素をエネルギーとしてではなく大量に消費する製品、⑭海港と河港、フランス経済におけるその役割と地域整備におけるその役割、⑮フランス銀行の改革された法令の効果、⑯外国でのフランスのイメージとその経済的効果

・政府による付託

①仏領ポリネシアの経済的社会的および文化的発展のための指針法律案、②公役務憲章の調査、③文化遺産に関するプログラム法律草案、④労働、雇用および職業訓練に関する五ヵ年法律草案、⑤国家財政再建五ヵ年指針法律案、⑥個人企業、⑦地域経済社会評議会の構成と運営に関する一九八二年一〇月一一日のデクレを改正するデクレ案、⑧一九〇一年七月一日法律の枠内での結社活動の行使と発展、⑨退職者および高齢者の社会的に有益な活動

〈一九九四年〉

・自己付託

①フランスの国家支出：三〇年間の進展と国際比較、②転換地域における諸活動の局在化に対する助成政策の評価、③若年者に対する暴力事件、④産業研究に関する科学技術の移転、⑤特別な地位を持つ海外の県・地域・地方公共団体における職業訓練、⑥農村の保護と規制、⑦移民子弟の就学、⑧経済活動の非物質的原動力、⑨フランスとラテンアメリカ南部諸国との関係、⑩ヨーロッパ単一市場の未来学、計画および実施要綱、⑪フランス

と中央ヨーロッパおよび東ヨーロッパとの経済関係、⑫フランス農業と共通農業政策、⑬人道目的の結社の状況と将来、⑭労働災害と職業病：分析と予防、⑮フランスとヴェトナム、カンボジア、ラオス、タイおよびビルマとの外交関係、⑯ヨーロッパ経済金融連合の観点からの一般的経済問題

・政府による付託

①学校に関するプログラム法律案、②地方分権化の総括と財政的展望、③地域の発展のための指針法律案、④農業農村地域の森林政策の発展、⑤ヨーロッパの社会政策に関する緑書、⑥商業組合、⑦オリゾン二〇一五の地域整備政策の指針

〈一九九五年〉

・自己付託

①貧困に対する闘争政策の評価、②フランスと南アフリカ共和国との関係、③フランスの計画化の将来、④フランスと中国との関係、⑤国民役務の市民的形態、⑥連帯の空間、⑦単一通貨制度の観点からのパリの金融上の地位の発展、⑧ヨーロッパと世界的食料バランスの戦略地勢学的問題点、⑨奢侈品（製造業とサービス業）産業関連部門、⑩将来のテレビに関する新技術の効果

・政府による付託

①ヨーロッパ連合のエネルギー政策について、②老人に対する「自立手当」の創設案

〈一九九六年（七月三一日まで）〉

・自己付託

①近距離便の拡大、②土地問題、③労働監督、④経済危機と国際金融システムの危機、⑤商業の世界的組織化、⑥地域の人口的特性と地域整備、⑦大規模市街地における都市化と市民権、⑧患者の権利、⑨繊維・衣料産業部門、⑩農業と農村地帯の将来に関する機械化の影響、⑪公的債務

・政府による付託
①国民役務の将来に関する論議への経済社会評議会の貢献、②国とフランス国有鉄道との契約の基本方針

㈥　公共政策の評価

公共政策の評価という問題は、近年、フランスでも重要な問題となっている。たとえば、一九九三年のヴデル委員会による憲法改正案二四条は、「議会は法律を表決する。議会は法律の成果を評価する。議会は政府の活動を統制する」と規定し、立法化された政策の評価を議会の職務の一つに数えている[57]。現在、議会には議会科学的技術的選択評価局（一九八三年設置）、議会立法評価局（一九九六年設置）および議会政策評価局（一九九六年設置）という三つの評価部局が置かれている[58]。また、政府も一九九〇年一月二二日のデクレ（n° 90-82）を発し、執行権側の政策評価制度を整えた。同デクレによれば、政策評価の財源を確保するために評価発展国家基金が設置され、評価関係閣僚会議が評価科学評議会の意見に基づいて評価案を決定する。現在、六件の評価報告書（国の情報化、社会住宅の改築など）が提出されており、五件の評価が実施されているところであり（交通安全、自然災害の防止など）、三件の評価が準備されている（職業訓練など）[59]。

一九九〇年のデクレは、経済社会評議会による政策評価についても規定している。同デクレ六条によれば、「経済社会評議会は、評価科学評議会の賛成意見を条件にして、評価活動に着手するために、評価発展国家基金の年間予算額の五分の一を限度として、基金の協力を要請することができる」。経済社会評議会の評価活動は所管の部会で行われるが、部会の評価を推進し、評価科学評議会との関係を調整するために、評価委員会が一九九一年に設置された。これは各部会の部会長、計画化特別委員会の委員長、各会派の評議員から構成される。一九九五年までに住宅への公的助成の経済的社会的効果、産業転換地域における生産活動の集積に対する助成政策、五五歳以上の解雇された勤労者のための国家の介入、深刻な貧困に対する闘争政策の四件につき評価が実施され

ている。(60)

(43) 憲法学の領域での代表的論者はデュギーである。彼は比例代表で選ばれた議院と職能代表による議院からなる二院制を提案していた（L.Duguit,Traité de droit constitutionnel, Tome Ⅱ,3e éd.,Paris,E. de Boccard, 1928, pp.753 et s.）。

(44) これについては、稲本洋之助「フランスにおける憲法改正の動向―二院制の崩壊へ」法律時報四一巻四号（一九六九年）八一頁以下参照。

(45) Frayssinet, op.cit., p.27.

(46) ibid., p.28.

(47) 一九八二年七月二九日の法律による計画制度については、木原佳奈子「国家計画についての憲法学的考察序説―フランスのプラニフィカシオン―」九大法学六一号（一九九一年）一〇七頁以下を参照。

(48) Frayssinet, op.cit., p.31.

(49) ibid., p.32.

(50) 計画化全国委員会の定員は八三名であり、そのうち八〇名は地域圏代表、経営者団体・労組・農業団体などの職能団体代表、社会文化運動代表、協同組合・共済組合代表などと経済社会評議会の計画化特別委員会の委員長と委員一名から構成される。計画化全国委員会については、木原・前掲論文一一七頁以下参照。

(51) Frayssinet, op.cit., p.33.

(52) Bodineau, op.cit., p.34.

(53) Frayssinet, op.cit., pp.34-35.

(54) ibid., pp.36-37.

(55) Vier., op.cit., p.1202.

(56) Frayssinet, op.cit., pp.119-120.

(57) J.O.,16 Février 1993, pp.2537 et s.

(58) Caroline Braud, " L'évaluation des lois et des politiques publiques", Les petites affiches,n° 95, 1996, pp.7 et s., Arsene Miaboula-Milandou, " Les moyens d'action du Parlement à l'égard de la loi votée", R.F.D.C.,n° 33, 1997, pp.35 et s.
(59) Jean-Baptiste de Foucauld, " Le dispositif existant en matiére d'évaluation", dans A.Delcamp, J.-L. Bergel et A.Dupas, Contrôle parlementaire et évaluation, La documentation francaise, 1995, p.97.
(60) Bodineau, op.cit., p.40., Frayssinet, op.cit., p.38.

四　経済社会評議会の内部組織と運営

(一)　経済社会評議会の管理部門

経済社会評議会の管理的職務は、議長、理事部および事務総長により行われる。事務局には、一四八名の職員が置かれている。

議長は、事務局を統括し、総会を招集し、主宰する。議長は官房長以下約一五名の職員からなる官房に補佐される。また、対外的に経済社会評議会を代表する。議長は秘密投票による選挙で選出される。第一回投票と第二回投票では有効投票の絶対多数で、第三回投票では有効投票の相対多数で選ばれる（内部規則四条一項）。ただし、選挙は形だけであり、実際には選挙前に合意ができている。任期は二年六ヵ月で、再選されるのが通例である[61]。

理事部は、議長および一八名の評議員から構成される（一九五八年のオルドナンス一四条）。理事部内部で、副議長四名、財務官二名、書記四名が選ばれる。理事部の構成員は秘密投票による選挙で選出され、任期は二年六ヵ月である。第一回投票では有効投票の絶対多数で、第二回投票では有効投票の相対多数で選ばれる（内部規則四条二項）。実際には、各会派が理事部に代表されるという合意がなされている。理事部は、研究や答申の準備を担当する部会を指名し、議事日程を作成し、自己付託のテーマを選択するなどいわば経済社会評議会の運営の「転車台」の役割を果たしている。[62]

事務総長は、理事部の提案に基づき政府により任命され、事務局を指揮する（一九五八年オルドナンス二四条）。[63] 事務総長は理事部の会議に出席する（同一四条）。経済社会評議会の運営について、議長と事務総長との事実上の二頭制が見られると言われるほど、事務総長の実質的な影響は大きい。[64]

㈡　部　会

一九五八年オルドナンス一一条は、「種々の経済的社会的活動に関する主要な問題の研究のために、経済社会評議会の内部に部会が設置される。コンセイユ・デタの議を経たデクレが、部会のリスト、権限および構成を定める」とし、一九八四年九月六日のデクレが細目を定める。同デクレ六条によれば、「部会は、政府の要求または経済社会評議会の発議により答申および報告を準備し、研究を行うことを評議会の理事部により課される」。このように部会は経済社会評議会の諮問機関としての活動の中心であり、効率的な運営を確保するために、その数、定員、所管事項などをどう調整するかは重要な問題となる。

部会の数は、一九五九年に一五、一九六一年に一一、一九七四年に九となり、これに応じてその所管事項も変更されてきた。現在、①社会問題部会、②労働部会、③地域経済国土整備部会、④生活環境部会、⑤財政部会、⑥対外関係部会、⑦生産活動・研究・科学技術部会、⑧農業食品業部会、⑨一般経済景気部会の九つの部会と計画化特別委員会がある。これらの部会の所管事項は、それぞれ以下の通りである。

「社会問題部会」

①人口の増加と移動、②人口増加の経済的社会的効果、③家族政策、④青少年問題、⑤青少年の教育、職業訓練および指導、⑥老人問題、⑦恵まれない階層の問題、⑧社会的不適応、⑨社会活動、⑩社会保障および社会保

障手当、⑪健康および医療問題

「労働部会」

①労働および雇用問題、②移民労働者問題、③労働条件、④企業における雇用関係、⑤職業訓練、生涯教育および社会的地位向上のための研修

「地域経済国土整備部会」

①地方分権の経済的社会的側面、②国土整備、③公共設備、④地域圏の発展および地方の発展、⑤各地域圏に固有の問題、⑥交通および通信

「生活環境部会」

①環境および公害対策、②自然保護および農村整備、③都市計画、④住宅および建設、⑤都市部または農村部での生活環境に関するその他の問題、⑥文化活動、⑦スポーツ活動、⑧観光および余暇

「財政部会」

①国内金融問題および国際金融問題、②貯蓄および信用、③公財政、④税制、⑤企業財務、⑥企業経営、⑦保険

「対外関係部会」

①ヨーロッパ経済共同体および経済的社会的国際機関に関する問題、②外国貿易、③フランスでの外国人の投資および外国でのフランス人の投資、④外国でのフランス理解と影響、⑤経済技術文化協力

「生産活動・研究・科学技術部会」

①原料、②エネルギー問題、③工業製品および手工業製品、④サービスおよび商業問題、⑤利用者と消費者の保護、⑥技術革新および科学技術の進歩、⑦生産方法と生産過程の進歩、⑧科学研究の一般的問題、⑨社会経済的な企業の一般的問題、⑩海洋の産業開発

「農業食品業部会」

①農地問題、②農業に必要な製品と原料、③農業生産の問題、④農業製品の商品化、⑤食料の消費、⑥農業食品業に関する研究と技術革新、⑦森林の保全と開発、⑧養殖および漁業問題、⑨その他の海洋食物開発問題、⑩水に関する問題

「一般経済景気部会」

①短期の経済的社会的発展、②国民所得の評価と配分、③景気に関する定期報告の作成、④経済的社会的情報

一九八四年九月六日のデクレ四条によれば、各部会は二七名から二九名の評議員を含むことができ、議長を除く全評議員が部会に所属する。各会派が各部会に参加できるよう評議員は部会に配分される。ただし、部会の数より構成員が少ない会派があるため、評議員は二つの部会に所属することができるとされている（内部規則一〇条。また、同一三条によれば、評議員は、所属会派の要求に基づき、関係部会の部会長の承認を得て、自己が所属していない部会の議事に投票権を持たずに参加することができる）。

部会の部会長と副部会長は選挙で選ばれる。その選挙は、毎年初めまたは経済社会評議会の改選後に行われる。選挙の方式は理事部の選挙と同じである（内部規則一一条）。部会長や副部会長のポストは部会の運営に関する重要なポストなので、各会派や評議員を任命する諸団体間で競争が行われるが、各労働組合連合はその大きさに応じたポストの配分を得ていないといわれる(65)。

部会には管理官、補佐官、秘書からなる部会事務局が置かれる。これは議事録や議事資料の作成、配布を行い、研究の構想を報告者とともに練り、外部の専門家や行政官との接触を補助する。また、すでに触れたように、各部会には評議員以外に、最大八名の部会構成員が配置されている。しかし、部会のスタッフは数的には不十分であり、部会は行政機関、職能団体などにより提供されるリソースを動員せざるをえない(66)。

部会の活動は研究や答申案の作成を軸にしており、これには部会の全メンバーが参加するが、能率の観点から、

［表2］　会派別の研究・報告数（1989－1995年）

会　　派	A．研究・報告数	B．員　　数	A／B
農　業	11	31	0.4
職　人	2	10	0.2
非常利団体	5	5	1.0
CFDT	6	17	0.4
CGC	5	7	0.7
CFTC	3	6	0.5
CGT	3	17	0.2
FO	7	17	0.4
協同組合	6	10	0.6
海外領土・海外県	3	9	0.3
私企業	17	27	0.6
公企業	14	10	1.4
国民教育連合	1	4	0.3
在外フランス人・貯蓄・住宅	2	4	0.5
共済組合	2	4	0.5
有識者	34	40	0.9
自由業	4	3	1.3
全国家族団体連合	9	10	0.9
計	134	231	0.6
部会構成員	16	72	0.2
総　計	150	303	0.5

Frayssinet, op. cit. , p. 94.

活動の中心となる報告者が案件ごとに任命される。報告者は部会の内部で選ばれるが、答申案の場合には評議員から、研究や他の部会により要求された意見の場合は評議員と部会構成員から選ばれる。報告者の経歴、専門的知見、会派や職能団体との関係は、部会の報告や答申案の内容に影響するので、会派や職能団体は報告者の任命をめぐって競争する。［表2］によれば、報告者を多く出す会派は、有識者会派（三四名）、公企業会派（一四名）、私企業会派（一七名）、農業会派（一一名）、全国家族団体連合会派（九名）であるが、これを所属評議員一人あたりの報告数で見てみると、公企業会派（一・四）、自由業会派（一・三）、非営利団体会派（一・〇）、有識者会派（〇・

九）、全国家族団体連合会派（〇・九）である。特に注目されるのは、有識者会派であり、四回に一回の割合で報告者を出している（一三四回中三四回）。有識者会派所属の評議員が特定の団体にあまり拘束されていないこと、これにより経済的社会的諸勢力が競合する場面で彼らが仲介者的役割を果たしていることが、報告者の任命に際して他会派の同意を得やすくしていると考えられる。評議員への任命に関しては若干批判のある有識者であるが、ここにその存在の隠れた効用、とりわけ調停者としての効用が見いだされる。[67]

任命された報告者は、部会の管理官に補佐され、また、国立統計経済研究所のサービスを利用して資料を収集し、行政機関や職能団体に照会し、また、各分野の専門家に聴聞を行う。大臣、閣外相、その他の政府委員に部会への出席を求め、意見を聴取する。他の部会の意見を求めることもある。部会の管理官は、単なる補助者にとどまる場合もあるし、報告や答申の素案を部分的に作成するなど事実上の協力者の役を果たすこともある。[68]

部会の会議は週に一回、平均二時間ほど開かれる。会議は非公開である。全評議員が各部会の活動状況を知ることができるように事務局によりそれに関する冊子が配布される。部会の会議では、テーマに関して自由に意見が交換され、部外者の聴聞が行われる。研究や答申に関する報告書が部会で表決に付されると、一度、部会の活動は終了する。部会の報告書には、部会での討論のすべてが記載されるわけではないが、経済的社会的パートナー間の一致点と不一致点が明らかにされるところに部会活動のメリットがある。その後、部会の報告書は総会に提出され、審議される。総会で提出された答申案に対する修正案を検討するために、部会の会議が開かれる。この会議は総会が開かれる水曜日の午前中に開催される。このように部会の活動は、答申の要求から総会での答申の作成まで続くわけであるが、その期間は平均して約一年である。[69]

㈢　会　派

会派は経済社会評議会の運営において重要な役割を果たしている。内部規則八条によれば、すべての評議員は一八の会派に配属される。会派は、代表する経済的社会的利益に応じて作られているので、規模は大小さまざまであり、大会派と小会派ではその員数に相当大きな開きがある。現在の会派の構成は、以下の通りである。

①農業会派三一名（そのうち三名は管理上、結合されている）

全国農業経営者組合連合一二名、農業会議所八名、全国農業共済組合連合三名、全国青年農業者センター二名、全国農業金融機関連合二名、全国農業共済組合・協同組合・金融機関連合一名、農業農産物加工業団体労働者総連合一名（結合）、農民連合一名（結合）、全国家族経営者組合連合（ＭＯＤＥＦ）一名（結合）

②職人会派一〇名

手工業会議所常任会議五名、全国職人手工業者連合二名、職人小建築業連合一名、食品小売業総連合二名

③非営利団体会派

全国非営利団体活動評議会の提案に基づいてデクレにより任命される評議員五名

④フランス民主労働同盟会派（ＣＦＤＴ）一七名

⑤フランス幹部連合・ＣＧＣ会派七名

⑥フランスキリスト教徒労働者連合会派（ＣＦＴＣ）六名

⑦労働総同盟会派（ＣＧＴ）一七名

⑧労働総同盟・労働者の力会派（ＣＧＴ―ＦＯ）一七名

⑨協同組合会派一〇名

フランス農業協同組合連合五名、製造業労働者協同組合総連合二名、全国消費者協同組合連合二名、全国低家賃住宅協同組合連合一名

⑩海外領土・海外県会派九名

ガドループ一名、ギニア一名、マルチニク一名、マイヨット一名、ニューカレドニア一名、ポリネシア一名、

ラ・レユニオン一名、サン・ピエール・エ・ミクロン一名、ワリ・エ・フツナ一名

⑪私企業会派二七名

青年企業経営者センターの提案に基づく一名を含む構成員は、フランス経営者全国評議会、中小企業総連合およびフランス商工会議所常任会議の同意により任命される。

⑫公企業会派一〇名

⑬国民教育連合会派四名

⑭共済組合会派四名

⑮経済社会学術文化領域の有識者会派四〇名

⑯自由業会派三名

保健衛生業一名、法律職一名、その他の自由業一名

⑰全国家族団体連合会派一〇名

⑱在外フランス人・貯蓄・住宅会派四名

部会への評議員の配属は会派間の交渉により行われる。［表3］によれば、各会派の戦略が理解される。たとえば、農業会派は農業食品業部会を最重要視しているのは当然として、財政部会や地域経済国土整備部会も重視している。各労働組合連合はまんべんなく各部会に所属評議員を送り込んでいる。部会の数より員数の少ない小会派は、代表する利益により関連した部会に所属評議員を配置している。(70)

会派の権限は明文上はそれほど多くなく、その主な権限は、臨時委員会の構成に関与すること（内部規則一九条）、研究や答申の付託を要求すること（同二九条）、計画化特別委員会の構成に関与すること（同二〇条）である。しかしながら、事実上、会派は重要な役割を果たしている。すなわち、会派内で部会の活動に関する情報が交換され、部会や総会で会派が代表する利益を擁護するための戦略や戦術が決定される。会派に利益が代表される社

［表3］　部会での会派の勢力状況

	社会問題部会	労働部会	地域経済国土整備部会	生活環境部会	財政部会	対外関係部会	生産活動・研究・科学技術部会	農業食品業部会	一般経済景気部会
部会定数	29	29	29	29	29	29	29	29	29
農業	2	3	4	2	4	2	2	10	2
職人	1	1	2	1	1	1	1	1	1
非常利団体	1	1	1	1	－	1	1	－	1
CFDT	2	2	2	3	2	2	2	2	2
CGC	1	1	1	1	1	1	1	1	2
CFTC	1	1	1	1	1	1	1	1	1
CGT	2	3	2	2	1	2	2	1	2
FO	2	2	2	2	2	2	2	2	2
協同組合	2	1	1	1	1	1	1	1	1
海外領土・海外県	1	1	1	1	1	1	1	2	1
私企業	3	4	4	2	4	4	5	3	4
公企業	1	1	1	1	3	1	4	－	2
国民教育連合	1	1	－	1	－	－	1	－	1
共済組合	1	1	－	1	－	1	－	－	1
有識者	5	4	6	7	5	6	3	4	4
自由業	1	1	－	1	1	1	－	－	1
全国家族団体連合	2	1	1	1	1	－	2	1	1
在外フランス人･貯蓄･住宅	－	－	－	－	1	2	－	－	－

Frayssinet, op. cit. , pp. 100-101.

会的職能的団体間の意見を調整し、総会での投票規律を所属評議員に課する。とりわけ、労働組合連合の諸会派や全国家族団体連合会派は投票規律が強いと言われる。(71)

㈣　総　会

総会には全評議員が参加する。そこでは部会、計画化特別委員会および臨時委員会により付された答申案に関する討論が行われる。総会は反対の議決がない限り公開される（一九五八年オルドナンス一八条。ただし、一九八四年の改革までは非公開であった）。

通常、総会は毎月第二と第四の火曜日と水曜日の午後に開催される。総会の議事日程は、評議員、部会構成員、大統領、首相、元老院議長、国民議会議長に通知される（内部規則二六条、二七条）。総会の冒頭で部会の報告者による答申案の説明が行われる（同三八条）。続く一般討論では、予め登録された発言者に発言が許される。一般に、各会派は答申案に対する会派の態度を表明する発言者を任命している。登録されていない評議員も議長に発言を要求できる（同四二条）。総会での討論は、部会にまんべんなく評議員を配置していない小会派がその意見を表明する機会である。(72)

答申案に対して修正案が提出されうる。ただし、討論開始の一時間前に事務局に付託されていなければならない。総会の会議中はいかなる修正案も提出されえない。所管の部会で審査され、否決され、総会でその提案者により再提案された修正案だけが再修正案として受理される（内部規則三九条）。修正案の表決の後、答申案の表決が行われる。その後、答申は政府に送付される。それには部会の報告、投票結果、各会派が答申に対する賛否の見解を説明する資料が附される。(73)このやり方は経済社会評議会のコンセンサスを示すと同時に、各会派の独自の見解を示すことを可能にする。

(五)　緊急手続

一九八四年の改革で緊急手続が導入された。これは、経済社会評議会が通常の政府法案または議員法案、プログラム法律案、計画法律案、デクレ案に関する答申のために付託される場合、政府が緊急を宣言するならば、一ヵ月以内に答申を出さなければならないとするものである（一九五八年オルドナンス二条四項）。先に触れたように通常、経済社会評議会が答申を出すには約一年かかる。しかし、法令の原案に対する答申に一年かかるのでは法令の制定に支障がでるおそれがあるし、また、時間的制約から答申が法令の作成に反映されないおそれもある。このため迅速な対応が必要とされる案件については例外的な取り扱いが求められたのである。ただ、経済社会評議会の評議員はたいてい代表的な経済的社会的団体の幹部であるから、緊急手続はあまりにも拘束的であり、窮屈あると考えられた。しかしながら、予想に反して、これは経済社会評議会に好意的に受け入れられた。なぜなら、緊急手続は例外的にしか利用されず[74]、政府による付託を増やし、法令の制定過程に経済社会評議会をよりよく統合しうると考えられたからである。緊急手続は、計画法律案やプログラム法律案について利用されてきた。特に、一九八五年の科学研究に関するプログラム法律案に関する答申は八日間で行われた[75]。通常法律の例としては、一九九五年の自立手当に関する政府法案に関する答申が挙げられる[76]。

(61)　Bodineau, op.cit., pp.25-26., Frayssinet, op.cit., pp.74-76. 第四共和制の経済評議会から通算しても、議長は次の四人しかいない。Léon Jouhaux（一九四七―一九五四年在任）、Emile Roche（一九五四―一九七四年在任）、Gabriel Ventejol（一九七四―一九八七年在任）、Jean Matteoli（一九八七年より在任）。
(62)　Frayssinet, op.cit., p.78.
(63)　Bodineau, op.cit., pp.26-27.
(64)　Frayssinet, op.cit., p.79.

(65) ibid., p.92.
(66) ibid., p.92.
(67) ibid., p.93.
(68) ibid., p.95.
(69) ibid., pp.95-96.
(70) ibid., p.99.
(71) ibid., pp.99-100.
(72) ibid., pp.105-106.
(73) ibid., p.108.
(74) Turpin, p.28. 緊急手続は、憲法院による法律の違憲審査に関して、「憲法院は、一ヵ月の期間内に裁定しなければならない。ただし、緊急の場合には、政府の請求によって、この期間は八日とされる」と定める憲法六一条三項をモデルとしている(Frayssinet, op.cit., p.109.)。
(75) Bodineau, op.cit., p.37.
(76) Frayssinet, op.cit., p.110.

五　経済社会評議会の活動

(一)　政府との関係

自己付託権が認められているために一定の自律性を獲得しているとはいえ、政府の諮問機関である経済社会評議会の活動の実効性は政府にかなり依存している。一九五九年から一九九五年にかけて、経済社会評議会は八〇五件の案件を処理したが（平均して、年に二二件ほどである）、そのうち二〇三件は政府により付託されたものであった。[77]もちろん、経済社会評議会の活動量、すなわち政府による付託数と自己付託数は年によりかなりばらつきがある。ここでは歴代の政府と経済社会評議会との関係を簡単に整理しておこう。

ドブレが首相の座にあった一九五八年から一九六二年にかけて、政府と経済社会評議会の関係は良好であった。ドブレ首相は、社会的職能的利益代表型諮問機関としてよりも専門技術的な諮問機関として経済社会評議会を利用した。一九五九―一九六〇年に経済社会評議会は一三件の研究を行った。取り扱われたテーマは非常に技術的なものであり、政治的に重要なものではなかった。なお、首相を辞した後、ドブレは経済社会評議会と元老院を合併し諮問機関とする考えに傾いていった。[78]

一九六二年四月に首相に就任したポンピドゥは、一九六八年七月までその座にあった。この時期、政府による付託は激減した。ドブレ内閣の三年間に政府による付託は一五回あったが、ポンピドゥ内閣の六年間で一二回しかなかった。とりわけ、一九六三―一九六四年には一回しか政府は付託しなかった。これに対して、経済社会評議会は自己付託を増やして活動の水準を維持した。政府による付託が減少したのは、この時期、経済が高い成長率を示し、社会が相対的に安定していたため、政府は経済社会評議会を利用するメリットをあまり持たなかったからである。[79]

一九六九年四月の国民投票で敗北したド・ゴール大統領は辞職し、ポンピドゥが大統領に就任した。その下で、一九六九年六月から一九七二年七月まで首相を務めたシャバン・デルマスは、社会的対話に愛着を示し、経済社会評議会に好意的な態度をとった。彼は、経済社会評議会が主要な経済的社会的な法案について諮問され必要があれば大臣が議事に参加すること、一九五八年オルドナンス四条の「毎年、首相は経済社会評議会の答申に与えられた結果についてそれに知らせる」という規定を尊重すること、および政府法案に関する経済社会評議会の答申が当該政府法案の付属文書として議会に通知されることを約束した。しかしながら、実際には、政府による付託はあまり多くはなく、一九七〇―一九七一年には六件、一九七一―一九七二年には二件だけであった。この時期、政府は時間のかかる経済社会評議会への諮問を避け、経済的社会的団体との直接的な接触を選んだ。一九七二年から一九七四年五月まで首相に在職したメスメールは、経済社会評議会と良好な関係を維持した。政府による付託は平均して年に四件ほどであった。[80]

一九七四年に大統領に就任したジスカール・デスタンも、経済社会評議会に好意的な態度を示し、彼の在任中、政府による付託は平均して年に五件ほどであった。そのうちのいくつかは大統領個人の意思によるものであった。ジスカール・デスタン大統領の下で首相を務めたシラク（一九七四年五月から一九七六年八月在任）は経済的社会的勢力と協調するために経済社会評議会に関心を示したが、バール（一九七六年八月から一九八一年五月まで在任）は経済社会評議会への諮問に時間がかかることからそれには消極的であった。しかし、大臣が定期的に経済社会評議会の総会に出席し、審議に参加することが見られた。[81]

一九八一年のミッテランの大統領就任は、政府と経済社会評議会との関係をさらに緊密にするとの期待を強めた。しかしながら、ミッテランの二度の任期中（一九八一年から一九九五年）、政府による付託が急増したわけではなかったし、経済社会評議会の運営も以前と変わらなかった。その意味では、一九八四年の改革もそれほど大きな影響を持つものではなかったといえる。ただし、ベレゴヴォワ（一九九二年から一九九三年まで在任）は、かつて経済社会評議会の評議員であったこともあって、経済社会評議会に特に関心を示し、その審議に何度も参加した。また、ミッテラン在任中の二度のコアビタシオンの際、経済社会評議会は政治的な動きを見せず、従来通りの長期的な展望を持った政策形成活動をした。このスタイルは一九九五年のシラクの大統領就任後も変わっていない。[82]

(二)　議会との関係

第四共和制の経済評議会は政府だけでなく議会の諮問機関でもあった。しかし、この試みは、議会があまり諮

［表４］　議会での経済社会評議会代表の聴聞数

1973年：4	1974年：1	1975年：1	1976年：1	1977年：1	1978年：2
1979年：2	1980年：0	1981年：2	1982年：6	1983年：6	1984年：2
1985年：2	1986年：2	1987年：2	1988年：0	1989年：0	1990年：0
1991年：6	1992年：1	1993年：4	1994年：1	1995年：0	1996年：0
1997年：1					

Didier Maus, Les Grands textes de la pratique constititutionnelle de la Ve Répudlique, 1998, p. 387.

問しなかったために成功しなかった。このことを踏まえて第五共和制の経済社会評議会は政府の諮問機関とされた。したがって、法文上、経済社会評議会と議会との結びつきは非常に緩やかであり、憲法六九条二項が、「経済社会評議会の一名の構成員が、それに提出された政府法案もしくは議員法案についての本評議会の答申を両議院で説明するためにそれにより任命されうる」と規定するにとどまる。この手続は一九七三年まで一度も利用されず、その後は年に数回利用されている（［表４］参照）。文面上、この規定は経済社会評議会にとっての権利規定と解されうるが、実際に、この手続が利用されるか否かは議会の意思にかかっている。ともあれ、議会がこの手続を利用することを受け入れれば、経済社会評議会の評議員が国民議会および元老院の本会議に出向くことになるが、国民議会と元老院とでは扱いが異なる。国民議会規則九七条は、「…評議会の構成員は、国民議会の所管の委員会の報告者の次に意見を聴かれる。聴聞のために決められた時間に、彼は議長の命令に基づき衛視長により議場に入れられ、議長は直ちに発言させる。説明が終わると、彼は同じ手順で議場から出される」と定める。すなわち、経済社会評議会の報告者と国民議会議員との応答は行われないのである。これに対して、元老院規則四二条は、「…元老院議長は、本案につき付託された委員会の代表の前に、経済社会評議会の代表に発言させる。特に、彼は経済社会評議会の会議で法文の全体または主要な規定について少数派によりとられた見解を考慮しなければならない。経済社会評議会の代表は、本会議の審議中、議場に出席できる。本案につき付託された委員会の委員長の要求により、評議会の見解を示すために評議会の代表に発言が認められる」

と定める。元老院では、経済社会評議会の報告者と元老院議員との対話が行われうるのである。なお、両議院の委員会でも経済社会評議会の報告者の聴聞は行われうる。国民議会規則四五条三項は、「各委員会は、議長の仲介により、経済社会評議会が答申を与えることを要求されている法文に関して、その報告者の聴聞を要請することができる」と定めている。元老院規則には明文はないが、元老院の委員会では、経済社会評議会に付託された政府法案と議員法案ならびに研究について評議会の代表の意見を聴くことが行われている。[83]㈢　経済社会評議会の影響力

経済社会評議会の活動の影響を測定することは困難である。経済社会評議会に関する多くの研究はその活動の影響を控え目に評価しているが、経済社会評議会の大多数のメンバーはその活動の影響が過小評価されていると考えていると言われる。[84] ここでは、ブリエの研究を参照しよう。

一九五八年オルドナンス四条は、「毎年、首相は、経済社会評議会の答申に対する結果を通知する」と定める。これにより一九六一年に最初の結果報告がなされたが、その後、結果報告は一九六九年まで行われなかった。一九六九年七月に当時のシャバン・デルマス首相は、今後、定期的に結果報告を行うことを約束したので、一九七〇年から結果報告が定期的に行われるようになった。ただし、すべての答申について行われたわけではなく、結果報告が行われたのは全答申中、ほぼ半数にとどまっている。[85]

ブリエは、この政府による結果報告を利用して経済社会評議会の活動の影響を測定している。まず、一九七〇年から一九七七年までの結果報告から、できるだけテーマが重ならないように選ばれた政府付託による答申と自己付託による答申各一〇件、あわせて二〇件について、また、一九七八年についてだけは利用できる結果報告一〇件（うち、政府付託による答申三件、自己付託による答申七件）について、「参考にしなかった」は〇点、「一部参考にした」一点、「大いに参考にした」二点として採点した（［表５］参照）。彼は、①政府による付託であるか、

［表5］　答申に対する政府の態度

1970-1977年											合計点
自己付託10件	①2	②1	③0	④1	⑤0	⑥2	⑦2	⑧0	⑨0	⑩2	10/20
政府の付託10件	①0	②2	③0	④1	⑤2	⑥2	⑦2	⑧1	⑨0	⑩0	10/20
1978年											合計点
自己付託7件	①0	②0	③2	④2	⑤1	⑥1	⑦1	−	−	−	7/14
政府の付託3件	①1	②0	③1	−	−	−	−	−	−	−	2/6

Beurier, op. cit., p. 1662.

自己付託であるかは、政府の態度に影響しない、②「一部参考にした」という場合は少ない、③答申のほぼ半数は政府の態度に影響を与えているということが確認できるとし、統計上、経済社会評議会の役割は無視できないと結論づけている。(86)

これについて、フライシネはブリエの見解に与するとしつつ、政府が答申を参考にしたと判断される場合でも、答申に先立つ政府の選択を正当化するために答申を利用していることが多く含まれていること、技術的なテーマと政治的に重要なテーマを区別しなければならないこと、自己の政策にとって邪魔な答申を政府は無視する傾向があることに留意すべきであると指摘している。(87)

経済社会評議会の答申が法律に影響を与えた最近の例として、フランス銀行に関する一九九三年八月四日の法律に対する一九九三年四月のフランス銀行の改革された法令の効果に関する答申、個人の自発性と個人企業に関する一九九四年二月一一日の法律に対する一九九三年四月の個人企業に関する答申などが挙げられるが、特に、称賛されているのは、一九八八年一二月一日の法律で創設された参入最低所得保障制度を提案した一九八七年二月の深刻な貧困に関する答申である。(88)また、政府の命令制定に対する経済社会評議会の影響について見てみると、一九八九年四月の行政の現代化に関する答申に含まれた提案がこれに関する一九九〇年の二つのデクレと一連の通達に反映された例や、一九九三年一〇月の文化遺産に関するプログラム法律案に関する答申に含まれた提案が租税一般法典の修正に反映された例などがあるにしても、総じて経済社会評議会の影響は弱いと言われる。(89)

(77)　Frayssinet, op.cit., p.116.

(78) ibid., p.127.
(79) ibid., pp.128-129.
(80) ibid., p.131.
(81) ibid., p.132.
(82) ibid., pp.133-134.
(83) ibid., pp.136-138.
(84) ibid., p.121.
(85) ibid., p.122.
(86) Beurier, op.cit., pp.1622-1663.
(87) Frayssinet, op.cit., pp.124-125.
(88) ibid., pp.122-123., Bodineau, op.cit., pp.37-38.
(89) Frayssinet, op.cit., p.124.

むすびにかえて

最後に、経済社会評議会の活動の特質や実際に果たしている機能を整理しつつ、むすびにかえたい。

法文上、経済社会評議会は、もっぱら政府の諮問機関、つまり助言者として機能することが求められている。しかし、政府による付託件数が全付託件数のおよそ三分の一から四分の一にとどまり、残りは自己付託であることを考えると、経済社会評議会の活動は政府にそれほど依存するものではなく、相当自律性が高いと考えられる。また、政府により付託される案件の多くは迅速な処理が求められる比較的短期的な案件であり、自己付託の案件は中長期的な展望に立った政策にかかわるということにも留意すべきである。そうすると、経済社会評議会の活動の特質は、自発的に選択した中長期的政策の調査と提言にあると言えそうであり、その理由は、政府やそれを支える議会は常に選挙を意識しているために短期間で成果を出さなければならないのに対して、経済社会評議会は選挙とは無縁であるから目先の問題を気にせず、ずっと先の問題を扱うことができる点に求められよう。

このこととも関連するが、経済社会評議会のシンクタンクとしての機能も指摘されうる。経済社会評議会の研究や答申は、行政機関、経済的社会的団体、マス・メディアに参考資料として役立っており、多くの場合、行政機関、経済的社会的団体および研究機関が行う調査研究の出発点となっていると言われる。経済社会評議会の調査・情報能力は、半年ごとの経済情勢に関する報告により実証されていると評価されている。(90)

また、経済社会評議会は政府の実験室であるとも言われる。そこには社会的経済的団体の指導者が集まっており、多少の誤差はあるにせよまさに現実のフランス社会の縮図となっている。政府はこれに政策的問題を提出し、政府案に対するその反応を探ることができる。いわば政府は観測気球を上げ、政府の政策をテストするのである。経済社会評議会の答申には少数意見も附されるので、政府は評議会としての一般的な反応だけでなく、各社会的経済的カテゴリーの個別的な反応も知ることができる。この文脈では、経済社会評議会は政府の助言者ではなく、社会のバロメーターとなっている。(91)

さらに、経済社会評議会は経済的社会的諸勢力のフォーラムであり、社会的経済的民主主義の学校であると言われる。そこでは社会的経済的団体の指導者が集い対話が行われる。この対話を通じて各評議員は自己が主張する個別的利益を全体的な利益の中に位置づけるようになり、政治的経済的社会的メカニズムの相互依存性、独立性、複雑性を理解するようになる。(92)かつて、CGT会派は資本に対して敵対的な態度をとっていたが、(93)八〇年代半ばからは協調的な態度をとっている。(94)これはマルクス主義の衰退も影響していようが、経済社会評議会のフォーラム機能と無縁ではなかろう。ただし、過度に協調的であると、答申の内容が妥協的となるとの批判もあり、(95)答申の質を落とすことにつながるおそれがある。

(90) Frayssinet, op.cit., pp.149-150.
(91) ibid., pp.150-151., Beurier, op.cit., pp.1671-1672.
(92) Frayssinet, op.cit., p.152., Beurier, op.cit., p.1670.
(93) G. et A. Merloz, op.cit., p.443.
(94) Frayssinet, op.cit., p.141.
(95) Vier, op.cit., p.1205.

〔追記〕

「三　経済社会評議会の権限」中の「(六)公共政策の評価」で言及した一九九〇年一月二二日のデクレは、一九九八年一一月一八日のデクレにより取って代わられた。これについては、本書第五章を参照されたい。

第九章　国民投票

はじめに

国民投票は、国家の重要政策の決定や憲法の制定・改正について国民の意思を直接反映させる直接民主主義的な手段の一つである。[1] フランスにおいて、最近では、二〇〇〇年九月に第五共和制憲法八九条により憲法改正国民投票が行われたが、この国民投票を含めて、これまで二一回の国民投票が実施されており、現行の第五共和制憲法の下でも八回実施されている。[2] このようなフランスの実践には憲法制定または改正の国民投票だけでなく立法的国民投票も含まれており、それは比較憲法的研究の格好の素材である。[3] 本章では、立法的国民投票の対象事項を拡大した一九九五年の憲法一一条の改正前後の議論を中心に考察する。

(1)　国民投票は、①投票結果の法的効力の観点から、諮問的国民投票と決定的国民投票、②対象事項の観点から、憲法的国民投票と立法的国民投票、③開始手続の観点から、義務的国民投票と任意的国民投票に分類される。また、統治形態は、フランス憲法学では、①純粋代表制、②半代表制、③半直接制、④直接制の四つに分類されるが、国民投票は半直接制の制度的指標とされる。以上の点について、辻村みよ子「レファレンダムと議会の役割」ジュリスト一〇二二号（一九九三年）一二四頁を参照。

(2)　これまで実施された二一回の国民投票は以下の通りである。①共和歴一年憲法を承認するための一七九三年六月の国民投票、②共和暦三年憲法を承認するための一七九五年九月の国民投票、③共和暦八年憲法を承認するための一七九九年一二月の国民投票、④共和暦一〇年憲法を承認するための一八〇二年五月の国民投票、⑤共和暦一二年憲法を承認するための一八〇四年五月の国民投票、⑥帝国憲法付加法を承認するための一八一五年五月の国民投票、⑦一八五一年一二月二日のルイ・ナポレオンのクーデタを承認させるための一八五一年一二月の国民投票、⑧ルイ・ナポレオンの帝位とその世襲制を定める元老院令を承認するための一八五二年一一月の国民投票、⑨一八五二年憲法改正を承認するための一八七〇年五月の国民投票、⑩新憲法制定の是非を問う一九四五年一〇月の国民投票、⑪第四共和制憲法採択のための一九四六年五月の国民投票、⑫第四共和制憲法採択のための一九四六年一〇月の国民投票、⑬第五共和制憲法採択のための一九五八年九月の国民投票、⑭アルジェリア（Algérie）自決政策を承認するための一九六一年一月の国民投票、⑮エヴィアン協定を承認するための一九六二年四月の国民投票、⑯憲法改正（大統領公選制）のための一九六二年一〇月の国民投票、⑰憲法改正（元老院改革と地域圏の設置）のための一九六九年四月の国民投票、⑱ＥＣ拡大のための一九七二年四月の国民投票、⑲ニューカレドニア（**Nouvelle-Calédonie**）の地位に関する一九八八年九月の国民投票、⑳ＥＵ条約を承認するための一九九二年九月の国民投票、㉑憲法改正（大統領任期の短縮）のための二〇〇〇年九月の国民投票。

(3)　第五共和制の国民投票制度については、以下の文献がある。井口秀作「フランスにおけるレファレンダムの課題と改革」法律時報六九巻三号（一九九七年）、同「フランス第五共和制憲法におけるレファレンダム」杉原泰雄・清水睦編『憲法の歴史と比較』（日本評論社、一九九八年）、岡田信弘「現代憲法における人民投票制度（一）（二）」明治学院論叢二九号（一九八三年）、三〇号（一九八四年）、野村敬造「フランス第五共和制下の国民投票」公法研究三六号（一九七四年）、山崎博久「フランスにおける国民投票制度」早稲田政治公法研究二八号（一九八九年）、横尾日出雄「フランス第五共和制における国民投票」中央大学大学院研究年報一三号Ｉ―一（一九八四年）、同「大統領の信任投票から国民投票へ」議会政治研究二九号（一九九四年）。

一　国民投票の展開

(一)　第五共和制以前の国民投票の実際

第五共和制の国民投票を検討する前に、フランスにおける国民投票または国民の直接参政の歴史を瞥見しておこう。(4)

一七八九年の人権宣言は、その六条で「法律は一般意思の表明である。すべての市民は自ら、あるいはその代表者を通じて、法律の作成に協力する権利を有する」と定め、代表者による立法と同時に、立法への国民の直接参加を認めていた。しかし、それがどのように行われるのかについては明示的ではなかった。むしろ、一七九一年憲法では、「すべての権力は国民のみから発するが、国民は委任によってしか権力を行使することができない。フランス憲法は代表制である」（三篇二条）とされ、また、「憲法改正は、改正議会により行われる」（七編一条）とされた。このように代表制がとられ、直接制は排除された。ただし、一七九一年憲法の制定過程において、立法への国民の直接参加を認める提案がなされていたことは留意されてよい。(5)

一七九二年に王制が廃止され、新憲法が準備されることとなった。一七九三年のジロンド憲法草案は、主権者である人民の主権行使の単位として四五〇人ないし九〇〇人の市民から構成される第一次集会を創設し、立法府の議員などの選挙のほかに、憲法草案または憲法改正への賛否、立法府による諮問および立法府に対する議決要請（一種の人民発案）または国民代表の行為に関する人民審査（censure du peuple、一種の人民拒否）についての審議・議決権をそれに認めた。(6)しかし、ジロンド憲法草案は採択されず、モンターニュ派の主導の下に作成された一七九三年憲法が採択された。この憲法は結局、施行されなかったが、ジロンド憲法草案と同様に直接民主制の色合いの濃いものであった。すなわち、立法府は法律を提案し、デクレを議決するとされ（五三条）、二〇〇人ないし六〇〇人の市民から構成される第一次集会に集合した主権者人民が法律を議決するとされた（一〇条）。ただし、立法府により提案された法律案は、過半数の県において、県内の第一次集会の一〇分の一が異議申し立てをしない場合に法律となる（五九条）。これは「人民拒否的な人民投票制度」である。(7) また、憲法改正については、「過半数の県において、正規に形成された県内の第一次集会の一〇分の一が憲法の改正または部分改訂を要求した場合、立法府は、国民公会の招集について可否を問うために、立法府は共和国のすべての第一次集会を招集しなければならない」（一一五条）とされた。(8) 次いで、テルミドール反動後に制定された共和三年（一七九五年）憲法では、憲法改正についてのみ第一次集会が招集されるとされ（三篇二六条）、立法への市民の直接参加は認められなかった。(9)

ナポレオン・ボナパルトによるブリュメール一八日のクーデタ後に制定された共和八年（一七九九年）憲法は、その九五条に基づき国民投票に付され、承認された。しかし、同憲法は、九五条以外に直接民主主義的な手段を規定しておらず、ナポレオン・ボナパルトを終身統領とすることが問われた共和一〇年（一八〇二年）の国民投票と彼を世襲の皇帝とすることが問われた共和一二年（一八〇四年）の国民投票は、憲法上の根拠なく行われたのである。これらの国民投票は質問内容からしてナポレオン個人に対するものであり、まさにレファレンダムの逸脱形態としてのプレビシットの原型をなすものであった。(10)

ナポレオン・ボナパルトの失脚後、王政復古を実現した一八一四年憲章、(11) 七月革命後に七月王政を樹立した一八三〇年憲章の下では当然のこととして直接民主主義的な方式は採用されず、また、二月革命後に共和制を打ち立てた一八四八年の第二共和制憲法によっても直接民主主義的制度は設けられなかった。

以上の空白期を経て国民投票が利用されるのは、ルイ・ナポレオンのクーデタ後である。すなわち、彼は一八五一年に国民投票を行い、自己のクーデタによる権力掌握と新憲法制定権の委任を承認させ、自己の政権に民主的正当性を付与した。この国民投票に基づき一八五二年憲法が制定され、そこでは憲法改正の国民投票（三二条）

と大統領がフランス人民に訴える権利を有すること（五条）が認められた。次いで、一八五二年にルイ・ナポレオンの皇位とその世襲が、同憲法三二条の国民投票により承認された。かくして、国民投票による民意の調達を通じて独裁体制が成立したのである。その後、帝政が動揺すると、ルイ・ナポレオンは「議会帝政」への憲法改正によりこれを乗りきろうとし、国民投票を行い承認を得た。この国民投票には憲法改正への賛否と「一八六〇年以後の自由主義的改革」への賛否を抱き合わせるという非常に巧妙な仕掛けが含まれていた。しかし、ほどなくして、第二帝政は晋仏戦争の敗北により崩壊し、第三共和制が成立する。(12)

一八七五年のいわゆる第三共和制憲法は、代表制を採用し、直接民主主義的な手段を含んでいない。二人のナポレオンによる国民投票の経験を通じて、国民投票が権力を掌握した個人を正当化するプレビシットに転化する危険が強く意識され、国民投票は代表制と両立しえないもの、民主主義的外観にもかかわらず反民主主義的なものとして排除されていくことになった。(13)

しかし、第一次大戦後、第三共和制で確立した絶対議会制への批判に伴い、国民投票を積極的に評価する見解が見られるようになった。たとえば、首相も務めたアンドレ・タルデュー（André Tardieu）は、国民投票制度が、下院の解散や違憲審査制とならんで、執行権が利用しえなければならない制御装置の一つであると主張した。(14)ただし、彼にとって、その国民投票は政府の要求で大統領が実施するというものであった。これに対して、カレ・ド・マルベール（Carré de Malberg）は、国民投票と議会制は両立しうるとし、人民に発案権のある国民投票を提案していた。(15)

第二次大戦中のドイツによる占領から解放された後、臨時政府の首班となったド・ゴールは、一九四五年一〇月二一日に議会選挙と同時に新憲法の制定に関する国民投票を行った。この国民投票では、同日選出された議会が制憲議会となるか、また、この議会が新憲法案の作成だけを職務とするかが問われ、賛成多数で承認された。これにより制憲議会は任期が七カ月とされ、作成した憲法案を国民投票に付することになった。翌四六年五月五日、新憲法案（第一次草案）が国民投票に付されたが、フランス憲法史上初めて否決された。これにより国民投票は必ずしも提案者にとって有利に働くとは限らないことが示されたわけである。ちなみに、この憲法案では立法的国民投票は認められず、憲法改正についてのみ義務的な国民投票が規定されていた。次いで、同年一〇月一三日に改めて新憲法案（第二次草案）が国民投票に付され、かろうじて承認された。このようにして成立した第四共和制憲法では、四六年五月の国民投票の失敗からか、立法的国民投票が排除されただけでなく、憲法改正のための国民投票も任意的な国民投票とされた。すなわち、憲法改正国民投票は、国民議会が第二審議会で三分の二の多数で憲法改正案を採択したとき、または両議院がそれぞれ五分の三の多数でこれを可決したときには行われないとされたのである（九〇条）[16]。

(二)　第五共和制下の国民投票の実際

(1)　第五共和制憲法制定と国民投票

第四共和制は、慢性的な経済的財政的危機や諸政党の合従連衡による内閣の不安定にさらされていたが、一九五八年五月のアルジェリアの反乱により実質的に崩壊した。このとき政権を託されたのが野にあったド・ゴールである。彼は首相に就任するや、新憲法の制定による体制の変革によって危機の克服を図り、まず、第四共和制憲法の憲法改正規定である九〇条の改正に着手した。これに関する一九五八年六月三日法、すなわち、「憲法九〇条の規定の一時的な例外措置に関する一九五八年六月三日の憲法的法律」は、憲法改正手続が、①政府による草案の作成、②諮問委員会の意見聴取、③コンセイユ・デタの意見聴取、④閣議での草案の決定、⑤草案に関する国民投票の実施という諸段階を踏むものとした。ここで注意されるべきことは、本来の九〇条では保障されていた憲法改正案に関する議会の審議・議決権が欠けていることであり、また、議会の関与を廃した上で政府により作成された草案が国民投票に付されることである[17]。

ともあれ、以上の手続に従って一九五八年九月二八日に新憲法案に対する国民投票が行われ、第五共和制憲法が成立した[18]。第五共和制憲法は、その制定の事情からも理解されるように、政府に対して強すぎる議会、しかしそれ自体は機能不全を起こしている議会を中心にした国政運営に対する処方箋を内実とするが、それは行政国家的対応と呼ぶべきものである。すなわち、それは議会制の合理化を図り、行政府の優位を確保する統治システムを創出するものであり、議会の権限縮小とともに注目されるのは、従来、名目的存在であった大統領の権限の強化である。とりわけ、憲法一一条は大統領に立法的国民投票の付託権を与え、大統領が議会を飛び越して国民と直結して立法することを認めた（ただし、後述するように、一一条の手続により憲法改正国民投票が二度行われた）。また、国民投票制度は、八九条により憲法改正についても認められている。これらの手続については後述することにして、以下、第五共和制下の国民投票の実際について見ておこう。

(2)　実施された国民投票の分類

第五共和制憲法の施行後、これまで八回の国民投票が行われている。そのうち七回が一一条による国民投票であり、一回が八九条による国民投票である。実質的観点から、それらは①領土の地位の変更にかかわる国民投票、②憲法改正にかかわる国民投票、③条約の批准にかかわる国民投票の三つのカテゴリーに分けられる。

第一の領土の地位の変更にかかわる国民投票としては、①アルジェリアの民族自決政策と自決前の公権力の組織に関する一九六一年一月八日の国民投票、②エヴィアン協定とその履行のためにとられるべき措置に関する一九六二年四月八日の国民投票、③ニューカレドニアの地位に関する一九八八年一一月六日の国民投票の三例がある。

第二の憲法改正にかかわる国民投票としては、①大統領の直接公選制に関する一九六二年一〇月二八日の国民投票、②元老院の改革と地域圏の設置に関する一九六九年四月二七日の国民投票、③大統領任期の短縮のための二〇〇〇年九月二四日の国民投票の三例がある。

第三の条約の批准にかかわる国民投票としては、①ヨーロッパ共同体の拡大条約に関する一九七二年四月二三日の国民投票、②欧州連合条約（マーストリヒト条約）に関する一九九二年九月二〇日の国民投票の二例がある。

(3)　各大統領期ごとの国民投票の実施状況

次に、第五共和制において行われた国民投票を時系列的に見てみると、国民投票の実施には規則性はなく、種々の政治的要因や大統領の個性などが作用して国民投票の付託権者である大統領ごとにその実施状況はかなり異なる。

①　ド・ゴール大統領期　ド・ゴール大統領の下で、国民投票は四回行われた。

「アルジェリアの民族自決政策と自決前の公権力の組織に関する一九六一年一月八日の国民投票」および「エヴィアン協定とその履行のためにとられるべき措置に関する一九六二年四月八日の国民投票」では、アルジェリア問題が扱われている。ド・ゴールは第四共和制末期の政権復帰後、地方名望家層を主体とする間接選挙で第五共和制の初代大統領に選出され、懸案のアルジェリア問題に取り組んだ。彼の政策は植民地放棄＝アルジェリアの独立であったが、節目ごとに国民投票を利用した。すなわち、独立の前段階としてのアルジェリア民族自決の決定に際し国民投票を実施し、さらにアルジェリアの独立と同国におけるフランス人財産の保護を内容とするエヴィアン協定の承認について国民投票を実施したのである。[19]また、ド・ゴールは間接選挙で選出されていることによる民主的正当性を補うために国民投票を利用した。すなわち、これら二つの国民投票に際して、国民投票が大統領に対する信任投票の意味があり、案件が承認されなければ辞職せざるをえないと言明していた。そのため、これらの国民投票はプレビシットであるとの批判が起きたわけである。ともあれ、投票結果は、彼の思惑通りであり、一九六一年一月八日の国民投票では、投票率七六・五％、有効投票中の賛成率七五・二六％、登録有権者中の賛成率五五・九％、一九六二年四月八日の国民投票では、投票率七五・六％、有効投票中の賛成率九〇・七％、登録有権者中の賛成率六四・八％であった。

「大統領の直接公選制に関する一九六二年一〇月二八日の国民投票」および「元老院の改革と地域圏の設置に関する一九六九年四月二七日の国民投票」は、本来の憲法改正規定である八九条によらずに、一一条によって行われたために物議をかもした。このようなやり方をとったのは、八九条によった場合に要求される議会の賛成が得られる見込みがなく、他方、一一条によれば議会の関与を排除しえたからである（一一条による憲法改正については後述する）。

一九六二年一〇月二八日の国民投票では、当初の憲法六条で間接選挙によるとされていた大統領選挙を直接普通選挙に変えることが問われた。ド・ゴール派以外のすべての政党が大統領直接公選制には反対していたが、国民投票の結果は、投票率七七・二％、有効投票中の賛成率六一・七五％、登録有権者中の賛成率四六・四四％であった。

一九六九年四月二七日の国民投票では、元老院を経済社会評議会とともに再編することと地域圏の設置が問われた。この国民投票は、一九六八年の五月危機を国民議会の解散・総選挙でのド・ゴール派の圧勝により乗り切ったド・ゴール大統領へのさらなる信任を国民から調達しつつ、あわせて国政運営の上で障害となっていた元老院を弱体化ために行われたのである。しかし、その結果は敗北であり、つねに国民投票に際して自己の進退をかけていたド・ゴールは辞職した[20]。投票結果は、投票率八〇・六％、有効投票中の賛成率四六・八二％、登録有権者中の賛成率三六・六九％であり、第五共和制において国民投票で反対票が多数を占めたのは、このときだけである。

②　ポンピドウ大統領期　ポンピドウ大統領の下で、国民投票は一回行われた。

「ヨーロッパ共同体の拡大条約に関する一九七二年四月二三日の国民投票」では、ヨーロッパ共同体へのイギリスなどの加盟にかかわる条約が問題とされた。しかし、憲法一一条の「憲法には反しないが諸制度の運営に影響を及ぼすであろう条約の批准を承認することを目的とする法律案」を厳密に解すると、フランスがヨーロッパ共同体に加盟することが問題ならば話は別だが、この条約はフランス国内の諸制度の運営に直接的な影響を及ぼすとは考えられないので、あえて国民投票に付する意味は乏しいと言える。[21] にもかかわらず、国民投票に訴えたのであるから、そこには一定の政治的思惑があったと考えられる。ひとつは、当時、共同政府綱領に署名したがヨーロッパ政策に関して一致が見られなかった左翼諸政党を分裂させ、反対派に属する中道派を引きつけて議会多数派を再編することであり、もうひとつは、ポンピドゥがド・ゴールのように国民投票に自己の信任問題をかけなかったとしても、間接的にであれ国民の支持を調達し、国民投票付託権者である大統領の地位を強化することである。[22] 投票結果は、投票率六〇・七％、有効投票中の賛成率六七・七％、登録有権者中の賛成率三六・一二％であり、登録有権者中の賛成率はド・ゴール退陣のきっかけとなった国民投票のそれよりも低く、ポンピドゥの意図は達せられたとは言えなかった。

かくして、その後、ポンピドゥは国民投票に消極的になった。すなわち、一九七四年に大統領の任期を七年から五年に短縮する憲法改正案が両議院で可決されたとき、憲法改正の国民投票の道を選ばず、両院合同会議の道を選んだ。なお、憲法八九条が要求する両院合同会議で五分の三の多数が得られる見込みがなかったので、ポンピドゥは憲法改正手続を中断し、次回の大統領選挙の際にこの憲法改正案を国民投票に付するとした。[23] しかし、次代の大統領になったジスカール・デスタンは、これを国民投票に付さず、葬り去った。

③　ジスカール・デスタン大統領期　ジスカール・デスタン大統領の下で、国民投票は行われなかった。彼は大統領選挙では有効投票の五〇・八一％で選出され、議会多数派の中の少数派を基盤としていたために、議会と宥和的な立場をとり、議会を飛び越して国民と直結するスタイルをとらなかった。むしろ、彼にとっては、選挙の日程を厳格に尊重することが基本的な準則であった。この時期は二極化が進展し、大統領の権威が国民による選挙と議会多数派の支持に基づくという新しいシステムに移行していた。[24] いわば、制度の半直接制的性格が代表制的観念によりぼやかされていたのである。かくして、彼はドゴールによる一九六二年の国民投票の際、国民投

票賛成派であったが、一九七七年一一月八日の演説で「いかなる憲法改正も、国民議会と元老院により同一の文言で表決されていなければ可能ではない」とし、憲法一一条の国民投票による憲法改正を行わないことを言明した(25)。また、一九七四年に憲法一五条につき八九条による憲法改正を試みた際、改正案が各議院で可決されていたが、五分の三の多数が見込めなかったため両院合同会議による方式をとらず、また、国民投票に訴えることもせず、改正を断念した(26)。

④　ミッテラン大統領期　ミッテラン大統領の下で、国民投票は二回行われた。ただし、いずれも二期目になってからであり、一期目に国民投票に訴えることはなかった。彼は一九八四年に「確立され国民により承認された一一条の利用は、今後、八九条と競合した憲法改正の一つの方法と見なされうる」と述べていたが(27)、かつてド・ゴールによるその利用を激しく非難していただけに国民投票に訴えることをしなかったのである(28)。

「ニューカレドニアの地位に関する一九八八年一一月六日の国民投票」では、ニューカレドニアの独立問題が扱われた。ニューカレドニアを一〇年間フランスの海外領土としつつ、その自治権を拡大し、一九九八年に独立に関する住民投票を当地で行うという一九八八年七月のマティニョン協定が国民投票の対象とされたのである(29)。この国民投票では、投票率三七％、有効投票中の賛成率八〇％、登録有権者中の賛成率二六％であり、投票率がかなり低かった。この国民投票は首相がイニシアティブをとったために「政府による国民投票」と呼ばれ、憲法一一条の法文にもっとも合致したものであると評されているが、やはり大統領の政治的思惑が隠されている。再選直後のミッテランは、一九八八年五月の解散総選挙のつまづきにもかかわらず、彼個人の人気が持続していたことを利用して、その職を明示的に国民投票にかけなかったにせよ、国民投票を通じて大統領の地位を強化しようとしたのである(30)。

「欧州連合条約（マーストリヒト条約）に関する一九九二年九月二〇日の国民投票」が実施されるには若干の紆余曲折があった。すなわち、一九九二年二月に調印された欧州連合条約は、通貨政策に関する主権の委譲、域内共通ビザの発行にあたっての主権の委譲および地方議会選挙でのEC市民への選挙権付与の三点が憲法院により違憲とされた。これを受けて、ミッテランは、憲法八九条の両院合同会議の方式により憲法改正を行い、欧州連合条約を憲法に違反しない条約にして、憲法一一条の国民投票を実施したのである。[31] この国民投票に際して、ミッテランは、ヨーロッパ問題に関する右翼諸政党の軋みを大きくし、また、間近に迫った議会選挙での左翼政党の敗北をにらんで、自己の権威を強化した上でコアビタシオンにのぞもうという意図を持っていた。[32] しかし、投票結果は、投票率六九・七%、有効投票中の賛成率五一%、登録有権者中の賛成率三四%で、ミッテランの意図が達せられたとはいえないだろう。

⑤　シラク大統領期　シラク大統領の下で、国民投票は今のところ一回行われている。「大統領任期の短縮のための二〇〇〇年九月二四日の国民投票」では、大統領の任期を七年から五年に短縮する憲法六条の改正が、本来の憲法改正規定である八九条により問われた。従来、八九条により憲法改正が行われた際、つねに両院合同会議方式がとられ、国民投票に訴えることはなされてこなかったので、これは八九条の国民投票の唯一の例である。しかしながら、投票率は三〇・五五%で過去最低であり、賛成七三・〇七%であった。[33]

ド・ゴールが一九六二年まで国民投票を集中的に利用した後、国民投票に訴える頻度は低下し、また、投票率も低下した。これは政治的問題が複雑化したことおよび国民の関心が拡散したことにより、国民投票に適した単純なテーマが見出しにくくなったからである。[34] このような状況に対応すべく、国民投票制度を改革しようとする動きが見られるようになるが、これについては後に触れる。

（4）　これについては、以下の文献を参照。Francis Hamon, Le référendum Étude comparative, L.G.D.J., 1995, pp.73 et s.,

（5）　以上、岡田「現代憲法における人民投票制度（一）」前掲一五二頁。

（6）　ジロンド憲法草案の統治原理については、辻村みよ子『フランス革命の憲法原理』（日本評論社、一九八九年）

一七四頁以下を参照。
(7)　岡田「現代憲法における人民投票制度（一）」前掲一五四頁。
(8)　以上、一七九三年憲法の統治原理については、辻村・前掲書二二五頁以下を参照。
(9)　岡田「現代憲法における人民投票制度（一）」前掲一五五頁。
(10)　ナポレオン・ボナパルトの国民投票については、乗本せつ子「フランス第一帝政確立期における人民投票制度の構造」法律時報五五巻一〇号（一九八三年）七九頁以下、およびレファレンダムとプレビシットの区別も含めて、同「直接民主制」杉原泰雄編『憲法学の基礎概念Ⅰ』（勁草書房、一九八三年年）一四三頁以下を参照。
(11)　ただし、第一次復古王政と第二次復古王政の間のナポレオンの百日天下の下で、一八一五年四月の帝国憲法付加法に対して同年五月に国民投票が行われた。
(12)　以上、岡田「現代憲法における人民投票制度（一）」前掲一六〇頁以下、山崎・前掲論文二一九頁。また、第二帝政については、平野武「フランス第二帝政の憲法についての覚書(一)」龍谷法学一一巻二号（一九七八年）二一四頁以下、西川長夫「ボナパルティズムとデモクラシー――第二帝政研究の視角から――」思想六一六号（一九七五年）一頁以下も参照。
(13)　岡田「現代憲法における人民投票制度（一）」前掲一六一頁。
(14)　F.Hamon, Le référendum Étude comparative, op.cit., p.79.
(15)　R.Carré de Malberg,“Considérations théoriques sur la question de la combinaison du référendum avec le parlementarisme”, R.D.P., 1931.
(16)　F.Hamon, Le référendum Étude comparative, op.cit., pp.79-80.
(17)　以上、井口秀作「フランス一九五八年六月三日憲法的法律における国民投票制」一橋論叢一一二巻一号（一九九四年）八四頁以下。
(18)　投票率は八四・九%、有効投票中七九・二五%が賛成、登録有権者中の賛成率は六六・四一%であった（数字は、一九九二年のマーストリヒト条約に関する国民投票まで、F. Hamon, Le référendum Étude comparative, op.

cit., p.97. による)。

(19) アルジェリア問題の処理のプロセスについては、中木康夫『フランス政治史（下）』（未来社、一九七六年）六五頁以下。

(20) 五月危機からド・ゴールの辞職までのプロセスについては、中木・前掲書一七一頁以下参照。

(21) 横尾「フランス第五共和制における国民投票」前掲六八頁。

(22) Raymond Ferretti,“Le référendum sous la Ve République ou l'ambivalence d'une institution”, Petites affiches n° 136, 1998, p.13.

(23) 横尾「フランス第五共和制における国民投票」前掲七七頁。

(24) R.Ferretti, op.cit., p.14.

(25) Gérard Conac,“Les débats sur le référendum sous la Ve République”, Pouvoirs n° 77, 1996, p.102.

(26) L.Favoreu, P.Gaïa, R.Ghevontian, J.-L.Mestre, O.Pfersmann, A.Roux et G.Scoffoni, Droit constitutionnel, 2e éd, Dalloz, 1999, p.720.

(27) G.Conac, op.cit., p.103.

(28) R.Ferretti, op.cit., p.14.

(29) 奥島孝康・中村紘一編『フランスの政治』（早稲田大学出版部、一九九三年）一九二頁（押村高執筆）。

(30) R.Ferretti, op.cit., pp.13-14.

(31) 奥島・中村編・前掲書一九六頁以下（押村高執筆）。

(32) R.Ferretti, op.cit., p.13.

(33) 二〇〇〇年九月二五日付朝日新聞（夕刊）

(34) F.Hamon, Le référendum Étude comparative, op.cit., p.89.

二　第五共和制憲法の国民投票制度

ここでは、まず、国民投票に関する当初の憲法規定を確認し、次いで、九〇年代の改革提案を瞥見し、一九九五年の憲法一一条の改正を見ていくことにする。

(一)　当初の憲法規定

憲法三条一項は、「国民の主権は人民に属し、人民は、その代表者によって、および国民投票の方法によって、主権を行使する」と規定している。(35) ただし、この一般原則は直接適用されるのではなく、国民投票は、憲法一一条および八九条が定めるところにより行われる。

(1)　憲法一一条の国民投票手続

憲法一一条一項は、「共和国大統領は、官報に登載された、会期中の政府の提案または両議院の共同の提案に基づいて、公権力の組織に関する政府提出法律案、共同体の協定の承認を含む政府提出法律案、あるいは憲法には反しないが諸制度の運営に影響を及ぼすであろう条約の批准を承認することを目的とする政府提出法律案を、すべて、国民投票に付託することができる」と定めている。

このように憲法一一条は立法的国民投票制度を定めているが、解釈上、若干の疑義が残っている。

憲法一一条所定の政府提出法律案を国民投票に付することを決定するのは大統領である。しかし、そのためには政府の提案か両議院の共同の提案がなければならない。

政府の提案は、時間的に限定されており、会期中に行われなければならない。この限定は議会の関与を保障するためである。憲法の文言上、政府の提案を受けて大統領が国民投票の決定を行うわけであるが、実際、ド・ゴールやポンピドウは政府の提案に先駆けて国民投票を実施することを公にしてきた。このような慣行は、大統領が議会多数派のリーダーであることから生じる首相の政治的従属性による。したがって、コアビタシオンの場合には憲法の文言通りの運用がなされうることになり、政府の提案が大統領の決定を条件づけるはずである。[36]

議会の提案は、議員提出法律案ではなく、政府提出法律案についてのみなされる。当該法律案がいずれかの議院に提出されていることが前提となり、また、両議院がそれを国民投票に付することを大統領に提案することに同意していなければならない。したがって、議会の提案がなされる可能性は低く、実際、これが行われたことはない。制憲者は、国民投票が議会を排除するものではなく、法律制定のひとつの技術であることを示すことにより、議会を安心させようとしたのである。[37]

大統領の国民投票への付託の決定は、大統領のデクレで行われる。これは統治行為であり、[38]また、首相や主務大臣の副署を免れる。すなわち、これは首相の任命（憲法八条一項）、国民議会の解散（同一二条）、全権手続の実施（同一六条）、議会への教書権（同一八条）、院長を含めた憲法院の三人の構成員の任命（同五六条）および憲法院への付託（同五四条および六一条）と同様に憲法一九条に定められた大統領の個人的権限の一部をなしている。[39]

憲法一一条に明記されてはいないが、国民投票の実施に先立ち、コンセイユ・デタと憲法院は諮問される。憲法三九条二項は、「政府提出法案は、コンセイユ・デタの意見を聴いた後に、閣議で審議され、両議院のいずれかの理事部に提出される」と定めているので、国民投票に付されることになる政府提出法律案をコンセイユ・デタに諮問するのは、憲法上の義務である。また、憲法院に関する一九五八年一一月七日のオルドナンス（n°.58-1067）四六条は、「憲法院は国民投票の施行の組織化に関して政府により諮問される」と規定している。ここでは国民投票の合憲性は問題とはならず、また、憲法院の意見は公表されない。[40]

次に、国民投票の対象となる事項として、当初の憲法一一条は、①「公権力の組織に関する法律案」、②「共同体の協定の承認を含む法律案」および③「憲法には反しないが諸制度の運営に影響を及ぼすであろう条約の批准を承認することを目的とする法律案」をあげていた。このように国民投票の対象となる事項はかなり狭く限定されていたが、一九六〇年代にアフリカのフランス旧植民地が独立していったので、②の「共同体の協定の承認を含む法律案」で対象とされた共同体は実体がなくなった。したがって、一九九五年の改正で対象事項が拡大されるまで、国民投票の対象となるのは、①の「公権力の組織に関する法律案」と③の「憲法には反しないが諸制度の運営に影響を及ぼすであろう条約の批准を承認することを目的とする法律案」の二つであって、「公権力の組織」や「諸制度の運営」というように政治制度にかかわる事柄に限定されていた。(41)

ただし、対象事項は二つに限定されているが、それぞれ曖昧さが残る。まず、「憲法には反しないが諸制度の運営に影響を及ぼすであろう条約(42)」という定式は若干不可解であるが、さしあたり世論を二分するような議論を引き起こす条約であると言える。その意味で、一九九二年九月二〇日の国民投票の対象となった欧州連合条約（マーストリヒト条約）は憲法一一条の文言にあてはまっていよう。しかし、すでに触れたように、一九七二年四月二三日の国民投票の対象となったヨーロッパ共同体の拡大条約は、そうとはいえないと思われる。なお、「憲法には反しない」という条件がついているために、一九九二年九月二〇日の国民投票に先立ち、憲法改正がなされたことはすでに述べた通りである。

さらに疑義が残るのは、「公権力の組織に関する法律案」という文言である。これについては、「公権力の組織に関する法律案」には通常法律案と組織法律案しか含まれないので、憲法一一条による憲法改正はできないとする狭義説と、それには憲法的法律案も含まれうるので、憲法一一条により憲法改正ができるとする広義説がある。狭義説によれば、憲法改正と題された章には憲法八九条しかなく、それは憲法改正の唯一の条項であり、いかなる例外規定も定められていない。反対に、憲法一一条にも憲法八九条への言及も見られないとされる。要するに、憲法改正手続は憲法改正と題された章に規定されているはずだが、憲法一一条はそこに置かれていない。(43)よって、憲法一一条は憲法改正のための憲法的法律案を含むものではないということになる。これに対して、広義説によれば、憲法は公権力の組織を定めることを第一の使命とするが、憲法一一条は公権力の組織に関する法律案を「すべて」国民投票に付託することができるとしているので、「公権力の組織に関する法律案」には憲法的法律案も含まれる。よって、憲法一一条による憲法改正は可能であるとされる。(44)

広義説には解釈上、難点があるが、だからといって、まったく根拠のないものとは言えない面がある。すなわち、憲法制定過程を振り返ってみると、一九五八年六月二三日の草案では「共和国の基本的な諸制度」という文言が使われていたが、結局、それは「公権力の組織」に変えられた。しかし、その変更は規範の階層性において憲法一一条の国民投票を降格すること、つまり、その守備範囲から憲法改正を除くこと、さらには、最重要な問題に関する人民の仲裁を否定することを明確に意味するわけではなく、むしろその点に関する議論がきちんとなされずに憲法一一条の文面が確定されたようである。いわば、それはゴーリスト（ミシェル・ドブレ）と第四共和制の継承者（G・モレやP・フリムラン）との誤解に基づくと言えそうである。かくして、急ごしらえの憲法一一条には法の欠缺があり、それは判例により埋められなければならなかった。しかし、これについて憲法院は、一九六二年の判決で、国民投票により採択された法律の合憲性を審査する権限を持たないと判示し、法の欠缺をそのままにしたのである。(45)

(2)　憲法八九条の国民投票手続

これまで憲法は一四回改正されているが、そのうち憲法一一条による改正が一回（一九六二年一一月六日の憲法的法律）、憲法八九条による改正が一二回である。憲法八九条による改正のうち、国民投票によったのは一回だけである。また、現在廃止されている旧八五条による改正が一回ある。(46)

憲法八九条は憲法改正について、以下のように定めている（なお、憲法八九条は現在も憲法制定当初のままである）。

「①　憲法改正の発議権は、首相の提案に基づいて共和国大統領に、および国会の構成員に、競合して属する。

②（政府提出または議員提出の）改正案は、両議院によって同一の文言で表決されなければならない。改正は、国民投票によって承認された後に確定的となる。

③ただし、（政府提出の）改正案は、共和国大統領が両院合同会議として招集される国会に付託することを決定したときは、国民投票にはかけられない。この場合、（政府提出）改正案は、有効投票の五分の三の多数を集めなければ、承認されない。──以下略──」。

まず、改正案は両議院で同一の文言で採択されなければならない。通常法律の場合のように、国民議会の最終議決権は認められていない。次に、議員提出の改正案の場合、国民投票に付されることになる。政府提出の改正案の場合、大統領の判断で、国民投票に付されるか、両院合同会議に付託されるかが決まる。

政府提出の改正案につき、両院合同会議によるか、国民投票によるかは、一般に改正案の内容によると説明される。つまり、あまり重要ではなく技術的な改正は両院合同会議の方式が使われ、憲法の基本原則にかかわる重要な改正は国民投票の方式が使われるとされる。たとえば、議会の会期の開始日に関する一九六三年一二月三〇日の憲法的法律による改正、憲法院への付託権者の拡大に関する一九七四年一〇月二九日の憲法的法律による改正、大統領が欠けた場合や大統領候補者の死亡または事故の場合の大統領選挙に関する準則に関する一九七六年六月一八日の憲法的法律による改正、および司法官職高等評議会・高等法院・共和国司法院に関する一九九三年七月二七日の憲法的法律による改正は、国民投票になじまない技術的性格が強いと言える。また、別の説明も可能である。たとえば、欧州連合条約の批准に伴う憲法改正が国民投票の方法をとらなかったのは、後に、その批准を承認する法律案が憲法一一条の国民投票に付されたからである。憲法一一条の国民投票の改正に関する一九九五年八月四日の憲法的法律による改正は国民に直接かかわるので、憲法八九条の国民投票によるべきであると言えるが、同年の大統領選挙直後であったから国民投票の方法が控えられたと考えられる[47]。しかしながら、あまり重要ではなく技術的な改正は両院合同会議の方式により、憲法の基本原則にかかわる重要な改正は国民投票の方式によるという考え方には、憲法上、何の根拠もない[48]。

ド・ゴールによる国民投票の頻繁な利用の後、国民投票はあまり利用されなくなった。これに対して、国民投票制度を改革して民主制を活性化しようとする提案がなされるようになった。ここでは一九九〇年代の主な改正提案だけを紹介しておこう[49]。

(二)　一九九〇年代の改正提案

(1)　ミッテランの改革提案

ミッテラン大統領は、一九八四年に、公的自由の基本的保障を国民投票の対象とするために憲法改正案を提出し、国民議会で可決されるところまで行ったが、元老院の反対でこれをあきらめた[50]。その後、一九九二年一一月三〇日に、ミッテランは、大統領、国民投票、政府と議会の関係、市民による憲法院への付託、司法官職高等評議会、高等法院、経済社会評議会、諸制度の現代化、非常大権の九項目にわたる「憲法改正の提案」を発表した[51]。国民投票については、次のように述べていた。すなわち、

「私は、わが国の民主主義をより生き生きと、また、より身近なものとするために、市民が、わが国の諸制度とわれわれの自由の将来を左右する重大な討論と決定に直接参加することを望む。

私は、一九八四年七月に、公的自由の基本的保障に国民投票の領域を拡大するために、憲法一一条を整備する法案を議会に付託した。

私は、この法案が、国民議会により最終審議の際に採択された形式で再び取り上げられることが有益であると考える。ただし、以下のことが付け足される必要がある。すなわち、憲法院が、憲法、組織法律、国際取り決め、および共和国の諸法律により承認されたわれわれの自由を基礎づける大原則に対する（国民投票に付される）政府提出法律案の適合性に関して国民投票に先立って意見を公表する[52]」。

要するに、ミッテランは、公的自由の基本的保障への国民投票の拡大と憲法院による一種の事前統制を提案したのである。

(2) ヴデル委員会報告書

ミッテランによる憲法改正提案が公表された直後の、一九九二年一二月二日に、憲法改正に関する諮問委員会を設置するデクレが制定され、ジョルジュ・ヴデルが委員長に就任した。そのためこの諮問委員会はヴデル委員会と呼ばれたが、同委員会は翌年の二月一五日に報告書を提出した。(53) これによれば、憲法一一条の改正案は、以下のようであった。

「一一条

一項 共和国大統領は、官報に登載された、会期中の政府の提案または両議院の共同の提案に基づいて、公権力の組織もしくは公的自由の基本的保障に関する政府提出法律案、同じ対象(公的自由の基本的保障)もしくは国際機関に関する条約または諸制度の運営に影響を及ぼすであろう条約の批准を承認することを目的とする政府提出法律案を、すべて、国民投票に付託することができる。

政府提出法律案は、憲法院による憲法適合性の確認の後に国民投票に付託されうる。

二項 本条一項であげられた事項を対象とする国民投票は、選挙人名簿に記載された有権者の一〇分の一により支持された議会の構成員の五分の一の発議により組織されうる。

議員提出法律案は、憲法院に送付される。憲法院は、その憲法適合性を宣言した後、有権者の請願の募集を行い、その数とその有効性を検査した後、議会に有権者の請願を送付する。その議員提出法律案が四カ月以内に議会により採択されない場合、憲法院は国民投票を組織することを決定する。

三項 国民投票の結果、政府提出法律案または議員提出法律案の採択に至った場合、大統領は投票結果の公表後、一五日以内にその法律に審署する。

組織法律が、国民投票の組織化の準則と本条の適用様式を定める」。

このようにヴデル委員会の憲法一一条改正案は、①国民投票の対象事項の拡大、②憲法院の事前統制、③議会少数派の発議権、④国民投票施行規則の組織法律による法定の四点にかかわる。
①については、まず、新たな対象として公的自由の基本的保障が付け加えられている。また、実体のなくなった「共同体の協定の承認」が削除され、その代わりに、「公的自由の基本的保障に関する条約」と「国際機関に関する条約」が従来の「諸制度の運営に影響を及ぼすであろう条約」に追加され、国民投票の対象となる条約が三種類になった。
②については、立法的国民投票を憲法的国民投票として利用することを不可能とするために、国民投票に先立って、憲法院が合憲性の審査を行うとされている。これは一項の政府提出法案だけでなく、二項の議員提出法案についても行われる。これにともない憲法一一条で条約の批准の承認に付されている「憲法に反しないが」という文言が削除されている。
③については、有権者の一〇分の一の署名が集まることを条件にしてであるが、議会少数派の国民投票の発議権が認められている。「議会」の構成員の五分の一であるから、たとえ元老院の反対があったとしても、この発議は成立しやすいと思われる。
④については、これまで国民投票の施行規則がその都度デクレで定められていたが、これを組織法律で恒久化するとされている。
以上要するに、ヴデル委員会の提案は、①と②については、ミッテラン提案を再確認するにとどまると言えるが、発議権の拡大により停滞気味であった国民投票の活性化を図り、また、憲法院を介在させることにより、国民投票の運用を合理化しようとするものと評されよう。(54)

㈢　一九九五年の憲法改正

シラクは、一九九五年の大統領選挙に先だって国民投票の対象の拡大や議会の会期を単一にすることを内容とした憲法改正を公約に掲げていた。新大統領に当選したシラクは、同年五月一九日に議会に教書を送り、新政権の方針を示し、その中で先の公約を繰り返した。これにより憲法改正が日程に上り、同年八月四日に大規模な憲法改正が行われた。改正された一一条は、次の通りである。

「一項　共和国大統領は、官報に登載された、会期中の政府の提案または両議院の共同の提案に基づいて、公権力の組織に関する政府提出法律案、国の経済的または社会的政策およびそれにかかわる公役務に関する改革に関する政府提出法律案、あるいは憲法に反しないが諸制度の運営に影響を及ぼすであろう条約の批准を承認することを目的とする政府提出法律案を、すべて、国民投票に付託することができる。

二項　国民投票が政府の提案に基づいて組織される場合、政府は、各議院で説明し、それは討論に付される。

三項　国民投票の結果、政府法律案の採択に至った場合、共和国大統領は投票結果の公表後、一五日以内に法律に審署する」。

この憲法改正中の憲法一一条の改正点は、①「共同体の協定を承認する法案」が削除されたこと、②「国の経済的または社会的政策およびそれにかかわる公役務に関する改革」が国民投票の対象とされたこと、③議会の事前討論が明文で保障されたことである。①の改正点は形式的なものであるから、ここでは触れず、②および③の改正点について若干、敷衍しておこう。

まず、「国の経済的または社会的政策およびそれにかかわる公役務に関する改革」が国民投票の対象とされたことであるが、当初の政府案では、「国の経済的および社会的政策の一般的方針」と「公役務の組織と運営の基本原則」が新たに国民投票の対象になるとされていた。しかし、この政府案の文言はかなり曖昧であったため、多数派の議員も含めて多くの議員に不安を与えた。とりわけ、左翼の反対派からは、議会を犠牲にして、大統領の権限を強化するものであり、民主主義にとって危険な国民投票のプレビシット的逸脱をもたらすとか、九五年憲法改正の大きな目的である議会の建て直しという目的に反し、立法権と執行権の不均衡をさらに拡大するものだといった批判が噴出した。[55] このような批判を押さえるために次に触れる議会の事前討論も導入されたのであるが、当初の政府案の文言をより明確にし、国民投票の対象を限定するために、「国の経済的または社会的政策およびそれにかかわる公役務に関する改革」と修正されたのである。

しかしながら、曖昧さが払拭されたとは必ずしも言えないと思われる。まず、立法的国民投票が諮問的国民投票に転換する可能性が指摘されうる。というのは、国民投票が国の経済的または社会的政策およびそれにかかわる公役務に関する「改革」を対象とするので、国民投票に付される政府法案がいわば「改革」の大綱だけ定めるにとどまる可能性があるからである。[56] そもそも、複雑な経済的社会的問題を国民投票による二者択一で解決しうるかは、かなり疑わしい。具体的な経済政策や社会政策の決定は、原則として代表制のプロセスにゆだねるのが適切であろう。

また、旧一一条が国民投票の対象を、公権力の組織に関する政府提出法律案、共同体の協定の承認を含む政府提出法律案、憲法には反しないが諸制度の運営に影響を及ぼすであろう条約の批准を承認することを目的とする政府提出法律案の三種類に限定していたのと同じように、改正後の一一条も国民投票の対象を、公権力の組織に関する政府提出法律案、国の経済的または社会的政策およびそれにかかわる公役務に関する改革に関する政府提出法律案、憲法に反しないが諸制度の運営に影響を及ぼすであろう条約の批准を承認することを目的とする政府提出法律案の三種類に限定している。しかし、見かけは同じように見えるが、新たに導入された「国の経済的または社会的政策およびそれにかかわる公役務に関する改革」という「カテゴリーの境界は、国民投票の領域に含まれた事項の網羅的リストを作成することが今後、不可能であると思われるほど不確かである」と指摘されているように[57]、相当広範なものである。たとえば、経済的社会的政策に含まれるのは、税制、公衆衛生、教育、都市計画など数え上げたらきりがなさそうであるし、公役務に含まれるのは、公教育のように行政機関により担われるもの、社会保障のように準公的組織により担われるもの、さらに国有鉄道のように公企業により担われるものがある[58]。かくして、「国の経済的または社会的政策およびそれにかかわる公役務に関する改革」は、憲法院による統制が欠けているので、その内容が厳格に定められることは期待されえない。それはいわば大統領や政府が自由に解釈しうる機能的観念である[59]。

次に、議会の事前討論が明文で保障されたことであるが、義務的、自動的なものではなかったにせよ、当初の憲法一一条も議会の事前の討論を暗黙のうちに認めていたと言える。たとえば、「アルジェリアの民族自決政策と自決前の公権力の組織に関する一九六一年一月八日の国民投票」に際して、一九六〇年一二月に議会で討論が行われたが、これは政府のイニシアティブによるものであったし、「大統領の直接公選制に関する一九六二年一〇月二八日の国民投票」に先だって、国民議会でこれに関する討論が行われたが、それはポンピドウ内閣に対する問責動議の提出により生じたものである。また、議会は口頭質問の方法により国民投票に関する問題を取り上げることができた。

今後は、九五年改正により議会の事前討論が明文で保障されたので、それは義務的、自動的なものとなった。しかし、若干、曖昧な点がある。まず、議会討論が行われる時期である。大統領による国民投票の決定以前に議会討論が行われると言えそうであるが、政府の提案がなされていることが前提となろう。次に、討論の対象である。議会の事前討論の目的からすれば、国民投票に付される政府法案の内容あるいはその合憲性、国民投票の際に国民に提示される質問文の文面が討論の対象となりうる。これにより政府が修正に応じることもありうる。ただし、問責動議が提出される場合以外、政府の説明に対して議会が表決をなすことは認められない。ところで、問責動議が提出され、可決されたとしても、国民投票を中止することはできない。政府の提案が存在する以上、大統領は国民投票の実施を決定できるし、たとえ、政府の提案が確定的に行われる前に問責動議が可決されたとしても、首相は憲法四九条二項に規定された四八時間以内に閣議の議決を行うことにより、国民投票の提案をなしうるからである[60]。ともあれ、議会の事前討論は限定的な効果しかないように思われる。

(35) 第五共和制憲法の訳文は、原則として、樋口陽一・吉田善明編『世界憲法集(第三版)』三省堂、一九九四年(辻村みよ子訳)を参照した(以下、同じ)。

(36) R.Ferretti, op.cit., p.5., F.Hamon, Le référendum Étude comparative, op.cit., p.82.

(37) R.Ferretti, op.cit., p.5.

(38) 野村・前掲論文七九頁。

(39) Philippe Auge,"La nouvelle rédaction de l'article 11 de la Constitution de la Ve République:vers une réactivation de la procédure référendaire?", Petites affiches n°6, 1996, p.8.

(40) R.Ferretti, op.cit., p.6.

(41) ミシェル・ドブレが作成し、その後の審議のたたき台となった一九五八年六月中旬の憲法草案六条は、国民投票の対象を非常に広く設定し、「大統領は、首相の提案に基づいて、議会が採択することを拒絶したあらゆる政府提出法案ならびに国民生活にとって基本的なあらゆる問題を、国民投票に付すことができる」と規定していた(Comité national chargé de la publication des travaux préparatoires des institutions de la Ve République, Documents pour servir à l'histoire de l'élaboration de la constitution du 4 octobre 1958,vol. I , 1987, p.252.)。しかし、一九五八年六月二三日の大統領に関する条項案八条は、「大統領は、政府提出法案が共和国の基本的な諸制度を対象とし、外交条約の批准を承認することを目的とし、または連邦的性格の協定の承認を含む場合、首相または議会の提案に基づいて、議会が意見を述べたすべての政府提出法案を国民投票に付することができる」とし、議会の関与を保障し、国民投票の対象事項を限定した(ibid., p.282.)。一九五八年七月二三日および二五日の閣議での審議を踏まえて、同年七月二九日に憲法諮問委員会に提出された憲法草案九条では、「大統領は、官報に登載された、政府の提案または両議院の一致した提案に基づいて、公権力の組織に関する政府提出法案、諸制度にかかわる条約の批准を承認することを目的とする政府提出法案または連邦の協定の承認を含む政府提出法案をすべて国民投票に付することができる」とされ、ほぼ当初の憲法一一条と同じ条文となった（ibid., p.503.）。

(42) 横尾「フランス第五共和制における国民投票」前掲六八頁。

(43) F.Hamon, Le référendum Étude comparative, op.cit., pp.83-84.

(44) G.Conac, "Article 11", F.Luchaire et G.Conac(sous la direction de), La constitution de la république française, 2e éd., Economica, 1987, p.428.

(45) F.Hamon, Le référendum Étude comparative, op.cit., pp.84-85.

(46) 一九九五年八月四日の憲法的法律により廃止された旧八五条は、第一項で、共同体に関する章（当初一二章、一九九三年七月二七日の憲法的法律により一三章に変更された）の改正について、「八九条所定の手続の例外として、共和国の国会および共同体元老院により同一の文言で表決される法律によって改正される」とし、第二項で、「本章の規定は、同様に、共同体構成国間で締結される協定によっても改正されることができる」としていた。

(47) R.Ferretti, op.cit., p.10.

(48) F.Hamon, Le référendum Étude comparative, op.cit., p.86.

(49) このように国民投票制度の改革が提案されるようになったのには、部分的にであれ、国民意識が反映していると思われる。世論調査によれば、国民投票自体への賛否に関して、一九六二年では賛成四八%であったが、一九八八年には賛成七七%になっている。一九八八年の世論調査では、国民投票のテーマとして望ましいものとして、死刑制度、原子力発電所、社会保障制度改革、妊娠中絶、視聴覚制度改革があげられており、これらは憲法一一条の「公権力の組織」にはかかわらないテーマである。また、人民発議の国民投票ないしは少数派発議の国民投票についても、およそ二人に一人が賛成している（J.-L.Parodi, "Le référendum devant L'opinion", Pouvoirs n°49, 1989, pp.163-167.）。

(50) Louis Favoreu et les autres,Droit constitutionnel, op.cit., 1999, p.720.

(51) 原文は、Didier Maus, La pratique institutionnelle française,Revue française de droit constitutionnel, n°13, 1993, pp.127-130. による。後の触れるヴデル委員会報告も含めて、辻村みよ子「ミッテラン時代の憲法構想」日仏法学一九号（一九九五年）、勝山教子「フランソワ・ミッテランの改憲構想と一九九三年七月二七日憲法改正（一）（二）」同志社法学二三二号・二三三号（一九九三年）参照。

(52) D.Maus, op.cit., p.128.

(53) J.O.,16 Février 1993, pp.2537-2555.

(54) 以上の諸点につき、井口秀作「フランスにおけるレファレンダムの課題と改革」前掲九一頁以下、同「フランス第五共和制憲法におけるレファレンダム」三七四頁以下も参照。なお、ヴデル委員会報告書は、憲法八九条所定の憲法改正手続（ヴデル委員会改正案では八二条）について、現行の手続を維持した上で、両議院が憲法改正案を同一の文言で採択しなかった場合、両議院のいずれかの議院で五分の三以上の多数で採択された憲法改正案を、大統領は国民投票に付することができるという規定を付加している。

(55) Jean-Claude Zarka,"La révision constitutionnelle du 31 juillet 1995", Les petites affiches n°99, 1995, p.8.

(56) R.Ferretti, op.cit., p.8.

(57) Francis Hamon," L'éxtension du référendum:données,controverses,perspectives", Pouvoirs n°77, 1996, p.116.

(58) F.Hamon, Le referendum Etude comparative, op.cit., p.93.

(59) F.Hamon," L'extension du référendum:données,controverses,perspectives", op.cit, p.117. 九五年改正では、ミッテランやヴデル委員会の提案に含まれていた公的自由の基本的保障は国民投票の対象とされていないが、それは一一条の「国の経済的または社会的政策」に影響されうる。そのことは、特に、労働権、スト権、健康権、教育権などの現代的な権利については明らかであろうし、出版の自由といった古典的自由も、それが税法や経済法により一定の便宜が図られている以上、同様であろう(ibid., p.117.)。

(60) 以上、ibid., pp.114-115.

三　残された課題

一九九五年の憲法改正によってすくい上げられなかった問題がいくつか残されている。

(一)　国民投票と憲法院の事前統制

国民投票により採択された法律は、つねに事後的に議会で改正されうる。[61] しかし、国民投票により採択された法律は、憲法院の合憲性の統制を免れる。このことは、大統領公選制を導入した一九六二年一〇月二八日の国民投票に関する憲法院判決で示され、[62] また、一九九二年の欧州連合条約の批准を承認する法律案に関する国民投票に関する憲法院判決で再確認された。[63] かくして、ミッテランやヴデル委員会が提案したような国民投票に付される法律案に対する憲法院の事前の統制が存在すれば、ド・ゴールが行ったような憲法一一条による憲法改正をめぐる解釈問題も回避できたし、[64] 国民投票による違憲の法律の採択も回避できるはずである。確かに、憲法一一条による憲法改正は、ド・ゴール後の憲法運用を見る限り、その可能性は低くなっているが、国民投票の活性化を目的としてその対象を拡大した九五年改正後は、むしろ人権を侵害するような違憲の疑いのある法律の国民投票による採択の危険はむしろ高まったとさえ言える。[65] さらに、国民投票により採択された法律が、EC法などの国際取り決めに抵触することもありうる。それではなぜ、九五年改正で憲法院の事前統制は切り捨てられたのであろうか。それは第五共和制憲法独特の大統領の職務の観念による。すなわち、憲法五条は、「共和国大統領は、憲法の尊重を監視する。共和国大統領は、その仲裁によって、公権力の適正な運営と国家の継続性を確保する」と規定するので、大統領は憲法の守護者という性格を持つ。かくして、九五年改正の論戦において、法務大臣は、合憲性のフィルターを設置することは、憲法の擁護者という大統領にのみ認められた権限を憲法院に移転することになるとして、憲法院の事前統制に反対したのである。(66) 憲法の文面とは多少の齟齬があるとしても、九五年改正後も、やはり国民投票に訴えることは大統領の特権なのである。

(二)　プレビシットの抑制と多元的な発議権

ド・ゴールは国民投票を大統領の「信任問題」として利用し、また、ポンピドウやミッテランは自己の職をかけなかったにせよ、政局の中で大統領の地位の強化のために国民投票を利用した。このように国民投票が状況しだいではプレビシット的性格を持つことは否定できず、やはり警戒すべきは政権担当者から発する国民投票である。(67) したがって、国民投票の決定権を多元的なものとすることで、そのような危険を多少とも緩和することが可能かと思われる。その意味で、ヴデル委員会が提案した一定数の有権者とリンクした議会少数派の国民投票発議権あるいは、一九九三年にミッテランの指揮の下で作成された憲法改正案の国民の国民投票発議権は、注目すべきものと言えそうである。(68) しかし、この提案も九五年改正では取り上げられなかった。その理由は、議会少数派の国民投票発議権にせよ国民の国民投票発議権にせよ、それらは立法期の間、選挙を通じて政権を任された多数派のプログラムを攪乱するからだということである。(69) この論拠は裏返せば、国民投票は、政権担当者が都合の良い時期に都合のよい主題につき自由に利用できるものだということである。しかし、本来、代表制の限界を補完するために国民投票のような直接民主主義的方法が要請されてきたことからすると、このような論拠は説得力に乏しいと言えよう。

(61)　Décision n°89-265 DC du 9 janvier 1990. なお、一度、国民投票で採択された法律が、議会で改正された場合、合憲性の審査のために憲法院に付託されうるが、憲法院では国民投票で採択された法律に含まれる要素との関連で改正法律が含む新しい要素のみ審査されると解されている (F.Hamon,"L'extension du référendum:données, controverses,perspectives", op.cit., p.120.)。

(62) Décision n° 62-20 DC du 6 novembre 1962.

(63) Décision n° 92-313 DC du 23 septembre 1992. ただし、六二年判決と九二年判決について、「結論が同じであっても、その判決理由には微妙な変化があることも無視できない」と指摘されている。この点、井口秀作「フランス型『立憲主義と民主主義』論の一側面」杉原泰雄先生古稀記念論文集刊行会編『二一世紀の立憲主義』（勁草書房、二〇〇〇年）五三三頁。

(64) 憲法一一条による憲法改正に関する政界と学界の論争については、井口秀作「フランス第五共和制憲法一一条による憲法改正について」一橋研究一八巻二号（一九九三年）一頁以下が詳しく検討しているので、ここではそれに触れない。

(65) ただし、この場合には、欧州人権裁判所やEC司法裁判所の統制がありうる (F.Hamon, “L'extension du référendum:données, controverses,perspectives”, op.cit., pp.120-121.)。

(66) P.Auge, op.cit., p.10.

(67) 一九九三年の世論調査によれば、回答者の六〇％が、国民投票を提起する人ではなく、提起された問題に応じて投票すると回答しているので、もはやプレビシットの心配はないとも指摘されている (F.Hamon, Le référendum Étude comparative, op.cit., p.91.)。

(68) ヴデル委員会報告を受けて、ミッテランは、一九九三年三月に憲法改正案を作成し、これを元老院に付託した。この憲法改正案は二つの憲法的法律案に分けられていた。すなわち、緊急性があり合意が得られやすい改革（憲法院への付託権の拡大、高等法院の改革など）を含む第一の改正案と対立が予想される改革（緊急権の廃止、議会の強化など）を含む第二の改正案である。国民発議の国民投票の提案は、第二の改正案に含まれていたが、これによれば、「各県および各領土で選挙人名簿に記載されている有権者の五分の一」の署名を集めれば、国民からの国民投票の発議が成立するとされていた。以上の点につき、勝山「フランソワ・ミッテランの改憲構想と一九九三年七月二七日憲法改正（二）」前掲三頁以下参照。

(69) F.Hamon, “L'extension du référendum:données,controverses,perspectives”, op.cit., p.111.

むすびにかえて

以上、フランスにおける国民投票制度を検討してきたわけであるが、日本の状況を念頭に置いて、ここから若干の教訓を引き出すことでむすびにかえたい。

現在、日本でも憲法改正が現実味を帯びつつあるが、立法的国民投票の導入を求める声も聞かれる。しかし、立法的国民投票の制度設計が具体的に提言されているようには思われない。むしろ、情緒的で無防備な代表制・直接制両立論とでも呼ぶべきような議論にとどまっている感が深い。立法的国民投票を導入するとしても、その制度設計を誤れば単なる支配の道具に堕する恐れがあるので、情緒的な議論ではなく冷静な合理的思考が求められている。少なくとも、政権担当者にのみ国民投票の発議権・決定権を独占させないこと、違憲審査制によるチェックの可能性を残しておくこと、対象事項を明確に確定することなどが留意されるべき点である。

第十章　住民投票

はじめに

近年、日本においても、地方分権が重要な政治課題となり、他方、住民投票が一種のブームとなっている。新潟県巻町の住民投票を嚆矢として、その後、いくつかの住民投票が実施された。これにともなって住民投票の制度化をめぐる法的問題点が種々指摘され、議論されている。論点は、たとえば、住民投票のメリット・デメリット、法的根拠づけを法律によるか条例によるか、一般的住民投票にするか個別的住民投票にするか、住民投票の発案者を首長・地方議会・住民の誰にするか、事前運動の規制をどうするか、投票権者や投票区域をどのように設定するか、住民投票の対象となる事項は何か、住民投票の効果につき諮問的制度にするか拘束的制度にするか、など多岐にわたっている。これらの論点について、議論が相当蓄積されているが、日本における実例がまだそれほど多くはないので、なお、比較法的検討の余地が残っているように思われる。そこで、本章では、フランスの地方分権化の中で法定された住民投票制度を紹介・検討することにより、何らかの教訓を得たいと思う。(1)

(1)　フランスの住民投票制度に関する邦語文献としては、以下のものがある。市川直子「フランス第三共和制初期における住民投票」法学研究論集七号（一九九七年）、同「フランス第五共和制における住民投票制度」法学研究論集（一九九八年）、久邇良子「フランスにおける住民投票」月刊自治研四一六号（一九九四年）、同「フランスの地方民主主義―住民投票の制度化―」早稲田政治公法研究五八号（一九九八年）、椎名慎太郎「フランスにおける住民投票制度について」山梨学院大学法学論集三八号（一九九七年）。

一　第三共和制における住民投票をめぐる状況

フランスでは、一七八九年の革命以後、現在まで二一回の国民投票が行われている。とりわけ、現行の第五共和制憲法下では、国民投票がかなり利用されている。(2)これに対して、地方レベルでは、住民投票は法定の制度としては一九七一年まで種々の理由から導入されなかった。しかしながら、法律上の根拠のないいわば法定外の住民投票は何度も行われてきたし、また、住民投票を制度化するための法律案も何度も提出されてきた。まず、ここでは、第三共和制期の住民投票をめぐる状況を見ておくこととする。

(一)　市町村による法定外の住民投票の実施

フランスでは、一九世紀末から二〇世紀初頭にかけて、市町村レベルで、非公式な住民投票が実施された。(3)特に、一八八八年から一九〇〇年にかけてが最盛期であり、(4)それ以後は減少したといわれる。

一八八八年一一月のClunyでの住民投票が最初の事例である。(5)同コミューンの議会選挙運動中、議員たちは納税者に諮問せずに、新たな課税を行わないという公約を掲げていた。そこに三〇万フランかかる兵舎の建設問題が生じ、コミューン議会内では意見が対立していた。そこで、議会は住民全体で問題を解決することを決めた。各有権者に投票所入場券、賛成と反対の二枚の投票用紙、現在の納税額と兵舎が建設された場合の納税額を示した文書が配布された。投票の秘密の保持や選択の結果に関する情報提供に配慮したこのような方式は、「模範的である」と評価されている。(6)投票結果は、反対四七九票、賛成二九八票であり、コミューン議会は住民の意向を入れ、兵舎建設を否決した。

この他、次のような住民投票の例がある。(7) 一八八八年一二月のBagnols-sur-Cézeでの住民投票（小麦市場の移転について）、一八八九年一月のRiomでの住民投票（連隊設置のための一〇〇万フランの借り入れについて）、一八八九年一二月のBergeracでの住民投票（牛肉市場の用地について）、一八八九年のColombesでの住民投票（ColombesからBois-Colombesの分離）、一八九二年のNeuilly-sur-Seineでの住民投票（市の期間の延長について）、一八九六年五月のValleraugueでの住民投票（入市税の廃止と付加税への転換について）、一八九六年六月のMeudonでの住民投票（礼拝行進の実施について）、一八九七年七月のFougèresでの住民投票（兵舎の建設について）、一八九七年一〇月のPont-Audemerでの住民投票（兵舎の建設について）などである。これら以外にも内容や日付が不明の住民投票があり、この時期の住民投票の詳細は不明である。ヴィギュイエの整理によれば、通常、諮問的住民投票であり（例外的に、コミューン議会が投票結果に従うとしたものとして、Bagnols-sur-Cézeでの住民投票とValleraugueでの住民投票がある）、その対象となる事項は、兵舎の建設、市場の用地、市の期間延長、政教分離、市町村の分離などが多く、投票権者は一般に選挙権者であり（納税者の資格で女性に投票権を与えたものとして、一八九七年のMorlaixでの住民投票とFougèresでの住民投票がある）、投票率はかなりばらつきがあったようである。(8)

(二)　政府の対応

このような住民投票の高揚に対して、政府は否定的な態度をとった。一八八九年三月二三日、内務大臣のコンスタン（Constans）は、「コミューンの利益に関する問題の解決への《レファレンダム》の実施」に関する通達を各県知事に出し、彼らが住民投票に対して取るべき態度を示した。その通達は、大要、次のように述べていた。(9)

すなわち、市町村行政の問題について選挙権者の総会に諮問することは、我が国の政治制度および我が国の行政組織の基礎である代表制に反することは疑いの余地がない。実際、レファレンダムは、人民の選挙で選ばれた受託者だけが処理する資格のある公益の管理への市民の直接的な介入である。コミューン議会は、公開の集会やアンケートを通じて、または辞職することによって、住民の意向を聴くことができる。しかし、決定に先立ち普通選挙に諮問し、または決定をその承認に付すことを目的とするレファレンダムは、法定されておらず、適法ではない。かくして、レファレンダムは、個人的または集団的な発案により実施されえない。このような公約が選挙人団に対して公選者によりなされていたとしても、それは無効であり、援用されえない。というのは、一八七五年一〇月三〇日法律一三条が、命令的委任は無効であり、いかなる効力も持たないとしているからである。また、このような直接的諮問を実際に行うことは、全国的な手続の統一性の欠如、選挙権者を招集するための権限ある機関の法定、その手続の頻繁な利用による棄権の増加のおそれといった難題を生ぜしめる。要するに、各県知事は、一八八四年四月五日法律六三条および六五条により、県内のコミューン議会がレファレンダムに訴えることを決定した議決を無効と宣することをためらってはならない。

この通達を受けた県知事は、いくつかの事例においてこれを実行した。たとえば、一八九二年一一月のガス会社との協定に関する住民投票および一八九五年一月の地下鉄建設に関する住民投票についてのParisのコミューン議会の議決は無効とされた。(10) しかし、この通達により住民投票が終息したわけではない。それは先に紹介した住民投票の実施例の日付を見れば理解されよう。その背景には、新聞や憲法学者の大多数が住民投票を支持していたことや、政治家の中にもこれに好意的な者が少なくなかったという事情がある。(11) たとえば、国レベルでのレファレンダムには批判的な論者でさえ、住民投票について、「この種の諮問を否定することは不合理なこととなる。」「公選者が選挙権者の意思を知ることは理に適ったことではないのか。」と述べていた。(12) また、知事の介入を避けるために、コミューンが住民投票の実施主体とならない方式が採られることもあった。一八九六年のBeauvaisでの政教分離に関する住民投票は、コミューン議会議員も含まれる特別な委員会を実施主体とし、一八九七年のDijonでの入市税の廃止に関する住民投票は、労働組合が実施主体となった。(13)

(三) 住民投票に関する法律案

右に見たように、政府は住民投票に対して否定的であったが、国会議員の中にはこれに好意的な者もかなりいた。彼らは、一九世紀末頃から住民投票を制度化する法律案を繰り返し提出した。次のような提案が知られている(14)。しかしながら、これらの法律案はすべて否決された。

一八八三年二月一九日に、ラヌッサン(Lanessan)の提案は否決された。それは、コミューン議会のあらゆる議決事項について住民投票を行うために、住民の(二〇分の一)の発議を定めていた。

ランジュイネ(Lanjuinais)の提案は、コミューン議会のすべての財政に関する議決について住民投票を要請していたが、一八八五年四月九日に否決された。

オブレク(Hovelaeque)の提案は、コミューンの公債について義務的住民投票を定めていたが、一八九〇年五月二九日に否決された。

オスマン(Haussmann)の提案は、コミューン議会の絶対多数または選挙権者の三分の一による要求により、住民投票が実施されるとしていたが、一八九〇年六月一九日に否決された。

ワインの入市税廃止に関するベリー(Berry)法の審議の際に提案されたジュレ・ゲスド(Jules Guesde)の修正案は、一八九五年一一月二二日に否決された。それは、地方レベルで代わりになる税の選択は被治者自身に委ねられるとしていた。

ミシュラン(Michelin)の提案は、一八九六年一〇月二七日に否決された。それは、予算、領土の割譲・取得、公債など一定の重要な決定について、また、市民の四分の一により要求されるならばすべての決定について、コミューンのレベルで住民投票が義務的に行われることを要求していた(なお、それはカントンが法人格を有すると主張して、カントンの住民投票の制度も提案していた)。

一八九七年一一月二六日に若干の修正を付された一八九七年一一月一五日のアルジュリエ（Argeliés）の提案は、コミューン議会だけが、住民投票を要求でき、知事は一ヵ月以内に選挙権者を招集しなければならないとしていた。この住民投票はアンケートの代わりになるものであった。この提案は、一八九八年六月二〇日にダンセット（Dansette）とグランメゾン（Grandmaison）の提案により繰り返された。

これらの法律案のうち、「非常に特異な性格を有する」とされるのが、(15) マッコー（Mackau）の提案である。一八八九年六月二七日に代議院に提出されたこの法案は、一八八二年四月五および七日法律が廃止した財政事項に関する高額納税者のコミューン議会への参加を復活させることを狙っていた。その第一条は、「特別課税、コミューンの公債、入市税および割増入市税……による、コミューンの財政の将来を拘束しうるコミューンのすべての公益事業は、納税者の事前のレファレンダムに付されうる」とし、第三条は、「コミューンの四種の直接税のうちいずれかの納税者名簿に登録されたすべての納税者は、その氏名と賛否を記載し、他事を記載しない投票用紙によりその意見を表明することが求められる」と規定していた。また、第五条は、「納税者名簿登録者総数の三分の二に相当する納税者の過半数、または納税者名簿登録者総数の過半数に相当する納税者の三分の二が、事業計画に反対である場合、それは拒否されたものと見なされ、少なくとも、法律上、義務的経費が問題でない限り、上級行政庁はその事業計画を実施することはできない。反対に、事業計画に対する反対が、上記の多数のいずれかを集めない場合、その事業計画は承認されたと見なされる」としていた。(16)

右翼に属するマッコーの提案に対しては、多数派である共和派から批判が浴びせられた。その批判は、普通選挙と矛盾する大資産家支配の復活への敵意とレファレンダムに対する原理的拒絶が入り交じったものであった。(17)この法律案は、一八九〇年六月一六日に三一二票対一八七票で否決された。

(四)　コンセイユ・デタの態度

先に、一八八八年から一九〇〇年にかけてが住民投票の最盛期であり、それ以後は減少していったと記したが、この流れを決定づけたのがコンセイユ・デタの一九〇五年と一九〇九年の二つの判決である。

一九〇五年判決は、Aigreでの住民投票にかかわる。一九〇三年三月三一日法律第五条により、Aigreのコミューン議会は、公道維持のための数日間の夫役を公道維持税により代替させる権限を持っていた。しかし、同議会は、住民投票を行うこととし、「すべての関係する選挙権者は、公道維持税の創設について賛否の投票により意見を述べることが求められる」と一九〇三年七月一一日に決定した。これに対して、知事はこの議決を無効とした。この知事の処分の取り消しが求められたのが本件である。コンセイユ・デタは、「コミューンの利益に関する事項の規律のために自らとることがコミューン議会の権限に属する決定を関係する選挙権者の決定に代えたことにより」、Aigreのコミューン議会は、一八八四年四月五日法律（その第六一条は、市町村会は、その議決により市町村の事務を規律する、と規定していた。）および一九〇三年三月三一日法律に違反したと判示した。[18]

一九〇九年判決は、Brugnensでの住民投票にかかわる。Brugnensのコミューン議会は、諸教会と国家の分離に関する一九〇五年一二月九日法律に反して、公物たる司祭館の無償利用を司祭に認め、また、司祭館の最終的な利用のしかたを住民投票で決めることにした。この議決を無効とした知事の処分が争われたのが本件である。[19]コンセイユ・デタは、Aigre事件と全く同じ理由で、Brugnensのコミューン議会の議決を違法と判示した。Brugnensの住民投票の場合、上訴した時点で、コミューン議会は住民投票の結果にその決定を従わせていなかったので、まさに諮問的投票にすぎなかったのであるが、[20]コンセイユ・デタは、一八八四年四月五日法律に違反するとしたのである。なお、コンセイユ・デタは、諮問的住民投票の結果によってとられたコミューン議会の決定の効力に関して判示したことはない。[21]

（2）　本書第九章注（2）参照。

（3）　H.Mayer,“ Les tentatives d'introduction du référendum en France sous la Troisième République” , Revue des sciences politiques, 1934, p.269.

（4）　ここでは、市町村名の表記は原綴りで示す。commune は通常、「市町村」と訳されるが、法的取扱い上、市・町・村の区別はなく、各 commune の人口規模も筆者には不明であるので、たとえば、commune de Cluny は、Cluny 市とか Cluny 町などとは表記せず、たんに Cluny と表記する。なお、commune を必要に応じて、市町村とコミューンとに訳し分ける。また、conseil municipal は、通常、「市町村会」、「市町村議会」と訳されるが、特定のコミューンの conseil municipal について、市議会とか町議会などと訳し分けることは先に述べた事情からできないので、この場合、コミューン議会と訳すことにする。

（5）　Mayer, op.cit., p.269., Jacques Viguier,“ Premières expériences de 《référendum》 communal” , Revue française de droit administrative,12(3), 1996, p.448., André Coudevylle,“ Plaidoyer en faveur de référendum communal”, La revue administrative, 1978, p.499.

（6）　Viguier, op.cit., p.448.

（7）　Mayer, op.cit., pp.269 et s, Viguier, op.cit., p.449., Coudevylle, op.cit., p.499.

（8）　Viguier, op.cit., pp.448-449. ヴィギュイエによれば、Colombes での住民投票では、一二〇〇人中五八五人、Neuilly-sur-Seine での住民投票では、五〇〇〇人中八七三人、Fougères での住民投票では、一三八二人中一四三四人、Pont-Audemer での住民投票では、一七〇三人中九九二人が投票した（ibid., p.449.）。

（9）　Mayer, op.cit., p.270., Viguier, op.cit., p.445. この通達とほぼ同時期に内務省で二件の注釈的文書が作成された。これについて詳しくは、Joseph Delpech,“Du référendum en droit public français, et spécialement du référendum municipal”, R.D.P., 1905, pp.390 et s.

（10）　Mayer, op.cit., p.270., Viguier, op.cit., p.446.

（11）　Mayer, op.cit., p.271.

(12) Coudevylle, op.cit., p.499.
(13) Viguier, op.cit., p.449.
(14) Coudevylle, op.cit., pp.497-498., Viguier, op.cit., pp.444-445., Mayer, op.cit., pp.274-275.
(15) Coudevylle, op.cit., p.497.この提案は、納税額に基づく制限選挙を再び導入しようとするものであり、結局、資産家は二重の投票権を持つことになる(ibid., p.497.)。
(16) Viguier, op.cit., p.443.
(17) ibid., p.444.
(18) Mayer, op.cit., pp.392-393., Viguier, op.cit., pp.446-447., Coudevylle, op.cit., p.499.
(19) Viguier, op.cit., p.447., Coudevylle, op.cit., pp.499-500.
(20) J.-L.Pereau, "Quelle perspective pour le référendum communal en France après l'adoption de la loi sur l'organisation de l'administration territoriale?", Les petites affiches, 21 septembre 1992, n° 114, p.13.
(21) Coudevylle, op.cit., p.500.

二　第五共和制憲法と住民投票

前章では第三共和制下の住民投票をめぐる動きを瞥見したわけであるが、それに続く第四共和制下では特に目立った動きはなかった。住民投票をめぐる動きが出てくるのは、第五共和制下においてである。

(一)　第五共和制憲法のレファレンダムに関する規定

「半直接制」段階にあるとされる第五共和制憲法は、(22) 四種のレファレンダムを規定している。

第一に、憲法五三条三項は、「領土のいかなる割譲も、いかなる交換も、いかなる併合も、関係する住民の同意がなければ有効ではない。」と規定する。[23] このレファレンダムは、「関係する住民の同意」のために行われるので、国民投票ではなく住民投票である。この規定は、これまでに六回適用された。すなわち、①一九六二年七月にAlgérieについて、②一九七四年一二月にComoresについて、③一九七六年二月にMayotteについて、④一九六七年三月にCôte Française des Somalisについて、⑤一九七七年五月にAfarsとIssasについて、⑥一九八七年一二月にNouvelle Calèdonieについて、である。[24]

第二に、フランス共同体に関する憲法八六条一項は、「共同体構成国の地位の変更は、あるいは共和国によって、あるいは、その組織と規制が共同体の諸制度によって保障される地域的国民投票で確認された関係構成国の立法議会の議決によって、要求されることができる。この変更の態様は、共和国の国会および関係立法議会で承認される協定によって決定される。」と規定する。なお、本条は、一九九五年に廃止された。

第三に、憲法改正に関する憲法八九条二項は、「〔政府提出または議員提出の〕改正案は、両議院によって同一の文言で表決されなければならない。改正は、国民投票によって承認された後に確定的となる。」と規定する（なお、同条三項によれば、「〔政府提出の〕改正案は、共和国大統領が両院合同会議として招集される国会に付託することを決定したときは、国民投票にはかけられない。」）。八九条二項のレファレンダムは、大統領の任期を短縮する二〇〇〇年九月の憲法改正に際して初めて利用された。[25]

第四に、憲法一一条一項は、「共和国大統領は、官報に登載された、会期中の政府の提案または両議院の共同の提案に基づいて、公権力の組織に関する政府提出法律案、国の経済的または社会的政策およびそれにかかわる公役務に関する改革に関する政府提出法律案、あるいは憲法に反しないが諸制度の運営に影響を及ぼすであろう条約の批准を承認することを目的とする政府提出法律案を、すべて、国民投票に付託することができる。」と規定する。この手続は七回実施された。[26]

このように第五共和制憲法には、国民投票の手続が規定されており、代表民主制的要素と直接民主制的要素がともに配分されている。しかし、憲法五三条を除けば、本章で問題としている住民投票の手続は含まれていない。むしろ、地方公共団体に関する憲法七二条二項は、「これらの団体は、選出された議会により、および法律の定める条件にしたがって、自由に自治を行う。」と規定し、地方レベルでは、公選の議会による代表民主制が原則として定位されている。ただし、「法律の定める条件にしたがって」とされているので、住民投票のような直接民主制的手続を法律により制度化する余地はある。

(二)　法定外の住民投票の実施

右に見たように、憲法五三条を除けば住民投票に関する規定は憲法上存在せず、また、住民投票を制度化する法律も一九七一年まで存在しなかったが、実は、いわば法定外の住民投票が行われていた。まずは、その実態を一瞥しておこう。

ヴィギュイエは、一九五九年から一九八四年の間に実施された法定外の住民投票に関するボリーの研究によって、(27)次のように紹介している。(28)一九五九年に慰霊碑の移転に関する住民投票が行われたが、その後、空白期があり、一九七一年から一九八四年の間に七〇件以上の住民投票があった。住民投票に付された事項は非常に多様であるが、主要なテーマは、工場の建設や拡張、原子力発電所の建設、交通に関する諸問題、コミューンの予算案の承認、ショッピングセンターの建設などであった。(29)外国人住民に投票権を与えた例もあり、また、賛否の選択にとどまらず、三つの選択肢が示された例もあった（増税についての最小案、中間案、最大案を示したLamotte-Beuvronの住民投票）。

クードゥヴィユは、次の三つの実施例を紹介している。(30)

一九七七年に、Lorlanges（Haute Loire県）で、国道九号線の迂回設計案の選択に関して、コミューンにより住民投票が実施された。

一九七八年五月一一日に、Langogne（Lozére県）で、Naussacのダム貯水池の建設の結果生じる村の水没後、住民は近隣の市町村であるNaussacに移転することを希望するか、または、Langogneの市町村の区域に住み続けることを選ぶのかを知るために、監督官庁の同意を得て、住民投票が秘密投票で実施された。

一九七八年四月二三日に、Sare（Pyrénées-Atlantiques県）で、監督庁に無断でコミューンにより、住民投票が実施された。それは、Saint-Ignace峠からRhuneを結ぶ有料道路の建設に住民が賛成するかどうかを知るためであった。一三二九人の有権者のうち、八四八人が投票し、建設案に反対が四五八票、賛成が三七四票、白票が一六票であった。

続けて、クードゥヴィユは、決定・裁可型のレファレンダムの最近の例はなく、諮問的レファレンダムは、監督庁により黙認されてきたようだと述べている。(31)

久邇良子によれば、「一九七〇年代において、フランスでは全政党が『地方の民主主義』の重要性を謳っていた」が、「その中でも特に社会党が、八一年五月の政権獲得以前の七〇年代後半から……『自主管理』の理念を掲げ、参加型民主主義を唱えてきた」。「このような背景から、七〇年代の住民投票の殆どが社会党所属の市長をいただく市町村で実施された」。一九七一年法律による市町村合併の住民投票以外に、「七一年から八二年までに、六六の投票が行われており、その内の五二件が七七年以降に行われている。しかし、八〇年代に入り、住民投票を実施する市町村の政治色は社会党に限らず、多様性を見せるようになる。」とのことである。(32)

久邇は、二つの住民投票の実施例を詳しく紹介している。(33) 一つは、一九八二年一〇月のAccousでの住民投票である。輝緑岩鉱床の開発をめぐり同コミューンの議会が二つにわれたため、住民投票が実施された。投票率は七〇・三%で、反対多数の投票結果を議会は参照した。もう一つは、一九八三年六月のGrenobleでの住民投票である。これは路面電車の導入に関するものであり、投票率は三七%で、賛成多数であった。

(三)　一九七一年法律による住民投票

一九七一年七月一六日の「市町村の合併および再編に関する法律」(七一―五八号)は、フランスに初めて市町村レベルの住民投票を導入した。[34] 正確には、同法は、「レファレンダム」(référendum)という語は使ってはおらず、「諮問」(consultation)という語を使っているが、後述するように、この住民投票は法的拘束力を持つ、決定型住民投票である。その意味で、一九七一年法律は確かに画期的な法律である。しかし、この住民投票は、「市町村の連合の形式をためらう公選者の頭を飛び越して人民に訴える手続にとどまる」「非常に特異な性格をもつ」ものであると言われる。[35] 以下、一九七一年法律における住民投票の位置づけとしくみを見ていこう。

まず、一九七一年法律が制定された理由であるが、それは、小規模な市町村では適切な地方行政の主体として、住民の共通利益の自律的な管理を十分に確保することができないということにある。当時の数字ではなく、一九八九年の数字であるが、フランスの人口は約五六〇〇万人で、市町村は三万六七五七あり、しかも、人口二千人以下の市町村が三万二四一三もある。[36] 一部の大都市への人口の集中が激しい反面、残りの市町村はかなり小規模なのである。しかし、革命以後、人工的に創出された県や近時、自治体となった地域圏(州)とは異なり、これらの市町村は革命以前から存在してきたものであり、なかなか自発的な合併は望めない状況にあった。そこで、合併を半ば人為的に促進することにより、一定規模の市町村を創出することが必要とされたのである。

一九七一年法律が定める合併促進の手続は、次のようなものであった。同法公布後、県会の通常会期の開始から六ヵ月以内に、各県で、合併すべき市町村であるか否か等の審査が行われる(一条)。この期間内に、このために設置された委員会(県会議長、四名の県会議員、一〇名の市町村長により構成される)は、関係する県会議員および市町村長の意見を聴き、市町村の合併および再編計画を策定し、知事は、この計画を考慮して、市町村の合併案および他の市町村間協同形態案を作成する(二条)。合併案は、知事により関係する市町村会に付され、その同意が得られる場合、合併が知事のアレテ（arrêté）により宣せられる。合併案を付された市町村会は、知事により提案された市町村と異なる市町村との合併を要求することができる。知事および関係する市町村会が同意する場合、合併が知事のアレテにより宣せられる。関係する市町村会が、合併案を拒否し、または二ヵ月以内に意思表示しない場合、県会にこの提案が付託され、県会の同意が得られた場合、知事は、合併を宣することができる。ただし、同法第二編の規定（主に、八条の住民投票の規定）の適用が妨げられることはない（三条）。以上が、「暫定的措置」を定めた同法第一編の規定である。

市町村法典（現在、地方公共団体一般法典）に編入される「恒常的措置」を定めた同法第二編の規定は、以下の通りである。合併を希望する市町村会は、単純合併または編入市町村区の創設を伴う合併に着手することを決定できる。この市町村会の議決は、合併の態様を決定する協定の承認を含む。合併は知事のアレテにより宣せられる（七条）。諮問の要求が、全住民の三分の二に及ぶ市町村の市町村会の半数により、または全住民の半数に及ぶ市町村の市町村会の三分の二により行われる場合、市町村の選挙権者名簿に登録された者は、市町村の合併の妥当性について諮問される。この諮問は、知事によっても決定されうる。諮問された全市町村の登録選挙権者の少なくとも四分の一に一致する有効投票の過半数が合併に賛成である場合、合併が知事のアレテにより宣せられる。ただし、ある一つの市町村の登録選挙権者の少なくとも半数に一致する有効投票の三分の二が合併に反対である場合、当該市町村は合併を強制されない。この諮問は二つの市町村会選挙の間に一度しか実施されない（八条）。

以上の簡単な説明からも理解されるように、この住民投票は義務的なものではなく、任意のものであり、合併手続全体におけるその役割はかなり限定されたものである。とりわけ、同法第一編の手続における住民投票は、政府の合併促進政策に地方公選者が躊躇する場合に合併を促進するための補足的手段にされている(37)。すなわち、知事の合併案に関係する市町村会が否定的または消極的であるとき、県会の関与が要請され、県会の同意が得られない場合、知事は住民投票を実施しうるのである。住民投票は、合併を推進しようとする知事の最後の切り札である。よって、この住民投票は、「関係する住民の意見を集めるために最も適切な技術として、それゆえ、一般的に利用される技術としては考えられていない」と評されることになる。[38] また、住民投票における投票結果の評価のしかたにも合併をできるだけ推進するための仕掛けがしてある。すなわち、「関係するそれぞれの市町村において」ではなく、「関係する市町村全体で」選挙権者の四分の一が投票し（つまり、投票率二五％）、有効投票の過半数が賛成であれば、合併が宣せられるわけであるから、極端な場合、すべて有効投票であったとすれば、全選挙権者の一二・五％超の賛成があればよいことになる。これに対して、合併に関係するある市町村が合併を拒否したいときには、当該市町村の選挙権者の半数が投票し（つまり、投票率五〇％）、有効投票の三分の二が合併に反対でなければならない。住民のいわば拒否権の発動には高いハードルが設定されている。

最後に、この住民投票の実施状況（一九七一年から一九七六年まで）について触れておくと、一九七一年は〇件、七二年は九件[39]（賛成二件）、七三年は四四件（同八件）、七四年は一〇件（同四件）、七五年は一件（同〇件）、七六年は〇件である。

(四)　一九九二年法律および一九九五年法律による住民投票

(1)　一九九二年法律および一九九五年法律制定までの経緯

まずは、一九九二年法律および一九九五年法律による住民投票の制度化に至るまでの経緯を簡単に確認しておこう。

フランスにおいて、地方制度改革は長年の懸案であり、右に見た一九七一年法律の合併促進政策もその一端であった。[40] しかし、市町村合併は遅々として進まなかった。一九七四年、大統領に当選したジスカール・デスタンは、自己の権力基盤である中道勢力に地方の公選者を取り込もうとし、既存の地方公共団体、特に市町村に対して融和的な態度をとるようになった。一九七五年、「地方の責任の拡大に関する委員会」は報告を出し（いわゆるギシャール報告）、市町村の合併ではなく、市町村の連合体化を提案した。この報告は住民投票についても言及しており、「いかなる法文も市町村長がその市町村の市民に対する一般的な諮問を実施することを禁じていない。禁じられていないことはすべて許されるのであるから、レファレンダムの手続は市町村の自由な処理に任されている。」と述べつつ、「日常的な市町村行政の諸問題を市町村会に代わって決定することを目的とするよりはむしろこの種の争点（市町村合併―筆者）にレファレンダムの手続の利用を限定する」べきであるとしていた。(41) その後、このような政策転換の帰結として、一九七八年一二月二〇日に「地方公共団体の責任の拡大に関する法律案」（いわゆるボネ法案）が提出された。これは、国の後見的監督の軽減、国と地方の権限配分の明確化、地方議員・職員の地位の改善、市町村間協同組織の強化、市民参加の促進などを含んでいた。(42)

ボネ法案第一五二条は、市民参加の促進の一環として、住民への諮問（consultaiton des habitants）すなわち、諮問型住民投票制度と市町村の権限に属する事項に関するレファレンダム（référendum sur les affaires communales）、すなわち、決定型住民投票制度を規定していた。(43) 前者の場合、市町村長は、市町村会に対して、市町村の利害に関する事項について住民に諮問するよう提案することができ、その過半数の承認があれば諮問が実施される。後者の場合、市町村長は、予算を除く市町村の権限に属する事項を住民投票に付することを市町村会に提案することができ、市町村会は三分の二の多数によりその実施を決定する。住民投票に付された案が、市町村の登録された選挙権者の少なくとも四分の一に相当する有効投票の過半数の支持を得れば、その選挙人団の決定は市町村会の議決と見なされるのである。ここでは、決定型住民投票制度が提案されていたことが特に注目されるが、(44) 住民の発案権が認められていなかったことにも留意すべきである。

ともあれ、ボネ法案は元老院で圧倒的多数（二八六対二）により否決されてしまい、日の目を見ることはなかった。その後、八〇年代の地方分権化の流れの中で住民投票の制度化への具体的な動きは見られなかった。「市町村、県および地域圏（州）の権利と自由に関する一九八二年三月二日法律」は、第一条で、「市町村、県および地域圏（州）は、公選の議会によって、自由に自治を行う。」（一項）とし、続けて、「法律によって、……地方生活（vie locale）への市民の参加の拡大について定めるものとする。」（二項）と規定したにとどまる。もちろん、これが一九九二年法律および一九九五年法律の制定につながったことは確かである。[45]

それでは、次に、住民投票制度の制度化がなぜ遅れたのかを見ておこう。

(2)　住民投票の制度化に対する障害

ペローは、住民投票の制度化に対する障害を、法的な障害と政治的な障害に分けて説明している。法的な障害として、まず、憲法上の障害が挙げられる。[46] 先に見たボネ法案の審議の際、元老院の法律委員会は、「憲法に基づいて、本委員会は、レファレンダムにより一定の決定権を選挙権者に移すことを認める政府法案第一五二条の一部を削除した。」と報告した。ここで援用された憲法の条項は、「国の主権は国民に属し、国民は、その代表者によって、および、国民投票の方法によって、主権を行使する」と規定する三条一項と地方公共団体は、「選出された議会により、および法律の定める条件にしたがって、自由に自治を行う」と規定する七二条二項である。元老院法律委員会は、憲法三条は国政にのみかかわるものであり、地方政治にかかわるものではない。これにかかわるのは、憲法七二条であるが、憲法七二条は、公選議会による地方公共団体の自由な自治しか定めておらず、地方レファレンダムを排除していると解したのである。しかし、ペローによれば、元老院の憲法七二条の解釈とは別に、二つの解釈がありうる。一つは、七二条が「自由な自治の原理」に対する「法律の優位」を規定しており、そう解することによって、同条が「および」という等位接続詞を使用している意味が理解されるという解釈である。この解釈によれば、法律により定められていないことは、すべて禁止されていることになる。したがって、地方レファレンダムを承認するためには法律が必要になる。もう一つは、自由な自治に関する諸原則が立法者により定められるだけであるから、法律が禁止していないことは、すべて許されるという解釈である。

したがって、地方レファレンダムは自由に行われうることになる。また、元老院のように、憲法七二条が公選議会による自由な自治を強調していると解したとしても、それは選挙で選ばれていない機関が地方公共団体の所管事項に介入することを排除するにとどまるとも解しうるので、市民がレファレンダムにより地方公共団体の行政に直接参加することを排除するものではないと解しうるとされる。[47]

また、行政裁判所の判例も、住民投票の障害となってきた。[48] このようなものとして、すでに触れたコンセイユ・デタの一九〇五年判決と一九〇九年判決が挙げられる。近時のものとしては、一九八二年八月二日のSaint-Denis-de-Réunion 地方行政裁判所判決も挙げられる。この判決は、憲法七二条に基づいて、地方公共団体当局の決定権が選挙権者の手に委ねられるあらゆる諮問は禁止されることを確認した。[49]

このような法的障害と同時に、地方の公選者が持つ危機感あるいは不信感に由来する政治的障害が指摘されている。[50] レファレンダムは、人を選ぶものではなく、提案された案件への賛否を表明するものである。それは、市民が自律的に決定するとし、世論を創出する集団の存在を本質的なものとは考えないだけに、代表制にとっては危険なものである。地方公選者は自らの消滅の危機をそこに見出しているのである。よって、彼らはレファレンダムをライバル視するのである。また、民主的手続による民主制の破壊の危険も挙げられる。第一に、市民があまり関心を持たないことにより、レファレンダムの際の棄権が増え、結局、少数者により決定が行われてしまうおそれがある。第二に、レファレンダムが、アジテーションの手段とされるおそれである。第三に、プレビシットの危険である。これについては、一九八八年四月のNarbonne での住民投票がその例とされる。中学校の名称について県とNarbonne とで対立が生じ、県会議長がNarbonne の住民による投票で解決することを提案した。Narbonne の首長は、この住民投票のテーマに、Narbonne への県の財政努力の拡大とNarbonne の安全および市町村警察の創設というNarbonne の首長にとって有利なテーマを付け加えた。

(3)　一九九二年法律および一九九五年法律の住民投票制度

一九八二年の「市町村、県および地域圏（州）の権利と自由に関する法律」から一〇年の地方分権改革の動きをまとめ、住民投票の制度化を含む地方政治の民主化を進める立法として「共和国の地方行政に関する一九九二年二月六日の指針法律」が制定された。同法第一条は、「共和国の地方行政は、地方公共団体と国の分権化された部局により確保される。それは、地方公共団体の自由な行政の原理を尊重して、地域整備を実施し、地方民主主義を保障し、および公役務の現代化を促進するように組織される」と規定する。「地方民主主義について」と題された第二編の中に第二章「地方生活への住民の参加」が置かれ、そこに市町村の権限に属する事項に関する住民投票が制度化されている。その後、「国土の整備および発展に関する一九九五年二月四日の指針法律」が制定された。同法第一条は、「国家、および地方公共団体またはそれらの連合体は、国土の整備および発展という目的の実現に自然人および私法上の法人が参加するように促す」と規定する。同法により、一九九二年法律の住民投票制度は、その対象となる事項が拡大され、また、市町村の権限に属する整備事業に関する住民投票の発案権が一定数の市民に認められるなどかなり改善された。

ところで、先に住民投票には、法的政治的な障害があったということを見たわけであるが、それにもかかわらず、なぜ、住民投票の制度化がなされえたのであろうか。さしあたり、指摘できることは、一九九二年法律が、住民投票をréférendumと言わず、consultationと表現して、そこでの住民投票が純然たる諮問であることを強調することによって、法的な障害を乗り越え、また、地方公選者の不信感をぬぐい去ることに成功したということである。手続を一瞥すれば理解されるように、一九九二年法律には、この住民投票制度が地方公選者にとって無害であり、代表民主制が危うくされないようにする配慮が仕込まれているのである。(51)

以下、一九九二年法律と一九九五年法律による住民投票制度の概要を見ることにするが、現在、これに関する規定は地方公共団体一般法典に統合されているので、あわせて見ていくことにする（条文の引用は地方公共団体一般法典による)。[52]

(4)　住民投票の発議権者と投票権者

市町村の選挙権者は、市町村の権限に属する事項に関する市町村当局の決定について諮問される(L．二一四二－一)。フランスは国籍を持たない者に選挙権を認めていないので、法案の審議中に、定住外国人を含めて「一八歳以上の住民」に諮問を拡大する修正が提案され、ある程度の支持を得たが、結局、住民投票の投票権者は、住民投票が実施される市町村の選挙権者に限られた。[53] かつて、法定外の住民投票が実施されていた時期には、一六歳に投票年齢を引き下げた例(Massyでの住民投票)[54]や定住外国人に投票を認めた例(Massy,Etampes および Mons-en-Baroeul での住民投票)[55]があったが、このような取扱いはもはや認められない。ただし、EU加盟国国民には投票の可能性がありうる。なお、納税者(例えば、セカンドハウスの所有者)にも住民投票の投票権を保障すべきであるとの主張もあるが、法案の審議中、この考えは議員の関心を引かなかった。[56]

L．二一四二－一は、「諮問は、特に市町村の一部に関係する事項については、市町村の当該一部区域の選挙権者にだけ関係する」と規定しているので、住民投票にかけられる問題によっては、一部の選挙権者による住民投票もありうる。しかし、つねに恣意的な区域の線引きのおそれがある。[57]

住民投票の発案権は、市町村長、市町村会、および一九九五年法律により一定の事項について選挙権者に認められている。市町村長と市町村会について、L．二一四二－二は、「市町村長の提案に基づいて、または人口三五〇〇人以上の市町村においては市町村会の構成員の三分の一の書面による要求に基づいて、若しくは人口三五〇〇人未満の市町村においては市町村会の構成員の過半数の書面による要求に基づいて、市町村会は、諮問の実施に関する原則と様式について議決する」と定めている。市町村会からの発案について、「三分の一」または「過半数」という条件が付けられているのは、市町村会議員の個人的発議やごく少数の反対派の発議を排除することにより、市町村会の適切な運営を保障するためであると説明される。[58]

選挙権者については、L．二一四二-一一が、「選挙権者名簿に記載された選挙権者の五分の一は、市町村当局の決定に属する整備事業に関する諮問の実施について市町村会に付託することができる」と定めている。一九九五年法律の政府原案では、選挙権者の一〇分の一とされていたが、小規模な市町村では濫用のおそれがあるとされ、「五分の一」に修正された[59]。

また、一九九五年法律は、市町村協同公施設法人の権限に属する事項に関する決定についても住民投票を認め、公施設法人を構成する市町村の選挙権者が諮問されるとした。この住民投票の発案権は、公施設法人を構成する市町村の市町村長の全体、その議決機関の構成員の半数および公施設法人を構成する市町村の選挙権者の五分の一に認められている（地方公共団体一般法典L．五二一一-一九-一以下）。

(5) 時間的制限

住民投票の実施に関する時間的な制限がいくつも課されており、実際に、住民投票が実施できる期間はかなり短くなっている。

① 選挙権者は、諮問を実施しようとする付託に、年に一回しか署名することができない（L．二一四二-一一-一）。

② 選挙権者による諮問を実施しようとする付託は、その市町村の市町村会選挙後の二年目の終了以前と四年目の終了以後は行うことができない（L．二一四二-一一-一）。

③ いかなる諮問も、市町村会総選挙の年の前年の一月一日以後、行われることができない（L．二一四二-五）。この制限は、市町村会選挙の前に住民投票が及ぼす煽動や圧力を避けることが目的であると説明される[60]。

④ いかなる諮問も、直接あるいは間接の普通選挙の選挙運動期間中、行われることができない（L．二一四二-五）。国政選挙も含まれるので、国民議会や元老院の選挙運動期間中、住民投票は実施できない。統一選挙だけでなく部分選挙も含まれるので、県会の三年に一度の改選の選挙運動期間中、およそ全市町村の半分で住民投

票は実施されえない。また、国民投票は選挙ではないので、住民投票をそれと同日に実施することは可能である。一九九二年九月二〇日の国民投票と同じ日に実施されたSeptèmes-les-Vallonsの住民投票は、Marseille地方行政裁判所により違法とはされなかった。[61]

⑤　同一の対象に関する諮問は、再度、二年以内に行われることができない（L．二一四二－五）。この制限の目的は、少数の反対派による執拗な圧力から市町村会を守ることである。[62]

⑥　対象が異なる諮問であっても、一年間は間を空けなければならない（L．二一四二－五）。この制限には公選者が住民投票に頼りすぎて、その責任を放棄しないようにするという意味もある。[63]

⑦　市町村会または市町村長の選挙に関する訴訟が、地方行政裁判所またはコンセイユ・デタに係属している場合、いかなる諮問も確定判決が下るまで行われることはできない（二一四二－六）。この制限は、自己の選挙の効力が裁判で争われている公選者が、行政裁判所への圧力手段として住民投票を利用できなくしている。[64]

(6)　住民投票の対象事項

対象となる事項は、「市町村の権限に属する事項に関する市町村当局の決定」および「一九九五年法律により導入された「市町村協同公施設法人の権限に属する事項に関するその議決機関またはその長の決定」である。

一九九二年法律では、「市町村協同公施設法人の権限に属する事項」は、住民投票の対象となっていなかったが、当時からこれを対象とするか否かについてはかなり議論があったところである。しかし、市町村の同意なしに市町村協同公施設法人による住民投票が実施されてしまうことは問題であるし、また、関係する全市町村会の同意といった条件（実際、元老院ではこの修正案が採択されていた）を付けると手続が重くなりすぎるといった理由で、結局、この住民投票の制度化は見送られたのであった。だが、一九九五年法律の審議に際して、市町村協同公施設法人が運輸交通、住宅、道路、廃棄物処理など住民に密接な業務を処理し、固有の財源を有することが重視され、市町村協同公施設法人の権限に属する事項も住民投票の対象とされたのである。[65]

最も問題となるのは、「市町村の権限に属する事項」とは何かということである。さしあたり、国、地域圏（州）および県の権限に属する事項は市町村の住民投票の対象とはならないと言うことはできる。この問題について、行政裁判所の判決がいくつか見られる。

Avrillé での住民投票では、同コミューンの区域内での自動車専用道路計画が対象となった。住民投票に付された質問は、「これまでコミューン当局により行われてきた都市計画、環境および生活の質に関する政策は、Avrillé の区域の南または北を自動車専用道路が通過することと両立しうるとあなた方は考えますか」というものであった。一九九三年二月八日、Nantes 地方行政裁判所は、この住民投票は、「法律の規定の意味で、市町村の権限に属する事項という性格」を持たないと判示した。さらに、一九九四年一二月一六日、コンセイユ・デタもこれを支持した。(66)

Awala-Yalimapo での住民投票は、同コミューンの区域内でのスリナム難民の居住に関するものであった。一九九四年一一月一六日、コンセイユ・デタは、この住民投票が「国の権限に属する事項」に関係すると判示した。(67) Brives-Charensac のコミューン議会は、政府が Serre de la Fare ダムを建設しないとした決定に関する住民投票を実施する議決を行った。(68) 一九九四年二月一七日、Clermont-Ferrand 地方行政裁判所は、右の諸判決と同じ理由で、この議決を無効とした。

一九九二年法律の制定当初から、「市町村の権限に属する事項」の観念は、市町村会が決定権を持つ事項だけを考えるのか、反対に、市町村会が間接的にかかわることになる事項もすべて含めて理解するのかによって、その意味が変わりうる不都合さを持っていると指摘されていたが、現在のところ限定的に解されているようである。(69)

(7) 情報提供と事前運動その他

住民投票が適正に機能するためには、住民投票に付されている問題について公正な情報が十分に提供されなければならない。そうでなければ、一種の世論操作が行われてしまい、住民投票がプレビシットに堕する危険がある。また、住民の関心を引くことができず、棄権を増加させてしまい、ひいては、住民投票の機能不全を招くことになろう。この点、L．二一四二-三は、「諮問の対象に関する情報資料は、投票日の少なくとも一四日前に、市庁舎または場合によっては出張所において公衆の利用に供されるものとする。資料への公衆のアクセスは、行政と公衆の関係の改善の種々の措置に関する一九七八年七月一七日の法律第七八-七五三号第四条に定められた条件において確保される」と定め、さらに、市町村法典R．一二五-二は、「地方公共団体一般法典L．二一四二-四およびL．五二一一-二一に定められた条件において公衆の利用に供される情報資料は、特に、諮問を決定した議決、場合によっては、それに付け加えられている市町村会議員または市町村協同公施設の議決機関の構成員によりその議決の際に記載された意見を含む」と定めるにとどまっている。したがって、これらの規定ではまだ不十分であり、市町村広報などでの反対意見の公表などが定められていないとか、住民投票に付されている問題の税制や財政への影響に関する情報提供が具体的に市町村当局の義務とされていないといった批判がなされているのも当然であろう。(70)

情報提供については、一九八七年のMons-en-Bareuilの例が適切なものとして挙げられる。その市町村広報は、住民投票に付されたケーブル網の設置に関する問題と補充的なスポーツ施設の建設に関する問題について、選挙権者に地方税への影響をできるだけ最も公平に情報を与えた。すなわち、二つの質問に肯定的に答えることが住民税に何ら影響しないこと、ケーブル網が承認され、スポーツ施設が拒否されたならば、二・五%の減税となること、逆の場合には、住民税は四・五%の減税となること、二つの質問に否定的に答えることは、七%の減税となることが理解しやすい図表で説明されていた。(71)

また、事前運動が適切に行われることも、住民が判断するための情報を得るのに役立つはずである。しかし、市町村法典R．一二五-四は、「事前運動に関する選挙法典L．四七条およびL．四八条の規定が諮問に適用される」と定めているだけである。

市町村法典R・一二五－五によれば、投票者に質問文と「賛成」と「反対」の二枚の投票用紙が配布される。質問に二者択一で答えなければならないので、質問文が適切に作成されていなければならないが、どのような質問文を作成するかはさしあたり市町村会の権限である。かつて、三つの選択肢に対応する三枚の投票用紙が用意された住民投票の例があるが、現在、このようなやり方はできない[72]。また、かつて投票日が数日間あったり、週日に設定されたりする例もあったが、現在、これも認められない[73]。選挙法典L・五四およびL・五五が適用されるので、投票日は日曜日であり、一日だけである。

(8) 法的拘束力

一九九二年法律および一九九五年法律により制度化された住民投票の投票結果は、法的拘束力を持たない。これについて、L・二一四二－一は、「諮問を決定する議決は、この諮問が意見の要求にとどまることを明確に示すものとする」と規定する[74]。これに対して、諮問型の住民投票にとどめず、決定型の住民投票を制度化すべきだという主張も見られるが、先に見たように地方公選者を不安にさせない無害な制度にとどめることが立法者の意図であった。一九九五年一月二〇日の地方自治総局の調査によると、地方公選者だけが発議権を持つ一九九二年法律による住民投票の実施は四一件にとどまっている[75]。ただし、L・二一四二－五が適用され、一九九四年一月から一九九五年六月までは住民投票が実施できなかったので[76]、実際には、一九九二年二月から一九九三年一二月までの約二〇ヵ月間の数字ということになる。とはいえ、およそ三万六千の市町村で四一件であるから、やはり住民投票の実施件数はそれほど多くはないといえよう。したがって、この数字は、この住民投票が、公選者にとって決して無害なものではないということを示していよう。すなわち、住民投票が諮問的なものであるにせよ、提案者の意図と反対の投票結果が出た場合には、提案者である地方公選者の、とりわけ市町村長の威信が問われうるからである。

(22) 辻村みよ子「レファレンダムと議会の役割」ジュリスト一〇二二号（一九九三年）一二四頁。

(23) 第五共和制憲法の訳文は、原則として、樋口陽一・吉田善明編『世界憲法集（第三版）』三省堂、一九九四年（辻村みよ子訳）による。

(24) Bigaut, op.cit., p.109.

(25) 憲法改正の内容については、樋口・吉田・前掲書の「フランス共和国　解説」（辻村みよ子執筆）二三二頁以下、阿部照哉編『比較憲法入門』（有斐閣、一九九四年）二四五頁以下（矢口俊昭執筆）を参照。また、一九九五年の改正および一九九六年の改正については、François Luchaire,"La loi constitutionnell du 4 août 1995,une avancée pour la démocratie?", R.D.P., 1995, pp.1411-1443.et"Les conséquences de la réforme constitutionnelle du 4 août 1995", R.D.P., 1996, pp.329-353., Loic Philip, " La révision constitutionnelle du 22 février 1996", Revue française de droit constitutionnel, n°27, 1996, pp.451-460.

(26) 憲法一一条の実施例については、本書第九章二四五頁以下参照。

(27) José Bory,"La pratique des référendum officieux dans les communes françaises", Administration, n° 141,15 oct. 1988, p.72. ただし、筆者は未見。

(28) Viguier, op.cit., p.451.

(29) ヴェルポーは、二つの理由からコミューンが住民投票を行うとし、その一つは、ダム・原子力発電所・国道の建設のような主に国に由来する計画に反対するためであり、もう一つは、市場の改修や養豚場の建設のような地方行政に属する諸機関間の対立を住民により判定させるためであるという。ちなみに、彼は、一九世紀末から一九九二年法律制定までに約二五〇件の住民投票があったと述べている（Michel Verpeaux,"Le《référendum》communal devant le juge administratif : premier bilan", La revue administrative, n° 289, 1996, p.95.）。

(30) Coudevylle, op.cit., p.500.

(31) ibid., p.500.

(32) 久邇「フランスにおける住民投票」前掲五五頁。

(33) 同・五六―五七頁。その他の例も簡単に紹介されている。たとえば、原子力発電所の設置に関するTonneville

の住民投票、土地占有計画の認可に関するBrindasの住民投票、開墾に関するBarzyの住民投票、橋の再築に関するToursの住民投票、歩行者やバス専用ゾーンの設置に関するNancyの住民投票、スポーツセンター建設に関するVerinesの住民投票、余暇センターの建設に関するVidaubanの住民投票がある。また、対象となった事項としては、市町村の予算、下水装置の設置、老人ホームの改築、投票所の取り壊し、オートレースのサーキット・コースの創設、入植者用の宿舎の創設、託児所の閉鎖なども挙げられている（同・五七―五八頁）。

(34) 一九七一年法全体については、以下の文献を参照。Jean-Claude Venezia,"Les regroupements de communes bilan et perspectives", R.D.P., 1971, pp. 1961 et s.,Thiébaut Flory,"La réforme du 16 juillet 1971 retative aux fusions et aux regroupements de communes", A.J.D.A., déc. 1971, D., pp.673 et s.,Edouard Bornecque-Winandye,"La loi du 16 juillet 1971 sur les fusions de communes", Gazette du Palais, 1971(2 sem.), D., pp.483 et s.

(35) Coudevylle, op.cit., p.498.

(36) 北海道比較地方自治研究会訳・木佐茂男監修『地方自治の世界的潮流―二〇カ国からの報告（下）』（信山社、一九九七年）四二三―四二五頁。大山礼子によれば、フランス本国の市町村数は、三万六五五一に達し、人口四九人以下の市町村が一〇八七、五〇―九九人が二九九五、一〇〇―一九九が六六八一、二〇〇―三九九が八四〇八、四〇〇―九九九が九〇二一、一〇〇〇―一九九九が三九七四、二〇〇〇―四九九九が二六五五、五〇〇〇―九九九九が八九八である（藤岡純一・自治体問題研究所編『海外の地方分権事情』自治体研究社、一九九五年、一九五―一九六頁）。

(37) J.-M.Becet,"Le référendum intercommunal et l'article 8 de la loi du 16 juillet 1971 sur les fusions et regroupement de communes", La revue administrative, septembre-octobre 1971, p.529.

(38) ibid., pp.530-531.

(39) Coudevylle, op.cit., p.498. 久邇「フランスにおける住民投票」前掲によれば、一九七一年から一九七九年までに七七九件実施された（五四頁）。なお、一九七一年法律第九条は、完全な合併のための編入市町村区の廃止に関する住民投票を規定している。同法第八条に規定された条件で、住民は市町村会の要求により諮問され、少なくとも登録選挙権者の四分の一に一致する有効投票の過半数がその廃止に賛成する場合、知事はその廃止を宣することができる。この住民投票の実施例は、一九七六年に二件ある (Coudevylle, op.cit., p.498.)。

(40) 川崎信文によれば、「一九六二年から八二年にわたる二〇年間に、全コミューンの三%あまり、一二〇〇のコミューンが消滅したにすぎない」（中木康夫編『現代フランスの国家と政治』有斐閣、一九八七年、一六七頁）。

(41) Coudevylle, op.cit., p.450.

(42) 以上の記述は、中木編・前掲書一六九頁以下による。

(43) J.-L.Pereau,“Quelle perspective pour le référendum communal en France après l'adoption de la loi sur l'organisation de l'administration territoriale?” , Les petites affiches, 21 septembre 1992, n° 114, pp.10-11. 椎名・前掲論文七四頁、藤岡他編・前掲書二一四頁。

(44) ボネ法案の提出に先立つ一九七八年一月七日にレイモン・バール首相により提出された「ブロワ・プログラム」(programme de Blois)において、すでに住民投票のプランが示されていたが、そこでは住民の発案権（例えば、大規模な市町村では選挙権者の四分の一による）も認められていた (Coudevylle, op.cit., p.505., Pereau, op.cit., p.10.)。

(45) Jean-Bernard Auby,“La loi du 6 février 1992 et la citoyenneté locale”, Revue française de droit administrative, 9(1), 1993, p.37.一九八二年三月二日法律については、磯部力「フランスの新地方分権法（上）（下）」自治研究五八巻五号四〇頁以下、五八巻七号二三頁以下参照。

(46) Pereau , op.cit., pp.11-12.

(47) ベルーベ・フリエも、憲法七二条は、地方公共団体の自由な行政の原理を確認したもので、地方レベルでの代表民主制原理の排他性を保障するものではないという (Nicole Belloubet -Frier,“Les référendums municipaux”, Pouvoirs, 77, 1996, p.170.)。

(48) Pereau , op.cit., pp.12-13.

(49) Auby, op.cit., p.43.

(50)　Pereau , op.cit., pp.13-15.

(51)　Florian Linditch,"Référendum local et démocratie représentatif", Les petites affiches, 24 avril, 1992, n°50, p.3. また、地方自治に関するヨーロッパ担当相会議が住民の発案権を含めて住民投票制度を拡充する方針をとったことも、一九九五年法律による住民投票制度改革に影響した（椎名・前掲論文八一頁）。

(52)　参考までに、地方公共団体一般法典の該当部分を掲げておく。

〔市町村の住民投票について〕

L．二一四二-一　市町村の有権者は、市町村当局が市町村の権限に属する事項を規律するために行うことが要求されている決定について諮問されることができる。諮問は、特に市町村の一部に関係する事務については、市町村の当該一部区域の有権者にだけ関係する。

L．二一四二-二　市町村長の提案に基づいて、または人口三五〇〇人以上の市町村においては市町村会の構成員の三分の一の書面による要求に基づいて、若しくは人口三五〇〇人未満の市町村においては市町村会の構成員の過半数の書面による要求に基づいて、市町村会は、諮問の実施に関する原則と様式について議決する。この場合、緊急性は援用されることはできない。

②　諮問を決定する議決は、この諮問が意見の要求にとどまることを明確に示すものとする。

L．二一四二-三-一　選挙権者名簿に記載された選挙権者の五分の一は、市町村当局の決定に属する整備事業に関する諮問の実施について市町村会に付託することができる。

②　一年間に選挙権者は、諮問を実施しようとする一つの付託にしか署名することはできない。

③　市町村会へのこの付託は、当該市町村の市町村会選挙後の二年目の終了以前に、また四年目の終了以後、行うことはできない。

④　市町村会は、この諮問の実施に関する原則と様式について議決する。

⑤　諮問を決定する議決は、この諮問が意見の要求にとどまることを明確に示すものとする。

L．二一四二-三　諮問の対象に関する情報資料は、投票日の少なくとも一四日前に、市庁舎または場合によっては出張所において公衆の利用に供されるものとする。資料への公衆のアクセスは、行政と公衆の関係の改善の種々の措置に関する一九七八年七月一七日の法律（第七八–七五三号）第四条に定められた条件において確保される。

L．二一四二–四　諮問の結果を知った後、市町村会は、L．二一二一–二一およびL．二一二一–二二に定められた条件において議決する。

L．二一四二–五　いかなる諮問も、市町村会の総選挙の年に先立つ民事暦年の一月一日以後、または直接あるいは間接の普通選挙に先立つ選挙運動期間中、行われることはできない。同一の対象に関する二つの諮問は、二年以内に行われることはできない。

② 一年の期間が、二つの諮問の間に経過していなければならない。

L．二一四二–六　市町村会または市町村長の選挙が、地方行政裁判所、場合によってはコンセイユ・デタでの訴訟の対象となっている場合、いかなる諮問も、この選挙が確定判決の対象とならない限り、行われることはできない。

L．二一四二–七　コンセイユ・デタの議を経たデクレが、本章の適用条件を定める。

〔市町村協同公施設法人の住民投票について〕

L．五二一一–一九–一　市町村協同公施設法人の構成市町村の選挙権者は、この公施設法人の議決機関と長が整備事業に関して公施設法人の権限に属する事項を規律するために行うことが要求されている決定について諮問されることができる。

② 構成市町村の市町村長全体の提案に基づいて、または議決機関の構成員の半数の書面による要求に基づいて、公施設法人の議決機関は、諮問の実施に関する原則と様式について議決する。この場合、緊急性は援用されることはできない。

③ 市町村協同公施設法人の構成市町村の選挙権者名簿に登録された選挙権者の五分の一は、公施設法人の決定に属する整備事業に関する諮問の実施について公施設法人に付託することができる。一年間に、すべての選挙権者

は諮問を実施しようとする一つの付託にしか署名することはできない。公施設法人の議決機関は、前項に定められた条件で、この諮問の実施の原則と様式について議決する。

④　諮問を決定する議決は、この諮問が意見の要求にとどまることを明確に示すものとする。

⑤　諮問に要する費用は、それを実施する市町村協同公施設法人の負担とする。

L．五二一一一九—二　諮問の対象に関する情報資料は、市町村協同公施設法人の所在地において、および公施設法人の構成市町村の市庁舎、または場合によっては出張所において公衆の利用に供されるものとする。資料への公衆のアクセスは、行政と公衆の関係の改善の種々の措置に関する一九七八年七月一七日の法律（第七八—七五三号）第四条および行政的、社会的および税法的レベルの諸規定に定められた条件において確保される。

L．五二一一一九—三　諮問の結果を知った後、市町村協同公施設法人の議決機関は、L．二一二一—二〇およびL．二一二一—二一に定められて条件において議決する。

L．五二一一一九—四　市町村協同公施設法人の構成市町村の選挙権者のいかなる諮問も、市町村会の総選挙の年に先立つ民事暦年の一月一日以後、または直接あるいは間接の普通選挙に先立つ選挙運動期間中、行われることはできない。同一の対象に関する二つの諮問は、二年以内に行われることはできない。

②　一年の期間が、二つの諮問の間に経過していなければならない。

L．五二一一一九—五　市町村協同公施設法人の議決機関への代表の任命、またはその長の任命が、行政裁判所、場合によってはコンセイユ・デタでの訴訟の対象となっている場合、いかなる諮問も、この任命が確定判決の対象とならない限り、行われることはできない。

L．五二一一一九—六　コンセイユ・デタの議を経たデクレが、本節の適用条件を定める。

(53)　Linditch, op.cit., p.5.
(54)　Pereau , op.cit., p.16., Verpeaux, op.cit., p.103.
(55)　Gabrielle Rochdi,“Le référendum local dans la loi d'orientation du 4 février 1995 pour l'aménagement et le développement du territoire”, Les petites affiches , 18 decembre 1996, n° 152, p.9., Verpeaux, op.cit., p.105.

(56) Linditch, op.cit., pp.4-5., Verpeaux, op.cit., p.103.
(57) Linditch, op.cit., p.5.
(58) Linditch, op.cit., p.4.
(59) Rochdi, op.cit., p.8. 元老院では、住民三五〇〇人未満の市町村では選挙権者の発案権を認めないとの修正案が提出されたが、違憲の差別的取扱いになるとの理由で受け入れられなかった(ibid., p.8.)。
(60) Linditch, op.cit., p.4.
(61) Verpeaux, op.cit., p.97.
(62) Linditch, op.cit., p.4.
(63) ibid., p.4.
(64) Verpeaux, op.cit., p.98.
(65) Rochdi, op.cit., pp.6-7., Linditch, op.cit., p.6.
(66) Verpeaux, op.cit., pp.100-101.
(67) ibid., op.cit., p.101.
(68) ibid., op.cit., p.101.
(69) Linditch, op.cit., p.7.
(70) Rochdi, op.cit., p.10.
(71) Pereau , op.cit., p.18.
(72) Verpeaux, op.cit., p.107.
(73) ibid., p.106.
(74) Pereau , op.cit., p.17.
(75) Belloubet -Frier, op.cit., p.168.
(76) Marion Paoletti,“Le référendum local en france”, Revue française de science politique, 46(6), 1996, p.884.

むすびにかえて

以上、フランスの住民投票の概要を検討してきたわけであるが、その発展過程は一九九二年を境にして、二つの段階、つまり、法定外の住民投票が行われていた段階と住民投票が法定された段階とに分けることができる。本来であれば、両者を対比して、住民投票の法定化の功罪を検討すべきであろうが、法定化自体が一九九二年に行われたばかりであり、その評価自体がフランスの学説においてもまだ固まってはいない状況にあるので、ここでは厳密な評価は遺憾ながらなしえない。簡単な印象だけ述べておけば、一九九二年の法定化により、かつては行政裁判所の統制もあまり受けずにかなり自由に実施されていた住民投票が法律の枠にはめられてしまった感が深い（もちろん、自由に実施されていたことの反面には、住民投票が世論操作の手段になったり、プレビシットに堕する危険を常にはらんでいたとも言えるのであるが）。たとえば、住民投票の実施には、種々の時間的制約が課されるようになった以上、急を要する重要な問題について住民投票を実施し、市町村の意思を決定することが不可能な場合も生じうるはずである。このように考えてみると、法定化が必ずしも適当であったのかという疑問がわいてくる。要するに、現行のフランスの住民投票制度は、法的拘束力を認めない諮問型住民投票であり、住民投票の対象事項、住民の発議権および実施期間を限定したかなり穏健なものであり、全体としてみると、地方分権化と表裏一体であるはずの地方の民主化はまだ不十分ではないかとの印象を受ける。ただし、地方の民主化が、地方的団体や住民が参加する各種諮問機関により補完されていることは見落としてはならないと思われる。

メ

モ

リ

ル

レ

ロ

ユ

ヨ

事項索引

〈著者紹介〉
福 岡 英 明（ふくおか・ひであき）

1959年　東京都墨田区に生まれる。

1982年　中央大学法学部法律学科卒業

1988年　中央大学大学院法学研究科博士後期課程単位取得退学

現　在　高岡法科大学助教授

〈主要著書・論文〉

共著『現代社会の権利と法』（北樹出版、1995年）

共著『21世紀の女性政策』（中央大学出版部、2001年）

「ポジティブ・アクションとセクシャル・ハラスメント対策」時の法令1544号（1997年）

「間接民主制と住民投票の実効性」法律のひろば52巻８号（1999年）

現代フランス議会制の研究

2001年（平成13年）３月15日　初版第１刷発行

著　者　福　岡　英　明

発行者　今　井　　　貫
　　　　渡　辺　左　近

発行所　信山社出版株式会社

〔〒113-0033〕東京都文京区本郷６－２－９－102
電話　03（3818）1019
FAX　03（3818）0344

Printed in Japan.

印刷・製本／エーヴィスシステムズ・大三製本

ISBN4-7972-2188-7　C3332